●广东省人口发展研究院委托项目“与主体功能区对接的广东省人口发展功能区人口配置问题研究”
●广东省科技计划项目“佛山市顺德区容桂街道国家可持续发展试验区人口与经济社会协调发展研究”（2016A020228009）
●国家自然科学基金面上项目“区域碳减排潜力调控机制与政策研究”（71373170）联合资助

区域适宜人口容量：
基于土地功能定位的研究

李国敏　匡耀求◎著

REGIONAL OPTIMUM POPULATION CAPACITY:
A STUDY BASED ON THE TERRITORIAL FUNCTION ORIENTATION

经济管理出版社
ECONOMY & MANAGEMENT PUBLISHING HOUSE

图书在版编目（CIP）数据

区域适宜人口容量：基于土地功能定位的研究/李国敏，匡耀求著．—北京：经济管理出版社，2018.12

ISBN 978－7－5096－6281－6

Ⅰ．①区…　Ⅱ．①李…　②匡…　Ⅲ．①人口规划—研究—广东　Ⅳ．①C924.256.5

中国版本图书馆 CIP 数据核字(2018)第 288321 号

组稿编辑：杜　菲
责任编辑：杜　菲
责任印制：黄章平
责任校对：王纪慧

出版发行：经济管理出版社
（北京市海淀区北蜂窝 8 号中雅大厦 A 座 11 层　100038）
网　　址：www.E－mp.com.cn
电　　话：（010）51915602
印　　刷：北京晨旭印刷厂
经　　销：新华书店
开　　本：720mm×1000mm/16
印　　张：14.25
字　　数：234 千字
版　　次：2018 年 12 月第 1 版　　2018 年 12 月第 1 次印刷
书　　号：ISBN 978－7－5096－6281－6
定　　价：68.00 元

前 言

地球所能提供的空间、资源和环境条件是有限的，对于所能容纳的包括人类在内的任何生物种群的数量、规模都有一定的客观规定性。由于自然地理环境和人文地理环境上的地域分异性，地球上的土地逐渐分化出了不同的功能，土地的功能限定了其相应区域的人口容量。本书以土地的功能定位为基础，探讨区域发展达到发达国家或高收入地区水平时的人口容量，构建区域适宜人口容量的估算模型，并选取东部沿海的广东省和内陆地区的山西省进行了实证研究。本书丰富了人口容量研究的理论框架，也可为省域层面的区域规划和人口均衡发展提供科学基础。本书主要在以下几个方面进行了比较深入的分析和探讨：

（1）从土地与人类社会发展之间关系的角度对土地的功能进行了讨论。基于对土地功能相关研究的总结和分析，将土地的功能分为三类：为人类生存发展提供适宜的气候与环境资源及生态安全保障的生态调节功能；为人类提供食品以及纤维等基本生活资料和生产原料的生物生产功能；为人类居住和社会经济活动的集聚提供空间与环境等基本要素的人文发展功能。

（2）通过与发达国家或高收入地区的宜居区人口密度的比较分析，确定了人文发展功能区、生物生产功能区以及生物生产功能亚区的适宜人口密度。按现代高收入国家或地区的人居标准，人文发展功能区的适宜人口密度应为4000人/平方千米。按农业发达国家或地区的标准，集约化生产方式下生物生产功能区的适宜人口密度应为750人/平方千米；设施农业条件下生物生产功能区的适宜人口密度应为220人/平方千米；规模经营条件下生物生产功能区的适宜人口密度应为20人/平方千米。

（3）构建了基于土地功能定位的适宜人口容量估算模型。通过分析土地功能定位对人口容量的作用机理，借助空间分析和规范分析，探讨了宜居区的界定方法及宜居区内生物生产功能区和人文发展功能区的配置比例，借鉴经济学上的经济计量模型法，构建了估算区域适宜人口容量的一组联立方程，形成了基于土地功能定位的适宜人口容量估算模型。

（4）与主体功能区对接，对广东省的适宜人口容量进行了实证分析。按照广东省主体功能区划规定的生物生产功能区与人文发展功能区的比例，当广东省农业发展达到发达水平时，广东省的适宜人口容量约为 1.33 亿人，当农业发展达到高度发达水平时，适宜人口容量为 1.25 亿人。与 2010 年的人口普查数据相比，珠三角 9 市整体上还有约 520 万人口的增长空间；广东省东翼地区的 4 市总体可增加的人口数约为 220 万人；广东省西翼的湛江、阳江和茂名 3 市总体可增加的人口数约为 1023 万人；粤北山区 5 市还有约 480 万人口的增长空间。

（5）与主体功能区对接，对山西省的适宜人口容量进行了实证分析。按照山西省主体功能区划规定的生物生产功能区与人文发展功能区的比例，当山西省农业发展达到发达水平时，山西省的适宜人口容量约为 6429.8 万人；当农业发展达到高度发达水平时，适宜人口容量为 4478.94 万人。与 2010 年的人口普查数据相比，山西省整体上还有约 2400 万人的增长空间；大同、太原和运城 3 市将分别成为晋北、晋中和晋南的人口聚集区。

本书写作分工如下：第一～第三章、第六～第十章由李国敏撰写；第四～第五章由匡耀求撰写。感谢中国科学院广州分院黄宁生教授、广州大学环境科学与工程学院常向阳教授以及太原理工大学经济管理学院李玮教授在本书撰写期间给予的宝贵意见和建议。

限于知识水平与研究资源，书中难免存在诸多不足，敬请读者批评指正。

目　录

第一章　绪　论……………………………………………………………… 1

一、问题的提出……………………………………………………………… 1
二、研究背景与意义………………………………………………………… 3
三、研究方法与技术路线　………………………………………………… 9

第二章　核心概念及研究综述 ……………………………………………… 14

一、地域功能的相关概念 ………………………………………………… 14
二、人口容量的相关概念 ………………………………………………… 21
三、国内外研究综述 ……………………………………………………… 26

第三章　人口容量的影响因素及其作用机理……………………………… 36

一、自然地理因素对人口容量的作用机理………………………………… 36
二、社会经济因素对人口容量的作用机理………………………………… 44
三、区域功能定位对人口容量的作用机理………………………………… 58

第四章　不同功能区域适宜人口密度界定………………………………… 62

一、人文发展功能区的适宜人口密度 …………………………………… 62
二、生物生产功能区的适宜人口密度 …………………………………… 68
三、生物生产功能亚区的适宜人口密度 ………………………………… 76
四、本章小结 ……………………………………………………………… 89

第五章　基于土地功能定位的适宜人口容量估算模型…………………… 90

一、区域适宜人口容量测算的前提条件 ………………………………… 90

二、区域适宜人口容量的测算方法 …………………………………… 91

第六章　广东省适宜人口容量估算的实证研究 ………………………… 97

一、模型参数的测量与设定 ……………………………………………… 97
二、不同发展情景下广东省适宜人口容量估算 ……………………… 103
三、基于主体功能区划的广东省适宜人口容量估算 ………………… 108
四、本章小结……………………………………………………………… 109

第七章　广东省市域适宜人口容量估算的实证研究 …………………… 110

一、基于适宜人口容量估算模型的广东省市域人口容量 …………… 110
二、基于主体功能区划的广东省各市适宜人口容量估算 …………… 147

第八章　山西省适宜人口容量估算的实证研究 ………………………… 157

一、模型参数的测量与设定 ……………………………………………… 157
二、不同发展情景下山西省适宜人口容量估算 ……………………… 162
三、基于主体功能区划的山西省适宜人口容量估算 ………………… 167
四、本章小结……………………………………………………………… 168

第九章　山西省市域适宜人口容量估算的实证研究 …………………… 170

一、基于适宜人口容量估算模型的山西省市域人口容量 …………… 170
二、基于主体功能区划的山西省各市适宜人口容量估算 …………… 188

第十章　结论与展望 ……………………………………………………… 197

一、研究结论……………………………………………………………… 197
二、研究创新点…………………………………………………………… 199
三、建议与展望…………………………………………………………… 200

参考文献…………………………………………………………………… 207

第一章
绪　论

一、问题的提出

人口容量是某一国家或地区在一定时期内所能供养的人口数量。人类对人口容量的关注与研究已有近400年的历史。随着人口、资源、环境关系的日益紧张，人口容量的研究受到普遍的重视和青睐。对人口容量进行研究关键在于明确人口容量的具体规定性。由于考虑的范围、时期、条件和目标不同，人口容量也就具有了不同的含义。从已有研究来看，对于人口容量的影响因素，已经达成了以下共识（陈卫等，2000）：

（一）地域的开放程度

封闭系统和开放系统的人口容量往往具有很大区别。在开放系统中，资源的互补可以在很大程度上提高一个地区的人口容量。而在封闭系统中，即使是某一种资源的匮乏也往往会使其人口容量大为降低。

（二）时间规定性

一个地区短期内的人口容量一般会高于保证其长期发展的人口容量。但短期内对资源环境的过度开发和利用则会造成未来人口容量的降低。因此，人口容量应建立在可持续的概念上，不能只考虑短期效应。

（三）生产力水平的高低

生产力水平不同对资源的利用效率和产出水平也就会有很大差别。通常，人口容量会随着技术水平的提高而提高。在确定未来人口容量时必须考虑到技术进步的作用。

（四）生活水平的高低

在同等的生产力水平和技术条件下，不同生活水平的人口需求会有很大差别，因而会导致完全不同的人口容量。

（五）不同目标下的人口容量

如果仅仅考虑维持人们的最基本生活需要，那么得出的就是一个地区所能抚养的最大人口数量；如果要达到一个理想的或最优的目标，则实际上得出的是适度人口。

（六）承载人口的基础

人口容量既可以从单一的因素分别考察，如土地资源、淡水资源、矿产资源等，也可以从自然环境系统综合考虑；既可以只考虑自然系统，也可以加进社会经济系统，因而就有了土地人口承载力、矿产资源承载力、环境人口容量等一系列人口容量的研究。

从这 6 点共识来看，人们对人口容量影响因素的复杂性已有充分的认识，人口作为区域系统的子系统，与区域内的经济、资源和环境等子系统都有着千丝万缕的联系。如何将这些复杂的因素整合起来，从而对区域人口容量进行系统分析是当前人口容量研究的难点所在。

地域功能概念的提出为解决这一问题提供了切入点。一个区域根据其自然地理条件和已有的开发强度来确定其主体功能，当一个区域的土地功能定位确定后，其当前承载人口的能力及未来的发展潜力和方向也就可以预见了。

本书对人口容量的探讨以土地的功能定位为出发点，将一个区域的土地按其功能分为生态调节功能、生物生产功能和人文发展功能。通过分析自然地理条件、社会经济条件和土地功能定位对人口容量的影响机制，建立人口容量估算模型，确定区域内各功能区的面积比例，并结合对发达国家或地区人口密度的探讨，确定各功能区的适宜人口密度，最终得出不同条件下区域的适宜人口容量。本书还分别在沿海和内陆地区选择了广东省和山西省作为研究区，对上述模型进行了实证研究。

二、研究背景与意义

（一）研究背景

随着城市化的快速推进，许多地区在发展过程中出现了交通拥堵、住房紧张、水资源短缺、土地资源短缺和居住环境恶化等一系列问题。这些问题归根结底是人口发展与生态环境不和谐的人地关系问题。研究区域人口容量及与区域功能相适宜的适度人口规模可以为区域规划提供参考依据，对促进地区人口、资源与环境的协调发展具有重要的理论意义和实践价值。

人类与自然的和谐相处是可持续发展的基本要求，具体体现为人口、经济、资源、环境的协调发展。为了合理利用资源，协调人口与资源、环境、生态、经济、社会的关系，2007 年 7 月 26 日，国务院颁布了《关于编制全国主体功能区规划意见》（国发〔2007〕21 号），要求根据资源环境承载能力、现有开发密度和发展潜力，统筹考虑未来我国人口分布、经济布局、国土利用和城镇化格局，将国土空间划分为优化开发、重点开发、限制开发和禁止开发四类主体功能区，并按照主体功能定位调整完善区域政策和绩效评价体系，规范空间开发秩序，形成合理的空间开发结构，实现人口、经济、资源、环境以及城乡、区域协调发展。

主体功能区规划不仅考虑了土地的自然属性，而且权衡了不同属性的土地开发与保护的利弊，其目标是构建科学合理的城市化格局、农业发展格局和生态安全格局，是科学发展的具体体现。全国主体功能区规划由国家主体功能区规划和省级主体功能区规划组成，分国家和省级两个层次编制。经过4年多的编制和修改，国家层次的主体功能区规划于2010年底顺利完成。2010年12月，国务院印发了《全国主体功能区规划——构建高效、协调、可持续的国土空间开发格局》。

根据国务院办公厅《关于开展全国主体功能区划规划编制工作的通知》（国办发〔2006〕85号）要求，参照国务院《关于编制全国主体功能区规划的意见》（国发〔2007〕21号），各省陆续开展了本地区的主体功能区规划编制工作。2007年，广东省政府制定了《广东省主体功能区规划编制工作方案》，启动了广东省省级主体功能区规划编制工作（广东省人民政府办公厅，2007）。2012年9月，《广东省主体功能区规划》正式印发，该规划对广东省的省级主体功能区进行了划分，并确定了各功能区的划分原则和发展要求，部署了地市级主体功能区划工作，要求各地市对本地区国土空间进行功能分区，明确各功能分区的定位和边界、发展目标和方向、开发和管制原则等，并认真组织实施。其他省市区也陆续发布了各自的主体功能区规划，截至2014年底，除港澳台外，我国31个省市区均已发布了省级主体功能区规划（见表1－1）。

表1－1　各省份主体功能区规划出台时间

省份	出台时间	省份	出台时间	省份	出台时间
北　京	2012年9月	安　徽	2013年12月	四　川	2013年4月
天　津	2012年9月	福　建	2012年12月	贵　州	2013年5月
河　北	2013年7月	江　西	2013年2月	云　南	2014年1月
山　西	2014年4月	山　东	2013年1月	西　藏	2014年10月
内蒙古	2012年8月	河　南	2014年1月	陕　西	2013年3月
辽　宁	2014年5月	湖　北	2012年12月	甘　肃	2012年7月
吉　林	2013年9月	湖　南	2012年12月	青　海	2014年3月
黑龙江	2012年8月	广　东	2012年9月	宁　夏	2014年6月
上　海	2012年12月	广　西	2012年12月	新　疆	2012年10月
江　苏	2014年2月	海　南	2013年12月		
浙　江	2013年8月	重　庆	2013年9月		

仍以广东省为例，《广东省主体功能区规划》将广东省陆地国土空间划分为优化开发、重点开发、生态发展和禁止开发四类主体功能区域，其中生态发展区细分为重点生态功能区和农产品主产区两亚类，重点开发区细分为国家级和省级两亚类。在对各类区域综合评价的基础上，明确了不同区域的功能定位、发展方向和管制原则，提出了发展布局的思路和指引，力图到2020年，全省形成主体功能定位清晰的国土空间格局。

人口均衡发展是主体功能区规划顺利实现的最关键因素（张耀军等，2010）。主体功能区规划要考虑多种因素，包括人口状况、经济发展、资源禀赋、环境容量等。毋庸置疑，在诸多的因素中，最基础、最能动、最重要的影响因素是人口因素。人口因素既是区域规划的前提和保证，也是区域规划的目标和归宿。区域发展不协调不是简单的各地区之间经济总量、人均GDP间的差距，而是不同区域间人的发展水平的差距，是人口、经济、资源、环境之间的空间失衡（柴剑峰等，2008）。

为了促进主体功能形成，科学把握制约人口分布的自然条件、资源环境、经济社会以及人文条件，科学制定不同类型区域的人口发展规划和政策，引导人口有序流动和分布就显得极为重要。2007年8月，国家人口和计划生育委员会“生态屏障、功能区划与人口发展”课题组向国务院提交了题为《科学界定人口发展功能区——促进区域人口与资源环境协调发展》的综合报告。同年9月，国家人口和计划生育委员会开始部署省级和区域级的人口发展功能区研究。2008年，国家人口和计划生育委员会向国务院提交了《关于开展人口发展功能区编制工作的指导意见》。在开展人居环境自然适宜性评价、资源环境的人口承载力评价、物质积累基础与人文发展水平评价、开发密度与发展潜力评价基础上，将全国划分为人口限制区、人口疏散（收缩）区、人口稳定区、人口集聚区4类人口发展功能区。人口限制区主要是自然环境不适宜人类常年生活和居住的地区，其发展定位是生态保护和人口控制；人口疏散（收缩）区大多是国家生态屏障地区和国家重点扶贫县集中分布地区，其发展定位是生态环境保护、人口控制和扶贫；人口稳定区发展潜力不大，对区外人口吸纳能力也不高，人口规模基本保持稳定，其发展重点在于提高人口城镇化的质量和经济增长的持续性；人口集聚区是我国未来人口和产业的主要集聚区，其发展重点是集聚人口，形成经济发展水平高、生活质量高、人口密度大的发展区。通过人口发展功能分区与统一规划逐步形成“聚集区人口成网连片、稳定区人口连线成轴、疏散（收缩）区人口以线串点”的人口和产业布局。

在全国人口发展功能区工作启动后，部分省份也相继开展了本地区的人口功能区划分工作。广东省人口与计划生育委员会于2008年初制定了《广东省人口发展功能区划分工作方案》，并确定了“广东省人口发展基础评价和功能分区研究”及“广东省人口发展功能区配套政策研究”两个课题。到2008年底，全国除西藏之外的省级人口发展功能区研究报告都已完成。截至2009年4月，区域级的人口发展功能区域研究除成渝地区因四川地震被搁置外，京津冀人口发展功能区、长江三角洲人口发展功能区和中原城市群人口发展功能区的研究均已完成（国家人口和计划生育委员会，2009）。

人口发展功能区是国家主体功能区划分的基础依据，理论上，主体功能区的规划应该在人口发展功能区划分基础之上，而在实际的规划编制工作中，许多省份的人口发展功能区是在主体功能区规划之后才进行的。例如，广东省的人口发展功能区工作就是在其主体功能区规划确定后才开展的。匡耀求等（2008）以广东省县级行政区域为基本研究单元，在开展人居环境自然适宜性评价、资源环境的人口承载力评价、物质积累基础与人文发展水平评价、开发密度与发展潜力评价等的基础上划分了人口发展功能区，将全省国土空间内的122个县级行政区域划分为人口限制区、人口疏散区、人口稳定区和人口聚集区。

缺乏人口发展功能区这个前提，直接制定主体功能区规划，会给规划本身带来什么影响呢？最主要的是导致两个规划的冲突。

对于主体功能区和人口发展功能区的关系，人们习惯上会将人口发展功能区的4个区域（人口限制区、人口疏散区、人口稳定区和人口聚集区）与主体功能区的4大区域（禁止开发区、限制开发区、优化开发区和重点开发区）相对应。然而，二者关系并非简单的一一对应。一方面，从两种规划的各分区的功能上看，这两类功能区并不是严格对应的，人口限制区应该是禁止开发区，人口集聚区可以作为重点开发区，人口疏散区主要是限制开发区，但是人口稳定区并不完全对应于优化开发区。因为人口功能区的划分有城市区域和非城市区域之分，城市区域的人口稳定区可以作为优化发展区，而非城市区域的人口稳定区本身就不属于开发区，应该相当于限制开发区（即以农业为主的区域）。另一方面，从两种区划制定过程上看，主体功能区的划分往往是基于某种发展理论（如生长轴理论、梯度转移理论）的指导而确定的，未必完全符合具体区域的实际。此外，功能区划分方法本身受主观因素影响较大，规划制定者主观上的良好愿望可能造成对某些区域的定位不准或者不当，进而可能造成两类功能区划分的结果不能严格对应，例如，广东省的主体功能区划分，尽管也考虑到资源、环境状况与开发程度，但更多是从如何将全省发展战略在县域空间展开这个主观发展需求的角度考虑的。

上升到理论层面来看，不同的主体功能区由于资源、环境、经济、社会等方面的差异以及发展功能定位的不同，其可承载的人口容量也大不相同。而人口功能区的划分是在人居环境适宜性评价的基础上，根据具体区域资源环境承载力的实际情况，从客观现实是否可能的角度确定的。主体功能区规划的制定若先于人口发展功能区划分，在规划过程中若不能充分结合人口发展功能区规划内容，则必然会导致两类功能区划分体系无法对接。为此，有必要在主体功能区划分以及相应功能定位基础上，根据各功能区人口现状，自然资源、经济社会状况，确定不同地域功能单元的人口密度标准，进而估算其适宜人口容量，明确今后一个时期各主体功能区的人口发展目标，为完善人口规划和政策体系，引导人口有序流动，促进人口合理分布提供科学依据。

（二）研究意义

1. 人口容量研究的意义探讨

对于人口容量研究的意义，还存在着一些争论。有人提出，“人口容量是一个人为生造的不科学术语，研究人口容量意义不大，在某种程度上讲人口容量是不存在的”（张得志，1994）。这类观点的主要论据是：①国内关于人口容量的概念和研究目标多是一个最大值，而事实上，人口规模也有一个最小阈值问题。一个概念不能涵括事物的两个方面，这是不科学的体现。②人口容量研究的模糊性给它的研究价值蒙上阴影。③人口容量的研究结果与现实人口规模往往有很大差距，人口规模不应该也不可能达到生物学意义上的环境容量极限。④对于人类社会来说，社会经济因素已在一定程度上超越了区域自然环境条件，而经济的发展、社会的变迁是难以长期预测的，这是人口容量研究者难以胜任的。

尽管这些观点显得有些极端，但也不无道理。因此，有必要对人口容量研究的意义进行深入思考。人口容量研究比生物学意义上的种群环境容量要复杂得多。首先，人口容量的制约因素很多，而有些社会经济因素是难以测定和预知的；其次，现实人口变化往往具有很大的滞后性、曲折性和隐蔽性；最后，人类自身对环境容量的影响远远超出一般动物种群。人类可以在一定条件下维持超越自然生态系统的最大人口容量，但也有可能在极短的时间内毁灭人类自身和地球。

应该看到：①人类生存环境是有限的，地球所能提供的有限的空间、资源、环境条件对于所能容纳的包括人类在内的任何生物种群的数量、规模都有一定的客观规定性，这是人口容量客观存在的科学基础（朱宝树，1990b）。②人口容量的研究并不局限于最大人口规模的数值问题。事实上，人口容量的研究内容是非常广泛的，在研究人口容量的过程中可以全面系统地分析某个地域人口、资源、环境与经济发展的特征及其协调发展关系，为区域规划提供科学依据。③对人口容量的研究有助于加深人们对控制人口必要性的认识，有助于正确理解人口与各环境因子之间的关系（潘纪一，1988b）。④研究人口容量可以为地区人口迁移、人口再分布政策和人口与经济发展规划提供科学依据（伍理，2001）。

2. 研究的理论意义

目前关于人口容量的研究成果，理论上更多的是从系统论的角度，而从人口与经济、资源、环境之间关系的角度来研究区域人口容量问题，且在人口容量的影响因素、估算的方法上尚未达成统一。此外，从地域功能角度对人口容量问题的研究还较少。本书在主体功能区划分以及相应功能定位的基础上，根据各功能区的人口、自然资源、经济社会状况，确定不同地域功能的人口密度标准，进而估算其适宜人口容量，试图用新的思路探析人口容量问题，对人地系统协调发展的理论框架进行了完善和提升。

3. 研究对促进区域人口合理分布的实际意义

以土地的功能定位为基础，对不同功能区人口容量的测算具有很强的现实意义。首先，我国虽然幅员辽阔，但地形地貌复杂，各地区在自然条件上可供人类生产和生活的空间都极其有限。要在这有限的空间内实现人口、经济、资源和生态环境的协调发展，就必须对各种自然条件下的人口容量有一个科学的认识和界定，从而为合理规划经济活动提供科学依据。其次，我国的地域发展差异较大，各区域人口与经济发展与资源禀赋、环境容量之间存在结构上的矛盾，导致区域内人口与资源、环境的矛盾突出。东南沿海发达地区在经济快速发展的同时，面临着资源稀缺和环境恶化的挑战；中西部地区具有资源环境优势，但经济发展能力相对较弱，贫困人口较多。对区域层面未来适度人口的预测，可以了解其人口的发展规律，协调人口与资源环境的关系，减少不必要的浪费，实现可持续发展的目标。再次，从地域功能与社会经济发展水平等因素出发计算不同约束条件下的适度人口容量，有助于了解限制区域适度人口规模的瓶颈。最后，对不同影响因素下适度人口容量的研究可为区域发展中出现的各种社会矛盾的化解提供依据，协调经济发展与环境之间的关系，将矛盾降低到最小程度。

三、研究方法与技术路线

（一）研究方法

1. 文献研究法

文献研究法是从事科学研究的基础和前提。本书旨在探讨土地功能定位下区域的适宜人口容量，研究的关键在于厘清包括土地功能定位在内的各种因素对区域人口容量的影响机制，国内外人口学、经济地理学、人文地理学、生态学、区域规划学等领域的学者和发达国家在区域规划、可持续发展以及区域治理等方面的成功实践为本书提供了可借鉴的经验和素材。对这些研究成果的梳理和总结不仅可以吸收已有研究的精华，而且有助于发现前人研究的不足之处，深化对本书研究主题的理解，明确研究的重点和难点。书中有关国内外人口容量、区域规划、可持续发展等方面的理论和实证研究主要来源于从网络资源和纸质图书中获取的大量相关文献和资料，为本书的顺利完成奠定了扎实的文献基础。

本书参考的文献资料主要来自但不限于以下来源：①国家统计局和部分省份统计局定期发布的统计公报、定期出版的各类统计年鉴；②部分省份省政府、国土厅以及发改委等经济管理部门发布的定期或不定期信息公报；③国内外主要期刊网络公开的区域统筹人口容量研究的文献、各类报纸、杂志公开发表的相关研究文献；④部分省份所辖地级市政府机构发布的地方管理文件资料；⑤国内外出版的有关人口容量、地域功能研究的书籍等。

2. 规范分析法

规范分析法（Normative Analysis）是在20世纪60年代后期由美国管理心理学家皮尔尼克（S. Pilnick）提出的（Sarkar，2014），多用在关于经济目标、经济结果、经济决策、经济制度合意性的研究中，它解决经济过程中“应该是怎样”的问题，对事物运行状态做出是非曲直的主观价值判断，力求回答“事物的本质应该是什么”（Poilly & Wesselbaum，2014）。

规范分析在本书中的应用主要体现在两个方面：一是对土地的功能定位及功能定位对区域人口容量的影响分析上，在总结不同的土地利用方式下人口分布特点的基础上，提出土地的生态调节功能、生物生产功能和人文发展功能三种功能，并在总结发达国家和地区人口密度的基础上，界定了不同功能定位下区域的适宜人口密度。二是体现在对宜居区范围的界定上，在前人关于人口分布的影响因素的相关研究成果基础上，分析了自然地理因素对人口分布的影响及其作用机理，提出了人类活动应该分布的主要区域及对这些区域的界定方法，即宜居区及其界定方法。

3. 空间分析法

空间分析法是地理学常用的分析方法，现在也被用于包括环境科学在内的多种学科当中（姜亚莉等，2004）。空间分析多以地图为主要分析工具，随着信息技术的发展，GIS软件成为当下研究的主要工具之一，用于对区域研究对象的空间特征进行定性、定量分析（杨海军等，2007）。本书在确定了宜居区界定方法的基础上，用空间分析法辅助分析广东省的地形起伏、土地利用类型，分析土地利用的空间差异，在栅格层面评价区域的人居环境适宜性，为国土空间中宜居区面积的提取提供可靠的数据支持。本书用到的空间分析工具主要包括邻域分析、提取分析、地图代数、空间叠置分析和空间统计分析等。

空间分析的元数据主要包括 SRTM DEM UTM 90 米分辨率数字高程数据、Landsat 中国内陆水体数据及 GlobCover2009 全球陆地覆盖数据，数据来自中国科学院数据云平台。

4. 理想值分析法

理想值分析法是经济地理学的常用方法之一（李小建，2002）。在分析某一要素的发展水平时，可以通过对国际和国内先进国家或地区该项要素的数值分析确定一个理想值，把我们所研究地区的该项指标数值与之作比较，得出研究区的指标数值与理想值之间的差距，从而确定研究区该项发展条件已经达到的水平。

本书在确定人文发展功能区、生物生产功能区及其亚区的适宜人口密度时运用了理想值分析法，以国际上的发达国家和地区的不同功能区的人口密度作为依据，制定了各功能区的适宜人口密度。

5. 经济计量模型法

经济计量模型法是由美国经济学家克莱因于 20 世纪 50 年代提出的，该方法是将相互联系的各种经济变量表现为一组联立方程式，来描述整个经济的运行机制，利用历史数据对联立方程式的参数值进行估计，根据制订的模型来预测经济变量的未来数值（张晓青等，2008）。该方法后来被用于包括人口研究在内的诸多研究领域（田成诗等，2005；张晓青，2009）。

本书将经济计量模型法用于人口容量模型的构建，通过分析各影响因素对人口容量的影响机制，确定了估算区域适宜人口容量的一组联立方程式，并结合研究区在粮食生产、经济发展等方面的历史数据对联立方程式的参数值进行设置，从而估计研究区在未来达到不同发展阶段时的适宜人口容量。

6. 实证分析法

本书将基于土地功能定位的适宜人口容量估算模型应用于几个典型省份的人口容量估算，对这些省份及所辖地市的适宜人口容量进行了实证研究。

（二）技术路线

结合本书的基本思路，将研究的技术路线进行了整理，如图 1－1 所示。本书根据对区域土地功能的定位将区域适宜人口容量的构成分为三部分，即生态调节功能区人口容量、生物生产功能区人口容量和人文发展功能区人口容量，分别用字母 C_1、C_2 和 C_3 表示。每个功能区的人口容量由其面积和适宜人口密度决定。生物生产功能区因不适合人类开发，其适宜人口密度设定为0，因此，区域适宜人口容量主要由生物生产功能区和人文发展功能区的面积（S_2 和 S_3）和适宜人口密度（d_2 和 d_3）决定。

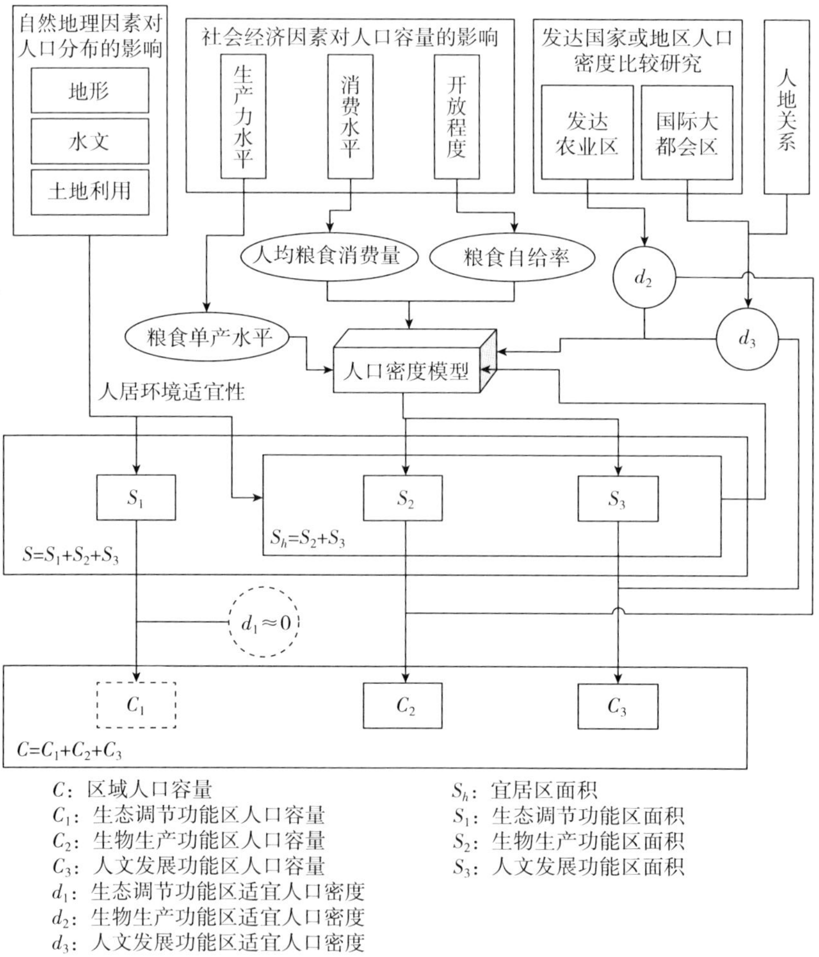

图1－1 基于土地功能定位的人口容量估算的技术路线

生物生产功能区和人文发展功能区的适宜人口密度（d_2 和 d_3）通过对发达国家或地区人口密度的比较研究来确定，其中生物生产功能区的适宜人口密度根据国际上典型发达农业区的人口密度来确定；人文发展功能区的适宜人口密度主要依据国家大都会区人口密度及其变化来预测，并结合对快速城市化地区人地关系变化规律的分析进行综合确定。

对于生物生产功能区和人文发展功能区的面积，则需要自然地理因素和社会经济因素进行建模。影响人口分布的自然地理因素主要包括地形、水文和土地利用类型，根据自然地理因素，通过从地形上的平地部分减去水域、林地、荒地、沙漠等不适宜人类居住的土地，得到宜居区总面积。影响人口分布的社会经济因素主要考虑生产力水平、消费水平和经济开放程度，分别用粮食单产水平、消费水平和粮食自给率三个指标来表征这三个因素。基于这些因素构建人口容量估算模型可得到不同粮食自给率下宜居区域内生物生产功能区和人文发展功能区的面积比例，进而得到总的人口容量。

需要补充的是，在以上模型估计的基础上，本书根据研究区发布的区域主体功能区规划，对主体功能区划下区域适宜人口容量进行了估计，以了解在功能区域背景下，区域人口发展的容量限制和分布结构。

为了能够给出具体的政策建议，本书还将上述分析结果与研究区第六次人口普查的情况进行了对比研究，分析研究区内各地市各功能区人口的承载情况和增长空间，为下一步区域发展的产业布局、人口布局提供政策建议。

第二章

核心概念及研究综述

一、地域功能的相关概念

（一）国土空间

国土空间是指国家主权与主权权利管辖下的地域空间，是国民生存的场所和环境，包括陆地、陆上水域、内水、领海、领空等。国土空间是地域功能划分的对象（樊杰，2013）。根据国家主体功能区规划可将国土空间分为4种类型（金贵等，2013）：

1. 城市空间

城市空间包括城市建设空间、工矿建设空间；城市建设空间包括城市和建制镇居民点空间；工矿建设空间是指城镇居民点以外的独立工矿空间。

2. 农业空间

农业空间包括农业生产空间、农村生活空间。农业生产空间包括耕地、改良草地、人工草地、园地和其他农用地（包括农业设施和农村道路）空间；农村生活空间即农村居民点空间。

3. 生态空间

生态空间包括绿色生态空间、其他生态空间。绿色生态空间包括天然草地、林地、湿地、水库水面、河流水面、湖泊水面；其他生态空间包括荒草地、沙地、盐碱地、高原、荒漠等。

4. 其他空间

其他空间指除以上三类空间以外的其他国土空间，包括交通设施空间、水利设施空间、特殊用地空间。交通设施空间包括铁路、公路、民用机场、港口码头、管道运输等占用的空间；水利设施空间即水利工程建设占用的空间；特殊用地空间包括居民点以外的国防、宗教等占用的空间。

从国土空间的角度观察，工业化、城镇化就是农业空间和生态空间转化为城市化空间的过程。空间结构形成后很难改变，特别是农业空间、生态空间等变为工业和城市建设空间后，调整恢复的难度和代价很大。因此，科学合理地确定国土空间的地域功能对于因地制宜规划工业化、城镇化发展空间就显得极为重要。

（二）地域功能

地域功能是指一定地域在更大的范围内，在自然资源和生态环境系统中、在人类生产活动和生活活动中所履行的职能和发挥的作用。地域功能具有以下 5 个基本属性（樊杰，2007）：

1. 主观性

由于对自然资源和生态环境系统认知的价值取向以及人类生产活动和生活活动的目标取向不同，对同一地域的功能认识在不同角度上也是不同的。例如，强调工业化目标和追求生态保护的目标取向不同，直接影响地域功能定位的不同。地域功能的确定与人为的目标追求和价值取向有关，带有人为主观认知的属性。功能表达和功能区划也同样受到人为作用的影响。

2. 多样性

著名地理学家吴传钧（1994，1998）认为，一个地域自身的自然条件和人文条件对该地域的功能有显著的影响，这种影响作用遵循一定的自然规律和人文规律。例如，一个地域在生态系统中的服务功能、在人口迁移过程中的集疏功能等。一个地域功能形成的内在因素和影响机制非常复杂，在不同系统中承担着不同功能，地域功能具有多样性。

3. 相互作用性

不同功能地域之间相互影响。例如，河流上游地域单元功能的确定必然对下游地域单元功能的确定产生一定影响，上游进行生态功能建设对生态水的大量需求，就可能遏制下游耗水大的重型工业基地功能的形成。

4. 空间尺度性

一定地域所属的更大地域的范围不同，将导致该地域功能的变化。例如，省域内的经济中心城市未必是国家和全球的经济中心城市。也就是说，地域功能有“空间尺度”的属性。反过来，不同空间尺度的地域范围所识别的地域功能可能不同，进行科学表达的区划是有空间层级的。

5. 时间演变性

地域功能有可能随着时间发生变化。无论自然系统或人文系统，都有着自身发生和演变的规律，从而决定着地域功能的变化。当然，随着时间的推进，主观认知也在发生变化，同样的自然和人文系统，赋予的地域功能可能也不同。

（三）主体功能区

主体功能区是指各地区所具有的、代表该地区的核心功能。各个地区因为核心（主体）功能的不同，相互分工协作，共同富裕、共同发展。核心（主体）功能是自身资源环境条件、社会经济基础所决定的，也是更高层级的区域所赋予的。一定的国土空间具有多种功能，但必有一种主体功能。我国各地区各种自然环境和资源条件差别迥然，从提供产品的角度划分，或者以提供工业品和服务产品为主体功能，或者以提供农产品为主体功能，或者以提供生态产品为主体功能。在关系全局生态安全的区域，应把提供生态产品作为主体功能，把提供农产品和服务产品及工业品作为从属功能，否则，就可能损害生态产品的生产能力。例如，草原的主体功能是提供生态产品，若超载过牧，就会造成草原退化沙化。在农业发展条件较好的区域，应把提供农产品作为主体功能，否则，大量占用耕地就可能损害农产品的生产能力。各地区不能按照统一的发展模式进行发展，根据全国整体发展规划及各地具体情况，我国国土空间按开发方式可分为优化开发区域、重点开发区域、限制开发区域和禁止开发区域。

1. 主体功能区划的意义

主体功能区划直接以解决现实发展中的核心问题为宗旨，尽管因理论和经验准备不足还有许多值得商榷和可以进一步完善的地方，但从理念、目标取向和主要作用等方面综合审视，主体功能区划是一项尚未有更好的替代方式、具有重大现实意义及其对中华民族可持续发展产生长远影响的空间规划实践。

从科学基础分析可以反映出，主体功能区划在我国区域发展中的突出贡献。它打破了传统的区域经济发展思维与发展模式，对一些地区经济开发和经济增长明确地说出了“不”字。而其核心价值，樊杰等从两个方面进行了总结。其一，体现以人为本谋发展的根本理念。对欠发达地区而言，根据条件继续支持合理做大人均 GDP 的分子，并通过财政转移支付等多种途径，实现地方公共财政支出能力和基本公共服务的均等化，缩小同发达地区人民生活水平的差距；同时，合理引导人口转移，缩小人均 GDP 的分母，减少人口压力和实现基本公共服务均等化的社会成本。切实使全体人民共享现代化建设的成果。其二，符合人与自然和谐发展的基本要求，这是主体功能确定的主要依据和区划的主要原则。总之，主体功能区划遵循了经济发展规律和自然规律，是具有生命力和影响力的。

推进形成主体功能区，是根据不同区域的资源环境承载能力、现有开发强度和发展潜力，统筹谋划人口分布、经济布局、国土利用和城镇化格局，确定不同区域的主体功能，并据此明确开发方向，完善开发政策，控制开发强度，规范开发秩序，逐步形成人口、经济、资源环境相协调的国土空间开发格局。

推进形成主体功能区，有利于推进经济结构战略性调整，加快转变经济发展方式，实现高质量发展；有利于按照以人为本的理念推进区域协调发展，缩小地区间基本公共服务和人民生活水平的差距；有利于引导人口分布、经济布局与资源环境承载能力相适应，促进人口、经济、资源环境的空间均衡；有利于从源头上扭转生态环境恶化趋势，促进资源节约和环境保护，应对和减缓气候变化，实现可持续发展；有利于打破行政区划界线，制定实施更有针对性的区域政策和绩效考核评价体系，加强和改善区域调控。

根据主体功能区思想，全国主体功能区规划将我国未来国土空间的战略格局布局为："两横三纵"为主体的城市化战略格局、"七区二十三带"为主体的农业战略格局、"两屏三带"为主体的生态安全战略格局。

2. 主体功能区划的总体目标

实施主体功能区划最终要实现生产空间集约高效，生活空间舒适宜居，生态空间山青水碧，人口、经济、资源环境相协调的美好情景。

（1）经济布局更趋集中均衡。工业化城镇化将在适宜开发的一部分国土空间集中展开，产业集聚布局、人口集中居住、城镇密集分布。在继续提升现有特大城市群整体功能和国际竞争力的基础上，在其他适宜开发的区域，培育若干新的大城市群和区域性城市群，形成多元、多极、网络化的城市化格局，使经济增长的空间由东向西、由南向北拓展，人口和经济在国土空间的分布更趋集中均衡。

（2）城乡区域发展更趋协调。农村人口将继续向城市有序转移，所腾出的闲置生活空间将得到复垦、还耕、还林、还草、还水，农村劳动力人均耕地将增加，农业经营的规模化水平、农业劳动生产率和农民人均收入大幅提高，城市化地区反哺农业地区的能力增强，城乡差距逐步缩小。人口更多地生活在更适宜人居的地方，农产品主产区和重点生态功能区的人口向城市化地区逐步转移，城市化地区在集聚经济的同时集聚相应规模的人口，区域间人均生产总值及人均收入的差距逐步缩小。适应主体功能区要求的财政体制逐步完善，公共财政支出规模与公共服务覆盖的人口规模更加匹配，城乡区域间公共服务和生活条件的差距缩小。

（3）资源利用更趋集约高效。大部分人口的就业和居住以及经济集聚于大城市群地区和城市化地区，基础设施共享水平显著提高；节能型的轨道交通成为大城市群的主要客运方式并间接降低私人轿车的使用频率；大城市群内将形成相对完整的产业体系，市场指向型产品的运距缩短，物流成本降低；低碳技术和循环经济得到广泛推广，资源节约型和环境友好型社会初步形成。

（4）环境污染防治更趋有效。一定的空间单元集聚的人口规模和经济规模控制在环境容量允许的范围之内，先污染、后治理的模式得以扭转。随着主体功能定位的逐步落实，绝大部分国土空间成为农业空间和生态空间，不符合主体功能定位的开发活动大幅减少，工业和生活污染排放得到有效控制。相对于小规模、分散式布局，经济的集中布局和人口的集中居住将大大有利于污染治理水平的提高。

（5）生态系统更趋稳定。重点生态功能区承载人口、创造税收以及工业化的压力大幅减轻，而涵养水源、防风固沙、保持水土、维护生物多样性、保护自然资源等生态功能大幅提升，森林、水系、草原、湿地、荒漠、农田等生态系统的稳定性增强，近海海域生态环境得到改善。城市化地区的开发强度得到有效控制，绿色生态空间保持合理规模。农产品主产区开发强度得到控制，生态效能大幅提升。

（6）国土空间管理更趋精细科学。明确的主体功能定位，为涉及国土空间开发的各项政策提供了统一的政策平台，区域调控的针对性、有效性和公平性将大大增强；为各级各类规划的衔接协调提供了基础性的规划平台，各级各类规划间的一致性、整体性以及规划实施的权威性、有效性将大大增强；为国土空间及其相关经济社会事务的管理提供了统一的管理平台，政府管理的科学性、规范性和制度化水平将大大增强；为实行各有侧重的绩效评价和政绩考核提供了基础性评价平台，绩效评价和政绩考核的客观性、公正性将大大增强。

（四）土地功能定位

1. 土地功能定位的文献梳理

有关土地经济及土地管理理论对土地资源的功能特性作了较为详细的分析，较有代表性的是将土地资源的特性概括为自然特性、经济特性和人文特性。基于这三个基本特性，研究者们从不同的角度对土地的功能进行了界定（朱德举，1995；毕宝德等，1996；刘书楷，2000；翁杨正，2001；李国健，2007），比较一致的看法是将土地的功能归类为生产功能（为人类提供生产和生活所需要的产品）、承载功能（为生命活动提供生活生产活动的空间）、资源功能和社会功能（提供就业岗位、收入来源和社会保障等社会职能）。然而，刘学录等（2008）认为这种分类偏重从物质领域的生产与消费考虑，对土地资源在生态保护与建设方面所起作用即土地生态功能重视不够。为此，他们将土地的生态功能定义为，在物质、能量迁移与转化过程中，土地所表现的能够满足和维持生物体以及人类生活需要的自然环境条件和效用。它包括生态环境的调节功能和生物支持功能两大类，其中，生态环境的调节功能可分为保护土壤功能、防风固沙功能、涵养水源功能、调节微气候功能、净化环境功能五类；生物支持功能主要指产生与维持生物多样性，为生物提供良好的栖息环境。尹科和王如松等（2014）将土地看作是社会—经济—自然复合生态系统，进而将土地功能分为生物质生产功能（为人类提供各种产品以及生物遗传资源）、建设用地功能（为人类活动、城市与工业建筑提供空间）、农民生存保障功能和其他生态服务功能（为人类提供诸如维持水文循环、调节气候以及净化水源等调节性效益）。

从以上分析不难看出，研究者们对土地的生态功能的界定各有侧重，不同的侧重点和视角会产生不同的土地功能分类。本书在总结和吸收上述土地功能分区研究的基础上，结合人口容量的研究主题，选取土地对人类活动的作用这一视角来对土地的功能进行划分。土地能够为人类的工业活动、农业活动提供要素和场地，能够给人类生存提供空间和环境。因此，可以将土地的功能归为三大类，即为人类提供生态保障的功能、为人类提供食品等产品的功能以及为人类提供居住和经济活动空间的功能。

2. 土地三功能定位理论

基于以上分析，根据土地的生态功能与人类社会发展的关系可将地球上土地的功能划分为三大类，即为人类生存发展提供适宜的气候与环境资源及生态安全保障的生态调节功能；为人类提供食品以及纤维等基本生活资料和生产原料的生物生产功能；为人类居住和社会经济活动的集聚提供空间与环境等基本要素的人文发展功能（匡耀求等，2014）。人类社会的发展离不开土地的这三大功能，但对这三大功能的认识却有一个逐步深化的过程。

人类社会的发展首先要解决的是吃穿问题，也就是吃饭所需的粮食和穿衣所需的纤维，这是人类最基本的需求，满足这种基本需求主要依托大自然的生物生产力，也就是土地的生物生产功能，由此形成的产业被称为农业，从事农业生产的区域被称为农村。随着人类社会的发展，人类的基本需求得到满足，人类的更高层次的需求不断被激发出来，新的产业不断涌现，专业分工越来越细，工业和服务业等产业体系应运而生，人力、资源、资本、技术等生产要素不断集聚，涌现出一些人口比较集中，以人文发展为主要功能的区域，被称为城镇。这时，地球生态系统提供的另一大功能——人文发展功能得到开发。显然，城镇和农村其实是人类社会发展依托的不同功能区域。农村以生物生产功能为主，城镇以人文发展功能为主。由于人文发展需要消耗依托土地生物生产力生产出来的食品和原料，生物生产能力的规划也要和人文发展的需求相匹配。一味追求人文发展而忽视生物生产，是不可能长期维持下去的。也就是说，农村和城镇是相互依存的。就整个地球而言，不能因为城镇区域的人口容量较大，农村区域的人口容量较小而只发展城镇，不发展农村。以中国为例，对于中国这样的人口大国，必须从国家层面做出规划，划定足够大的区域作为生物生产用地，这也是为什么我国必须坚守 18 亿亩耕地红线的根本原因。在国家主体功能区规划里划定的农产品主产区就是从国家层面对此做出的科学安排。无论是农村的发展还是城市的发展都需要有一个适宜的气候环境，需要有清洁的水源、清新的空气，而这些需要土地的生态调节功能来保障。随着全球气候与环境的恶化、水源短缺和空气污染的加剧，土地的生态调节功能逐渐得到重视，人类社会逐渐迈向生态文明发展阶段。

二、人口容量的相关概念

（一）人口容量与适度人口

对人口容量或人口承载力的概念，在学术上还没有形成统一的认识。迄今为止，国际组织和学术界所下的定义多达 26 种（科恩等，1998）。大多数的定义在一些基本点上有共识，但在某些方面，不同的定义差别很大甚至相互冲突。在我国人口容量的研究中，对人口容量概念的使用也不尽统一。有的沿用国际组织的定义，有的对这些定义加以改造；有的定义表述得较为复杂，有的则表述得很简单。归纳起来，主要有以下几种：

1. 国际人口生态学界的定义

世界对于人类的容纳量是指在不损害生物圈或不耗尽可合理利用的不可更新资源的条件下，世界资源在长期稳定状态基础上能供养的人口大小。这一定义将资源作为人口容量的决定性因素。

2. 联合国教科文组织的定义

一国或地区在可以预见的时期内，利用该地的能源和其他自然资源及智力、技术等条件，在保证符合社会文化准则的物质生活水平条件下，所能持续供养的人口数量。该定义在强调自然资源的同时，也考虑技术条件，相对更全面具体一些。

3. 朱宝树的定义

朱宝树（1990a）在其主编的《人口生态学》一书中给出的定义为：所谓一个地区在一定时期内的环境人口容量，就是指该地区的资源环境条件在能够充分合理利用和保持生态平衡的情况下，所能持续供养的对应于一定生活水平的最高人口数。书中对人口容量的内涵做了进一步的阐述：①资源环境条件的充分合理利用，是指对应于一定时期的生产力水平而言所能达到的开发利用程度。充分是指生产力发展水平所能允许的最大限度利用；合理则是强调不损害生态环境的平衡机制，保证资源的永续利用。②资源环境条件的充分和合理利用，是确定所能供养人口的最高数及其持续性的前提。③环境人口容量必须建立在一定的生活标准之上。

4. 潘纪一的定义

潘纪一（1988a）在其所著的《人口生态学》一书中对人口容量给出的定义为：在给定的环境条件下，全球或某个地区生态系统所能维持的最高人口数。潘纪一将人口容量划分为几种类型：①生物生理性的人口容量，即把人均消费水平压缩到最低水平，只能维持人体生理需要的基本水平时，所估算的最大抚养人口数；②基于现实条件的人口容量，即根据现有的消费水平，参照可以预见的生活水平、生产力水平、资源储量与消费量的变动情况，以估算未来某一时间所能容纳的最大人口规模；③适度的人口容量，是适度人口思想在人口容量研究上的反映。由于可以从多种角度考虑所谓适度人口，因而也就有着各种不同意义上的适度人口容量。

5. 张志良的定义

张志良（1993）在其所著的《人口承载力与人口迁移》一书中给出的人口容量定义为：在某区域的某一预见时段，以不损害区域环境质量和破坏资源的永续利用为前提，在保证符合其社会文化准则的物质生活水平条件下和正常的经济发展速度下，地区的消费资料所能持续供养的总人口和生产资料所能容纳及满足个人福利的全体人口正常发展目标下的人口数量。

6. 王道隆、吴定光的定义

王道隆、吴定光（1988）提出了可容人口量的概念，认为可容人口量是指环境、自然资源允许承受人口的最大限度。这一概念强调了人口容量是以不破坏生态环境的平衡与稳定，保证自然资源特别是非再生性资源的可持续利用为前提的。他们进一步将可容人口量分为三类：①可容人口极限，即环境和自然资源对人口的平均负荷力降低到人类必要生存条件最低水准的人口容量；②可容人口饱和值，即环境和自然资源对人口的平均负荷力与其必要生存条件基本相适应的人口容量；③可容人口适度值，即环境和自然资源对人口的平均负荷力与人类最佳生存条件一致的适度人口量。在他们看来，第三种人口容量类型是最理想的人口容量模式，是人类应该追求并努力付诸实践的目标。

7. 王学军的定义

王学军（1992）提出了地理环境人口承载潜力的概念，指在一定时空内，由地理环境各组成要素（其中包括土地资源）、人类本身的数量、素质、分布、活动以及区际间的人员、物质、能量、信息交流所决定的，保持一定生活水准，并在不使环境质量发生不可逆恶化的前提下，生产的物质及其他环境要素的状况所能容纳的最高人口限度。他将地理环境人口承载潜力的基本思想总结为时间限定性、空间限定性、区域开放性、人类的主体性和能动性、综合性以及不易定量性。

8. 曲格平、李金昌的定义

曲格平、李金昌（1992）在合著的《中国人口与环境》一书中写道：人口容量又称人口承载量，一般理解为在一定的生态环境下或一定地区的资源所能养活的最大人口数，所以有时又称之为人口最大抚养能力或最大负荷能力。另外一种理解是，把人口容量看成一定自然资源条件下的最理想人口数量或适度人口数量。他们认为，一定生态环境或一定地区的资源所能养活的最大人口数是人口容量的一个极限状态，这个极限状态受到多种条件的制约，在正常情况下是难以实现的。因此应把适度人口数量作为人口容量的基本内涵。

9. 毛志峰、任世清的定义

毛志峰、任世清（1995）认为，联合国教科文组织对人口容量的定义适应了当代和未来社会经济发展与技术进步对能源这一重要资源的利用需求，重视了人口物质生活水平提高对人口容量的影响，但忽略了生态平衡与资源环境利用保护准则下对人口容量的制约。尽管强调了人口容量的时空界定，但忽视了社会经济系统或人类生态系统开发条件下资源超越辖域空间的流动。而有关土地平面垦殖方面人口承载力的研究，他们认为所确定的不同时空的人口容量不仅具有一定的局限性，更重要的是淡漠了对人口、资源、环境和经济发展之间相互促进的探讨。有鉴于此，他们从生态角度提出了以下的定义：人口容量是指在一定时期内，能够保障生态环境物质能量循环相对均衡和不断满足人口生活消费水平提高条件下，地球或某一开放疆域的自然资源在长期稳定合理开发利用基础上所能抚养的人口数量。

10. 童玉芬的定义

童玉芬（1998）从可持续发展角度对最优人口的概念进行了探讨。她提出，区域可持续发展最优人口是指最有利于区域达到可持续发展目标要求的人口条件（包括人口数量、人口增长率、人口结构、人口质量、人口分布等）。可持续发展最优人口可以看作是适度人口概念的扩展，但是在可持续发展的新观念下，人口的适度就不能纯粹是为了经济的增长，而是为了人类的可持续发展。从这个概念出发，衡量人口的适度与否应该从是否最有利于可持续发展的角度来衡量。

11. 陈卫、孟向京的定义

陈卫、孟向京（2000）对已有的人口容量的概念进行梳理后，对人口容量的概念进行了总结，认为人口容量即某一国家或地区在一定时期内所能供养的人口数量，一个具体区域的人口容量则要受到生产力发展水平、当地生活方式与消费水平、地域开放程度以及自然资源基础等多方面因素的影响和制约。适度人口则是指一定目标下的最适宜人口，即最优人口。在确定人口容量时，如果把消费水平设定为一个期望值，则此时的人口容量也就等同于适度人口，适度人口也可以说是某一特定意义上的人口容量。

综上所述，前人对人口容量的认识在不断地完善和深化，也逐渐注入了可持续发展的思想。人口容量问题的实质是经济、资源、环境、人口的可持续发展问题，在可持续发展的观念下，衡量区域的适度人口容量，应该从是否与区域的土地功能相适应，是否有利于实现区域可持续发展来着手。

（二）人口密度、平地人口密度与宜居区人口密度

对区域适宜人口容量的估算是在确定宜居区人口密度的适宜水平的前提下进行的，因此，需要阐明宜居区人口密度的概念。

人口密度是单位面积土地上居住的人口数，它是表示人口空间密集程度的指标，通常用每平方千米或每公顷内的常住人口来表示，也可称其为平均人口密度。平均人口密度与人口数量和区域总面积相关，它能够简便而清晰地显示出人口分布的地区差异。

当前有关人口密度的研究对人口分布合理性的分析，往往以平均人口密度作为对比的参数，而这个参数是以区域总面积为分母得出的。然而，人口分布往往具有强烈的区域性，地区差别显著，所以人口密度在大范围地区内的应用往往给人以假象，即较大范围的人口密度往往掩盖了该区域内各部分人口密度的内在差异（穆光宗，1992）。由于不同地区管辖面积内的地形、水文条件各异，人口在一个区域的分布往往并不均匀，因此基于总面积的平均人口密度就难以衡量和分析人口分布的合理性。

匡耀求等（2008）在研究广东省县域经济、人口分布与地形起伏度的关系后指出，最适宜人口集聚和经济发展的区域是低丘陵地区和平原地区；其次是高丘陵地区；而广大山区是不适宜人口集聚和经济发展的区域。在地形起伏变化较大的区域，用人口总数除以国土面积得到的平均人口密度并不能真实地反映实际人口分布的合理性和人口拥挤状况。鉴于此，他提出了平地人口密度的概念（匡耀求等，2014）。

所谓平地人口密度，即区域内人口数量与区域内平地面积的比率。平地区域的界定是将区域内地形起伏度较小的平地中不适宜居住的水域去除后的区域，因为这一概念将地形作为宜居与否的主要界定因素，因此称其为平地人口密度。匡耀求等（2014）比较了中国珠三角地区与日本关东盆地两个大都会区的平地人口密度，结果表明，珠三角地区的平地人口密度已经超过日本关东盆地，成为世界上人口最稠密的区域。

平地人口密度相对于平均人口密度，对区域内人口分布状况的衡量更为具体和准确，然而，平地人口密度概念仅将地形和水域两个因素作为影响人口分布的主要因素，仍不够全面。

考虑到影响人口分布的因素很多，在平地人口密度的基础上，匡耀求等（2014）进一步提出了宜居区人口密度的概念，即区域内人口数量与区域内宜居区面积的比率。对于宜居区的界定，在确定平地区域后，还需要从其中排除掉人类不能居住或不应用于人类居住和生活的区域，这些区域主要包含水域、林地、高海拔地区以及一些在气候上不适宜人类居住的区域，如沙漠、戈壁、荒漠、冰川、冻原等。

三、国内外研究综述

（一）国外研究现状及趋势

人口容量英文直译为 Population Capacity，与人口承载力都是从英文 Carring Capacity 一词而来，然而，Population 一词在英文中常用来表示生物种群，因而以 Population Capacity 为检索词在 ISI Web of Science 数据库中检索得到的结果中，大多数是生态学上关于动植物种群的研究。因此，在检索时应该用 Human Population Capacity 一词。

1. 古典人口论与适度人口论

国外对人口容量的关注与研究已有近 400 年的历史（Cohen，1995）。早在 1798 年，英国人口学家马尔萨斯（Thomas Robert Malthus）在其著作 *An Essay on the Principle of Population* 中就提出了关于人口和食物相对增长速度的人口理论，该理论认为人口按几何级数增长，而生活资料按算术级数增长，所以生活资料增加赶不上人口增长，只有控制人口数量才能减少贫困、饥饿（Short，1998）。马尔萨斯人口理论一经提出，便引发了规模巨大的马尔萨斯争论，但以它为代表的古典人口模式还是在 19 世纪初才得到确立，一直到19世纪中叶仍保持其在西方人口思想史中的统治地位。

19世纪末期，英国经济学家埃德温·坎南（Edwin Cannan）提出了适度人口（Optimum Population）的概念，并在其《基础政治经济学》（*Elementary Political Economy*）一书中首次用经济学理论进行了论证。适度人口论的出现标志着西方人口思想从古典到现代演变的完成。坎南的适度人口理论的基本内容是，人口是否需要增加，不仅要看它对农业收益的影响，还要看它对全部产业的影响（O' Brien，1999）。坎南的适度人口论舍弃了技术进步等条件，只考虑人口数量和人口收益量的关系，因此被称为静态适度人口论。

瑞典经济学家威克塞尔和坎南几乎是在互相不通信息的情况下，各自独立而又同时提出了适度人口论。威克塞尔认为，在一定时期内，一个国家工农业生产潜力允许达到最大生产率所能容纳的人口就是适度人口，他的论断被称为动态适度人口论（Kalvemark，1980）。

总体来看，西方人口理论正是在19世纪初到20世纪初这段时间里逐步走向完善和成熟的，完成了从古典到现代的转变。许多人口理论至今仍对西方人口学界有着重大的影响，成为当代西方人口理论的直接思想来源。但必须指出的是，这一时期的西方人口学说，无论是古典人口模式还是适度人口理论都存在着一个共同的根本缺陷，即它们脱离了社会生产关系和唯物史观来考察人口问题，因而都缺乏正确的理论基础和应有的科学依据。

2. 近现代西方人口研究

自工业革命以来，随着人口数量膨胀、人口规模增大，一系列资源环境问题出现，对人口容量的研究开始深入。

1891年，英国科学家E. G. Ravenstein对世界各大陆的最大人口容量进行了估算，他估算了各大陆的耕地、草原和荒漠的面积及它们可承载的最大人口密度，根据各种土地利用的产出计算出可承载的最大人口容量，即59.94亿人。尽管这个数字要明显低于目前的世界人口总数，现在看来并不准确，但Ravenstein的研究在人口容量的定量估算方面具有开创意义。

1921年，美国的帕克（Robert E. Park）和伯吉斯（Ernest W. Burgess）提出了承载力的概念，即“某一特定环境条件下（主要指生存空间、营养物质、阳光等生态因子组合），某种个体存在数量的最高极限”，后来这一术语被应用于环境科学中，形成了环境承载力的概念。而人口承载力（Carring Capacity）的概念则是由南非科学家艾伦（W. Allen）于1949年首次正式提出的，艾伦认为，人口承载力是一个地区在不引起环境退化的前提下，在现有技术条件以及维持现有消费习惯下，能够持续支持的最大人口数量（Barnes，1950）。

20世纪中后期，随着工业革命的深入，环境问题已经在西方引起了普遍的关注。1962年，美国作家Rachel Carson撰写的《寂静的春天》问世，在美国引起极大的争议和轰动，它是标志着人类首次关注环境问题的著作（Heckel，2012）。此后美国掀起了一系列的环保运动。1970年，美国国家环境保护局成立，从此，人类对环境危机的认识提到了新的高度。这也促发了西方科学家们对地球人口容量问题的新思考。1972年，罗马俱乐部提出一份研究报告——《增长的极限》，提出增长存在极限，这是因为地球资源的有限性，传统的工业化道路已经导致全球人口激增、环境污染、资源短缺以及生态破坏，人类必须自觉抑制人口增长，才能实现持续发展（Koehler，1973）。人们对于这篇报告争议很多，但确实对世界关于人口容量的认知产生了巨大影响。

1983年，在联合国人口基金会的推动下，联合国粮农组织和国际应用系统分析研究所对世界不同地区潜在的人口承载量进行了估计。此次估计考虑的因素很多，突出了土壤类型、耕作期的长短和生产体系，并根据技术、能源、资源和基础设施的高投入和低投入做了不同的估计。该项工作的结论是，到2000年，在不包括中国在内的发展中国家，低投入下能养活56亿人，而在高投入下能养活334亿人（拉夫尔，1993）。

1995年，世界政策研究所所长莱斯特·布朗（Lester R. Brown）在其著作*Full house：Reassessing the Earth's Population Carrying Capacity*中指出，人类人口增长的速度已经超过了粮食、海产品等食物生产的增长速度，因此需对地球的人口承载力进行重新评估，以制定相应的人口政策（Morvaridi，1996）。他将粮食产量和人均消费水平作为人口容量估计的重要因素，认为当2030年世界粮食产量到21亿吨时，按照美国的消费水平可承载25亿人口；按照意大利的消费水平可承载50亿多人口；按照印度的消费水平可承载100多亿人口。人类总是希望生活更加美好，因此不能将印度的消费水平作为衡量全球人口承载力的标准。他提倡各国根据自身情况来评估各自的人口承载力，提倡提高妇女教育水平、降低人口出生率。

在 20 世纪末 21 世纪初，西方对人口容量及人口承载力的研究日渐深入，对人口容量和人口承载力的研究角度和方法也越来越多样化。1996 年，格雷琴·C. 戴利（Gretchen C. Daily）从生物物理角度和社会经济角度衡量了人口承载力，提出了评估不同生活方式的人口数量研究框架（Daily & Ehrlich，1992）。1998 年 D. E. Campbel 将能值分析方法用于人口承载力研究中，通过估算地球总能值通量和人均能值消耗量，计算某个区域或全球的能值人口承载力。1999 年，乔纳森·M. 哈里斯（Jonathan M. Harris）和斯科特·肯尼迪（Scott Kennedy）衡量了全球和局域的农业人口承载力，研究表明，尽管科学技术进步，但农业谷物产出量是按对数增长而非指数增长，全球农业承载力已经接近极限，因此，为了保持农业可持续发展，应尽快提高消费效率、实施合理的人口政策。

近年来，随着可持续发展概念的推广，国外一些学者逐渐把人口容量的研究和可持续发展研究结合起来，并将人口承载能力看作衡量区域可持续发展的重要指标（Dang & Liu，2012；Lei & Zhou，2012；MacCracken et al.，2014；Mauerhofer，2013；Shi et al.，2013；Wang et al.，2014；Wilson et al.，2013）。2010 年，Graymore 等提出可持续人口承载力模型（SHCC），在区域尺度上，通过衡量人类活动对生态系统造成的压力以及这些压力是否超过可持续发展的阈值来监测区域发展是否可持续。

综上所述，国外有关人口容量的讨论是从经济学领域开始的，经历了概念的形成、方法的探讨和应用，再到与可持续发展概念相结合进行模型模拟，系统地估算人口容量大小，探讨人口与可持续发展的关系，研究由浅入深，逐渐成熟。这些研究无论是从方法上，还是研究的切入点上，都有非常大的借鉴价值。同时我们也要认识到，人口容量和人口承载力的研究具有较强的地域和时效性，不同国家和地区的自然地理条件、经济发展水平、宗教、文化等都有较大的差异，因此，在借鉴国外优秀研究成果的同时，也要结合本国和本地区的实际情况和特点。

（二）国内研究现状及趋势

1. 人口容量研究的历史渊源

关于人口容量的思想，实际上古已有之。最先明确提出人口和土地相适应思想的是《商君书》，它认为国家富强在于农战，而要搞好农业，就应当使人口和土地的数量相适应："地狭而民众者，民胜其地；地广而民少者，地胜其民。"（《算地》）它甚至具体计算出了"先王制土分民之律"，即具有一定比例的可耕地的方圆百里土地足以居住五万耕作的农夫。此后，我国历代的思想家、政治家有关保持人口与土地的平衡，使有限的土地负担一个大小适当的人口的思想，都是对人口容量问题的一些最初考虑。

2. 近代人口容量研究

我国在20世纪二三十年代的人口问题争论和50年代的人口问题大讨论中就已经开始关注人口容量问题。关于人口容量的讨论，首先是关于人口容量的定义，迄今为止，国际组织和学术界所下的定义多达26种。国内学者对人口容量的定义也各有千秋，但在以下几点上达成共识：第一，人口容量的衡量有一定的时空范围。不同时空背景、环境条件和社会发展阶段下，其人口容量不同。第二，人口容量的衡量是在一定生活水平或消费水平下，不同消费水平消耗的资源不同，因此相同自然禀赋条件下，消费水平高的地区，人口容量小。第三，特定条件下的人口容量应能保持经济社会发展及生态环境保护之间的平衡，应能够有利于促进区域可持续发展。若一个地区能承载的人口数量是在持续破坏环境的条件下维持，那么长期就会使生态失去平衡，自然遭到破坏，人口容量减小。

人口问题大讨论的另一个重要成果，是为计划生育政策的确定奠定了理论基础，当时的人口理论界认为，中国人口问题与国民经济有计划按比例发展规律有密切联系，作为国民经济重要组成因素之一的人口，应当包含在统一的国民经济之中，人口与国民经济计划和各方面都要求有适当的比例关系；社会主义经济规律要求我们不断提高劳动生产率和人民群众生活水平，因此，与国民经济有计划按比例发展相适应，要求人口有计划地发展。结论是，中国必须实行节育，降低人口出生率和人口自然增长率，以控制人口总量。

我国有关人口容量的系统研究是从20世纪80年代开始的，学者不仅在理论上对人口容量进行了许多探讨，而且对我国人口容量作了大量实证研究。田雪原、陈玉光（1981）从就业角度对我国的适度人口进行了测算。胡保生等（1981）从我国自然资源和环境、经济、人口状态以及民族心理等出发，以发展的观点分析讨论了影响一百年后我国人口总目标的二十多个关联因素，并且运用系统工程多目标决策技术，综合地分析了这些关联因素的动态数量关系。1987 年，中国科学院、原国家计委自然资源综合考察委员会受全国农业区划委员会办公室的委托，启动了“中国土地资源生产能力及人口承载量研究”项目，该项目以资源—资源生态—资源经济科学的理论为基础，应用资源系统综合平衡的研究方法，从各类资源之间的平衡关系、农业结构与资源结构的匹配关系，单产潜力的预测与总产潜力的估算三个方面进行人与资源关系的高层次、多侧面的综合研究（陈百明，1987）。在具体内容上，该项目特别关注了我国、不同类型地区在不同时期内的粮食产量以及不同类型地区在不同时期内能够承载的人口数量、人均占有的粮食产量以及生活水平可以达到什么程度（田红，1991）。胡鞍钢（1989）从经济、资源、环境、人口结构等角度探讨了中国的适度人口目标。曹明奎（1993）从中国农业生态系统的生产潜力的角度，把中国农业生态系统分为 603 个区域单元，并进行人口承载力的评价。毛志峰、任志清（1995）在揭示人口容量拓扑空间结构的基础上，提出了第一性生产力的人口承载模型 POP 和未来世界人口的可容规模，并从生态均衡角度，探讨了人口合理容量的概念，及同消费水平和社会财富分配之间的依附机理。朱国宏（1996）探讨了我国人地比率变动及趋势，从人地关系变化的角度分析了中国土地资源承载力的远景，根据低、中、高三种不同消费水平，预测中国最大人口承载力为 16.6 亿人、15.1 亿人和 13.8 亿人，并分析了中国远期的土地资源是否超载的问题。袁九毅等（1997）采用系统工程的 PS 多目标决策方法综合考虑了城市内社会、经济、环境等因素对人口容量的不同作用和限制，定量计算了兰州西固地区的环境人口容量，认为到 2050 年人口容量控制在 40 万人以下才符合西固地区目前的实际情况和发展规划。毕维铭等（2000）研究了北京山区人口容量，认为生态环境质量是决定北京山区人口容量的重要因素，并用主成分分析法筛选出决定生态环境质量的主要因素，估算了北京山区各村的人口容量。陈如勇（2000）总结了我国适度人口研究的主要观点，提出要从可持续发展的角度研究适度人口理论，不应只注重人口数量研究，还要注重人口质量和人口结构的研究。

20 世纪末期的 20 年是中国由计划经济向市场经济转变的 20 年，其间，中国坚持计划生育的基本国策，人口自然增长率得到有效控制，人口总量的增长速度逐渐放缓。这一时期，人口多、人均资源少、经济发展可持续性不足仍是这一阶段的主要挑战，相关的人口容量研究主要从不同的侧面运用不同的方法探讨不同资源禀赋下区域的人口承载力。

3. 21 世纪人口容量研究

进入 21 世纪，我国实现了基本达到小康水平的目标，国民的物质文化水平得到了极大的提高，但同时，层出不穷的环境事件以及城市住房、基础设施紧张、交通拥堵等问题也越来越凸显。在这种背景下，有关人口容量的研究也出现了新的特点。

（1）在研究思路上，更加偏重人口分布研究。随着城市的扩张，研究者们对人口容量的限定被越来越大的人口集聚规模所冲破（段成荣，2005），这一时期的人口研究逐渐淡化了对人口容量的具体阈值的争执，而偏向于人口的合理分布问题，即在人口不断膨胀的情况下，如何合理引导人口流动和分布，以缓解人口压力。李玉鸣等（2003）以杭州市为例，以城市环境改善为目标，对限制人类活动的环境资源空间特征及其人口容量的关系进行分析，探讨了影响人口容量的自然环境要素和人文环境要素，根据要素的空间分布特征和保护要求提出人口容量分区的引导思路和控制目标。杨红芳（2007）以合理的城市空间模式为出发点，对紧凑和松散型城市空间模式进行了划分，依据不同的城市空间模式，以杭州市为例，得到杭州市六区的空间适度人口规模。王德辉等（2010）在计算了广州地形起伏度（RDLS）和归一化植被指数（NDVI）的基础上，参考了人口密度、NDVI 临界值以及人居环境适宜性后，确定了广州市各区的适宜人口密度，并对 2007 年广州市人口容量进行了评价，划分了人口超载区、临界区和富余区。

（2）在研究对象上，针对区域的人口容量研究越来越多。这些研究可以分为三个层次。

1）省级层次。陈正等（2005）运用人口承载力模型和适度人口量化测算模型，对陕西省人口承载力与适度人口规模进行定量估计。何慧等（2011）在详细分析湖南省实际人口规模与自然资源所能容纳的人口规模及适于经济发展的人口规模之间形成缺口的原因的基础上，对如何缩小适度人口容量与实际人口的差距进行了研究。李雯婷等（2013）结合四川省的现实条件，分别建立人口与耕地、人口与经济和人口与环境的相互关系，运用多种数学模型，结合定性和定量的方法探讨在不同资源约束条件之间的相互关系，得出四川省2030年综合人口承载力，并通过人口P－E－R模型计算出四川省适度人口。李秀霞等（2009）从综合承载力角度构建区域适度人口测度模型，对吉林省的适度人口进行了测算。刘雅轩等（2007）在P－R－E模型的基础上，选取经济发展和资源利用水平指标，对新疆的适度人口进行了实证研究。彭宇柯等（2011）以2000年为基期标准，运用适于经济发展的人口规模测算模型（EOP－MM模型）对湖南省2001～2009年适于经济发展的人口规模进行了定量研究。

2）市域层次。任远等（2005）从资源环境变化、城市功能变化和城市空间变化三个方面对上海市适度人口规模的变动趋势作了基本判断，提出上海人口规模将出现先上升再下降的趋势。王艳等（2008）通过构建水资源约束下的适度人口容量模型，对成都市未来年份的适度人口容量加以预测。鹿立（2000）以济南市为例，对省会城市的适度人口规模进行了研究。

3）基于一定的地形或流域层次的研究。黄鹂等（2010）在统计数据基础上，选取经济发展和资源利用水平指标，对1990～2007年巢湖流域人口承载力和实现可持续发展的适度人口规模进行了定量分析。魏媛（2011）应用生态足迹方法，通过对贵阳市生态足迹和生态承载力的计算来研究贵阳市人口规模的生态容纳量。苏美玲（2013）运用生态足迹模型对塔里木盆地2010年生态足迹和生态承载力进行静态分析，对盆地2002～2010年的生态足迹和生态承载力进行时间动态分析，计算出塔里木盆地的生态适度人口规模。

上述研究运用不同方法，从不同的地域层次对人口容量问题进行了研究和探讨，这些研究的结果大多表明，我国各个区域层次的人口规模均已超过了相应区域的承载能力。

（3）在人口容量计算方法的研究上正趋向综合化和多元化。主流的研究方法主要有以下几种：

1）单因子分析法。该方法只考虑影响人口容量的单一因素，衡量单一因素条件下，可承载的最大人口数量。例如，水资源人口承载力，土地资源人口承载力等。

2）多因子分析法。在估算人口容量时综合考虑多方面因素，不仅将自然环境作为限制条件，还考虑经济、社会等方面因素对人口容量的影响和限制。

3）系统动力学方法。系统动力学模型是由美国麻省理工学院的福莱斯特最早提出并建立起来的一门分析研究信息反馈系统的模型，它偏重方法的学科，是一门沟通自然科学领域和社会科学领域的横向学科（黄晨熹，1996）。1984 年苏格兰的资源利用研究所首次将其应用到环境人口容量的研究中。它基于联合国教科文组织提出的环境人口容量的定义，综合考虑人口、资源、环境、社会经济发展之间众多因子的相互关系建立系统动力学模型，通过模拟不同发展战略，得出人口增长、资源承载力与经济发展相互间的动态变化及其发展目标。

4. 主体功能区划背景下的人口容量研究

我国“十一五”规划纲要中首次提出推进形成主体功能区，主体功能区建设从本质上讲，就是坚持以人为本，按照人的生产、生活、生态空间发展要求，以国土空间整体功能最大化和各空间单元协调发展为导向，规范空间开发秩序，协调人地关系，走出一条生产发展、生活富裕、生态良好的文明发展道路。因此，人口分布既是划分主体功能区的重要指标，也是主体功能区划分完成后实现经济、社会、资源、环境协调发展的关键因素。

在国家确定主体功能区划的背景下，许多学者对主体功能区划背景下的人口容量进行了研究。曹洪华等（2008）从人地关系的基本理论出发，主要研究和分析在云南省主体功能区划中的人口集聚度指标，诠释和分析云南省人口分布状况。柴剑锋等从理论上对主体功能区人口再分布的动力机制进行了分析（柴剑峰，2009；柴剑峰和邓玲，2008）。许连忠（2008）等通过运用人居环境适宜性等指标，对广东省进行了县域层次的人口功能分区。李江苏等以众多学者的人口容量测算结果为基数，运用人口—经济—环境模型（P－R－E 模型）初步拟测算了云南省各类主体功能区的适度人口容量。牛雄（2009）分析了我国人口迁移的特征、原因、动力和空间分布特点，以及我国主体功能区人口变化的方向和趋势，提出了主体功能区构建的差别化人口政策体系。刘正广等（2010）以宁夏为例，在预测县级行政区人口数量的基础上，根据城市经济发展水平、建设用地面积、城市供水量和农村经济发展水平、粮食产量和农村供水量分别计算各县域内城市地区和农村地区的最优人口容量，将人口预测与人口容量进行了综合分析。娄峰等（2012）以国家主体功能区规划为框架，综合考虑分析了城市化率、总和生育率、死亡率、人口迁入率以及迁出率等影响因素，然后设定不同情景下的各种可能组合，预测出我国2020年、2030年、2040年、2050年优化开发区和重点开发区的人口空间分布。姚志远（2014）从分析人口容量的限制因素入手，对广东省的优化发展区的人口容量进行估算。

上述有关主体功能区人口容量的研究可以分成两大类：一是理论或政策研究；二是定量的实证研究。有关理论或政策的研究普遍认同了确定合理的人口容量对主体功能区划的重要意义，而定量研究目前还没有达成统一的结论，不同的方法往往得出的结论各异。总体来说，这些研究对主体功能区人口容量的确定进行了有益的尝试，为城市、区域乃至全国的人口容量和人口承载力研究奠定了理论和实践基础。

第三章

人口容量的影响因素及其作用机理

本章将对人口容量的影响因素及其作用机理进行分析，将影响区域人口容量的因素分为自然地理因素和社会经济因素两大类。首先，在总结自然地理因素各因子与人口分布相关性的基础上，分析了宜居区的界定方法，并总结我国宜居区人口密度的分布特征；其次，分析经济社会因素对人口容量的影响机制；最后，将土地功能定位对人口容量的影响进行了分析。

一、自然地理因素对人口容量的作用机理

（一）自然地理因素与人口分布的相关性

1. 地形因子

地形是最基本的自然地理要素，它制约地表物质与能量的再分配，影响土壤与植被的形成和发育过程，反映土地利用与土地质量的优劣。表征地形的主要指标有高程、坡度和坡向。相关研究表明，这三个指标与人口密度之间均有明显的相关关系（董春等，2002；王兰辉等，2011）。1948年苏联科学院地理研究所提出地形起伏度的概念，是区域海拔高度和地表切割程度的综合表征。此后不同的学者从各自的研究角度出发，提出了多种地形起伏度的定义与表达方式（李钜章，1987；涂汉明等，1990；程维明等，2009；王志恒等，2014）。将地形起伏度作为地图编制与地貌类型

划分的一项重要指标已成为国内外相关研究的基本趋势。

封志明等（2008a）提出了人居环境自然适宜性背景下 10 千米×10 千米栅格尺度的地形起伏度定义，即在某一区域内平均海拔高度水平面上的地形起伏程度。其计算公式为：

$$RDLS = \frac{ALT}{1000} + \frac{[\mathrm{Max}(H) - \mathrm{Min}(H)] \times \left[1 - \frac{P(A)}{A}\right]}{500} \tag{3.1}$$

式中，*RDLS* 为地形起伏度；*ALT* 为以某一栅格单元为中心一定区域内的平均海拔（单位为米）；max（*H*）和 min（*H*）分别为区域内的最高海拔与最低海拔（单位为米）；*P*（*A*）为区域内的平地面积（单位为平方千米）。

近年来，国内外学者从不同的角度研究了地形起伏度对人口分布的影响（Meybeck et al.，2001；董春等，2002；程晓亮等，2008；匡耀求等，2008；何莲娜，2009；王亚茹，2009；南仁永等，2010；言迎，2010；孙玉莲等，2011；王兰辉等 2011；刘焱序等，2012；周自翔等，2012；于慧等，2013）。封志明等（2007）以 10 千米×10 千米栅格区为单位分析了我国地形起伏度的特点，并结合 2000 年全国人口密度栅格数据分析了地形起伏度与人口密度的关系。其基本结论是，全国 85% 以上的人口居住在地形起伏度小于 1 的地区，地形起伏度与人口密度呈指数函数关系（见图 3-1）。

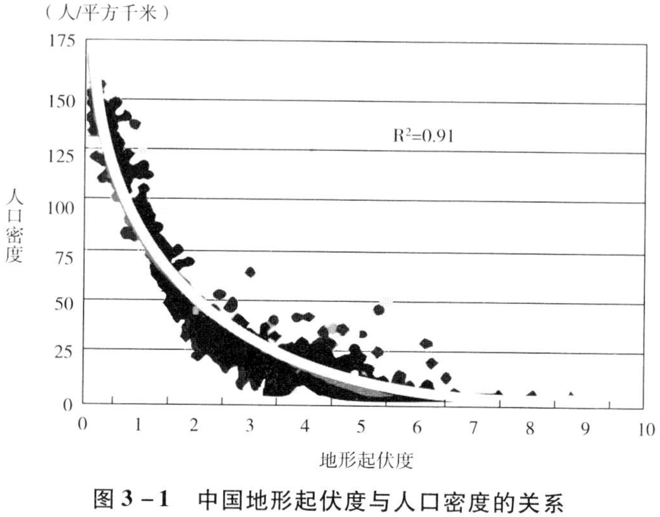

图 3-1　中国地形起伏度与人口密度的关系

资料来源：封志明，唐焰，杨艳昭等. 中国地形起伏度及其与人口分布的相关性［J］. 地理学报，2007（10）：1073-1082.

封志明等（2011）以县域为单位，进一步分析了地形起伏度与人口密度及经济密度之间的关系，其结论表明，在县域尺度上，地形起伏度与人口密度之间呈明显的对数函数关系［见图3－2（a）］，与经济密度间呈明显的指数函数关系［见图3－2（b）］。

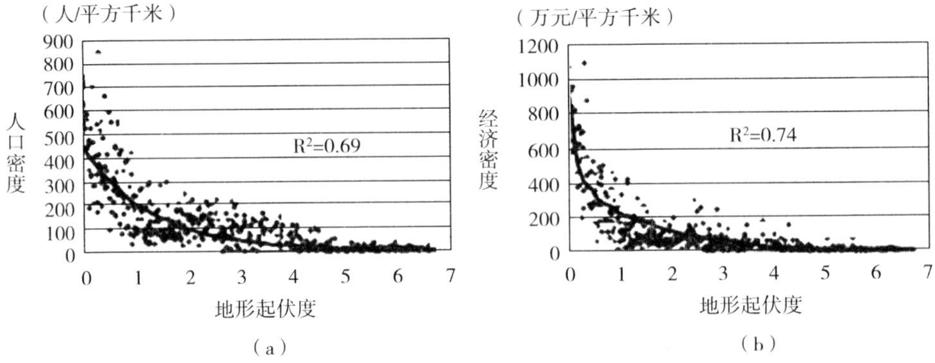

图3－2　县域尺度上地形起伏度与人口密度（a）及经济密度（b）的关系分析

资料来源：封志明，张丹，杨艳昭．中国分县地形起伏度及其与人口分布和经济发展的相关性［J］．吉林大学社会科学学报，2011（1）：146－151，160.

以上研究表明，地形对人类的生产和生活有着至关重要的影响，是影响人口分布的关键因素之一，人类的生产和生活大多发生在地形起伏度较小的区域，即平地区域。一个地区管辖的国土面积中，只有其中相对平坦的区域才能承载人类的生产和生活。

2. 气候因子

气候条件主要由气压、气温、湿度、风力、日照和降水等要素组成，在所有气象指标中，对人体影响最大的是气温、湿度、风力和日照，它们直接关系到人体与外界环境的热量与水分交换，4个要素的不同组合模式构成了区域气候资源适宜程度的本底特征（唐焰等，2008）。目前国内外研究广泛应用的对上述4个要素进行评价的指标为温湿指数和风效指数。

温湿指数（*THI*）由俄国学者的有效温度演变而来（范业正等，1998），它的物理意义是湿度订正以后的温度，综合考虑了温度和湿度对人体舒适度的影响。风效指数（*K*）由Bedford提出，Siple、Court以及Thomas－Boyd等对其进行了改进（夏廉博，1986），它表征了在寒冷环境条件下，风速与气温对裸露人体的影响，其物理意义是指皮肤温度为33℃时，体表单位面积的散热量（千摩尔/平方米·小时）。温湿指数和风效指数的计算公式如下：

$$THI = 1.8t - 0.55\ (1 - f)\ (1.8t - 26) \tag{3.2}$$

$$K = -\ (10\sqrt{v} + 10.45 - v)\ (33 - t)\ + 8.55s \tag{3.3}$$

式中，t 为月均摄氏温度（单位为℃）；T 是华氏温度；f 是月均空气相对湿度（单位为%）；v 是地面以上 10 米高度处的平均风速（单位为米/秒）；s 是日照时数（单位为小时/日）。

基于温湿指数和风效指数的区域人居环境气候适宜性评价将区域温湿指数或风效指数的生理气候指标进行分级，并将这些等级分为不同的舒适类型：舒适、冷不舒适、热不舒适。

国内外学者对不同气候适宜性与人口分布的关系进行了研究（安强等，2012；陈玲玲等，2014；何静等，2010；王金亮等，2002）。封志明等基于栅格尺度的中国人居环境气候适宜性评价研究表明，气候适宜地区占国土面积的 63.14%，相应人口占 98.22%，临界适宜区和不适宜区面积各占 14.09% 和 22.77%，而相应人口仅占 1.62% 和 0.16%，人口明显集中分布于气候适宜地区（唐焰等，2008）（见表 3-1）。徐军昶等（2009）对陕西省人居环境气候适宜度与人口分布的研究也表明，两者有着明显的相关性，表明气候条件是影响人口分布的重要因素，全省人口明显集中分布于人居环境气候适宜程度较高的地区。

表 3-1　我国不同气候适宜区的人口分布

分类＼指标	土地面积（10^4 平方千米）	比例（%）	人口总量（10^4 人）	比例（%）	人口密度（人/平方千米）
不适宜区	218.62	22.77	197	0.16	1
临界适宜区	135.22	14.09	2052	1.62	16
一般适宜区	391.80	40.81	72809	57.47	190
中度适宜区	136.92	14.26	31654	24.98	237
高度适宜区	71.44	8.07	19986	15.72	264

资料来源：唐焰，封志明，杨艳昭．基于栅格尺度的中国人居环境气候适宜性评价［J］．资源科学，2008（5）：648-653.

3. 水文因子

水是人类生存和进行生产活动最基本的物质条件之一，国内外关于区域水资源禀赋条件的研究表明，区域水资源禀赋条件主要包括两个方面：一是降水量，它体现了天然状态下区域自然给水能力的大小；二是水域面积，它体现了区域集水与汇水能力的强弱。目前被广泛使用的反映水文条件的指标——水文指数就是通过降水量与水域面积的比重来表征区域水资源的丰缺程度的。水文指数（*WRI*）的具体计算公式为：

$$WRI = \alpha P + \beta W_a \tag{3.4}$$

式中，*WRI* 为水文指数；P 为归一化的降水量；W_a 为归一化的水域面积；α 和 β 分别为降水与水域比例的权重。

近年来，有关人居环境适宜性的研究将水文指数作为反映区域宜居性的重要指标之一，并分析了水文指数与人口分布的相关性（何静，2011；刘春涛，2009；刘秀丽等，2011；娄胜霞，2011；罗洁琼，2013；闵婕等，2012；尹晓科，2010；张森，2014；赵沙等，2011）。封志明等（2008a）基于 GIS 建立了中国人居环境指数模型，其中，对我国 8 个自然地理区域的水文指数和人口密度的相关性进行了分析（见表 3－2）。

表 3－2　水文指数与人口密度的相关系数

自然地理分区	华北区	内蒙区	西北区	青藏区
相关系数	0.88	0.73	0.71	0.67
自然地理分区	东北区	华中区	华南区	西南区
相关系数	0.58	0.58	0.42	0.37

资料来源：封志明，唐焰，杨艳昭等．基于 GIS 的中国人居环境指数模型的建立与应用［J］．地理学报，2008a（12）：1327－1336.

从表 3－2 可以看出，在我国大部分地区，尤其是北方地区，水文因子与人口密度之间有较强的相关性，水文因子对区域人口容量有着不可忽视的影响。

4. 植被因子

有关植被与人口分布之间的关系研究主要分为两种：一是探讨不同的植被覆盖度对人口分布的影响机制；二是探讨不同的人类活动强度对地表植被覆盖的影响机制。

对于第一种研究，主要体现在关于人居环境适宜性的研究中，研究者们分析了植被覆盖与人口分布的相关性。如封志明等对地被指数与人口密度的相关性进行了分析（见表3－3）。

表3－3　地被指数与人口密度的相关系数

自然地理分区	内蒙区	华北区	西北区	华中区
相关系数	0.78	0.75	0.75	0.74
自然地理分区	青藏区	西南区	东北区	华南区
相关系数	0.73	0.69	0.67	0.49

资料来源：封志明，唐焰，杨艳昭等．基于GIS的中国人居环境指数模型的建立与应用[J]．地理学报，2008a（12）：1327－1336.

表3－3的数据表明，植被覆盖与人口密度之间有较强的相关性，植被因子对人口的分布及人居环境有重要的指示意义。

对于第二种类型的研究，主要体现在植被覆盖变化的影响因素研究中（杨光华等，2009；蒋智，2010；王智，2011；潘蔷等，2012；白文龙，2013）。李超等（2013）研究了广东省高度城市化区域人口密度与植被指数变化的关系。其研究结果表明，当人口密度小于2000人/平方千米或大于3820人/平方千米时，植被指数会随着人口增长而明显下降。也就是说，当人口密度超过3820人/平方千米时，人与自然的关系就难以协调了。

从上述对两类研究的分析看，前者的核心思想是植被是人类生存的必要条件，在人居自然环境中扮演着重要角色，人类活动需要植被的支持；后者的核心思想是人类的活动，尤其是工业活动和城市扩张，会对植被覆盖构成破坏性的影响，主张人类活动应该避开或保留植被覆盖区域。这两种思想结合起来所形成的植被覆盖与人类活动之间的辩证关系，与土地功能定位的思想不谋而合，或者说，对土地功能定位的认识正是在人们正确认识了植被与人类活动的辩证关系的基础上产生的。

（二）基于自然地理因素的可居住区域界定

自然地理因素对人类人口容量的影响是通过为人类活动提供适宜的自然地理条件来实现的。从上一节的分析可以看出，现有研究中对于人类可居住区域或宜居区的确定，是从影响人口分布的地形、植被、水文和温湿4个主要因素角度，通过确定权重来划分宜居区。尽管这些研究已经获得了普遍认可，但仍然存在一定的缺陷。首先，人居环境研究的目的多是对一个区域的人居环境适宜性进行评估，通过设定权重的方式来确定各因子的作用，使得因子之间带有互补性，这往往违背了实际情况。例如，在低纬度地区，尤其是一些山区，虽然温度和湿度适中，降水较多，但地形起伏较大，并不适宜居住。其次，影响人居环境的不同因子之间往往具有一定的相关性。例如，已有研究表明，气候因子与地表植被覆盖之间的相关关系（孙红雨等，1998）。但人居环境研究中对宜居区的确定方法未能充分考虑这种相关性。

1. 宜居区（可居住区域）的界定方法

对于最适宜人类发展区域的确定，需要考虑的因素主要包括地形、水文和温湿条件。在我国范围内，除少数地区外，温湿条件对人类活动的影响可以克服，且成本相对较低。而水文条件对人类活动的影响也逐渐被克服，如京杭大运河和南水北调工程的修建在很大程度上缓解了北京的用水危机。克服水文因素的成本还会受到地形因素的影响，因此，最终对人类活动形成影响的最主要因素为地形因素。

对地形的衡量使用最普遍的指标是地形起伏度，封志明等的研究已经表明，我国80%的人生活在地形起伏度小于1的区域，且人口密度会随着地形起伏度的上升而下降，两者之间形成了明显的指数函数关系。地形的起伏越明显，人类为提高生活质量而需要克服的困难就越多，所付出的成本也就越多。这些困难反映在交通、电力等重要的生活设施方面。牛文元（1998）曾经探讨了海拔高程对区域可持续发展的影响：自然要素是影响区域发展成本的本质性基础要素，它由地理空间分异规律的特征所决定，包括地质基础、地形地貌、气候条件、水文状况、土壤及植被等。中国的自然基础在大国中不算好，有先天的脆弱性。65%以上的国土是山地和丘陵；1/3以上的国土面积是干旱区和荒漠区，这在其他大国中比较少见。世界大陆平均海拔高度在830米，中国陆地平均海拔在1495米，是世界均值的1.8倍。仅海拔一项，根据生态环境应力指数，在世界大陆平均海拔高度的基础上，每增加100米的平均海拔高度，区域开发成本即区域基础设施建设的成本将平均高出2.2%～2.4%。美国与中国的对比是很好的例子，国土面积相近，所处的纬度相近，气候条件、生物条件相似，但美国的发展成本与世界均值持平甚至略低。仅举一例，其平原面积3倍于中国，在平原上修建基础设施与在山区修建基础设施的成本相差很大；美国最高的山地高度海拔低于 5000 米，中国仅一个世界屋脊就占国土面积的 17%，海拔 4000 ~ 5000 米的山地很多。在同样标准的 1 千米铁路，在青藏高原上的建设和运行成本都大大高于平原地区。因此，人类活动的宜居区应该确定为地形起伏尽可能小的区域，即平地区域。

在确定平地区域后，还需要从其中排除人类不能居住或不适宜于居住和生活的区域，这些区域应包含水域、林地以及一些在气候上不适宜人类居住的区域，如沙漠、戈壁、荒漠、冻原等。

总体来说，对人类活动的宜居区的确定应分为两个步骤，首先确定平地面积，将其作为界定宜居区的基础因素；其次考虑水文和地被因素，将水域、林地、冻原和戈壁等作为非宜居区。

2. 我国宜居区人口密度的空间特点

我们运用 GlobCover2009 全球陆地覆盖数据，析取平地中的水域、林地、冻原和戈壁部分，将其与平地栅格图层进行叠合后，将平地中的水域、林地、冻原和戈壁部分去除，即可获得宜居区栅格。结合全国第六次人口普查的分县常住人口数据，分析各县基于宜居区面积的人口密度的分布模式，如图 3 - 3 所示。

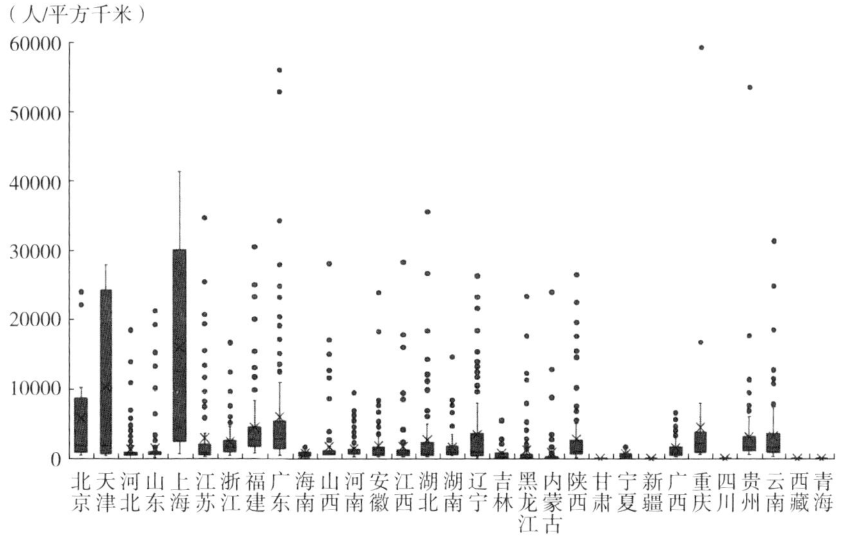

图 3 - 3 我国主要省份宜居区人口密度箱型图

从图3－3可以看出，在县域层面上，我国宜居区人口分布在地理上差异明显，多数省份人口密度分布省内差异较大。北京、天津、上海3个直辖市的人口分布在县区层面较为连续；广东、重庆、四川的宜居区人口密度省内差异明显，部分区县宜居区人口密度已经超过50000人/平方千米，而多数县区人口密度较低；海南、吉林、宁夏和西藏的地区内差异较小，没有出现人口密集的县区。

在具体的宜居区人口密度的分布格局上，人口密度的高值区主要分布在东南沿海地区以及西南地区。其中，东南沿海的人口密度高值区主要分布在广东和福建一带，西南地区的人口密度高值区主要分布在四川盆地及云贵高原的局部地区，此外，陕西南部的汉中盆地也是人口密度的高值区。东南沿海及西南地区宜居区相对较少，其中西南地区以山区为主，包含了横断山脉、喀斯特地貌，宜居区面积较小；东南沿海的广东和福建则以丘陵和低山为主，宜居区面积也较小，因此这些区域的人口密度明显较高。

尽管华北平原和东北地区的人口数量不少，但由于地势平坦，温度适中，存在大面积的宜居区，因此这些区域的人口密度总体较低。其中只有北京、天津、上海等几个大城市及其周边区域为人口密度高值区，基本呈点状分布。

二、社会经济因素对人口容量的作用机理

一个区域的自然地理条件在一定时间内是相对固定的，因此，该区域内可用于人类生产和生活的空间也就相对固定下来。在这个固定的空间所承载的人口容量会受到一系列社会经济因素的影响。而社会经济因素往往具有时空变化特性，即它们会随着时间和区位的不同而发生变化。因而，对一个区域人口容量的估计要考虑社会经济因素的作用。

（一）社会经济因素对人口容量影响的复杂性和不确定性

有关人口容量或人口承载力的社会经济因素的研究一直是近年来的研究

热点，涉及的因素很多，从宏观上说，包含了经济人口承载力（肖雁飞等，2012）和社会人口承载力（李涌平等，2002），分别从经济因素和社会因素的宏观角度探讨人口容量问题；从中观上说，经济因素可分为产业因素、技术因素、就业因素、贸易因素等，社会因素又可分为交通承载力、旅游社会承载力（胡希军等，2005；卢小丽等，2005）等；而微观角度的影响因素更多，由于不是本书的研究重点，在此不再列出。

由此可见，影响人口容量的社会经济因素多样且复杂，而且具有动态性和不确定性。这些决定或影响人口容量的因素本身是如何变化的却又是很难预测和把握的，它们对人口容量的影响就更难准确界定，甚至到底会产生怎样的影响都还有争议。例如，对于一个区域、国家或者城市来说，通过贸易可以增加这些地区的承载力，但是从更大的范围来说，则并没有增加承载力，实际上是通过贸易转移了承载力，甚至由于某些地区的快速利用，反而降低了全球的承载力。因此，这些因素的变化对承载力的影响方向仍然存在争议。

（二）人口与经济、资源、环境的耦合协调性分析

改革开放以来，我国正经历着城镇化的迅速发展。城镇化率从 20 世纪 80 年代初的 19.5% 增长到 2012 年的 52.57%。然而，快速的城镇化也付出了高昂的代价，人口猛增、用地失控、资源匮乏、环境祸患正威胁着人类的生存空间（姚士谋等，2011）。在区域发展过程中，尤其是人口城镇化过程中，人口与经济、资源、环境的关系逐渐成为学者们研究的热点（Liu & Sun，2005；Somg & Zhang，2009；Wang & Wang，2010；Zhang et al.，2009）。

区域发展和人口城镇化是一个开放的系统，由诸多子系统构成。其中起关键作用的子系统是人口子系统、经济子系统、资源子系统和环境子系统。四个子系统协调发展是适宜人口容量下区域发展的应有状态。因此，科学而准确地揭示四个子系统之间的交互作用对于探究区域发展的健康状态及区域人口的适宜性至关重要。

人口、经济、资源与环境之间的关系一直是可持续发展研究的焦点问题。早在 18 世纪，马尔萨斯（Thomas Robert Malthus，1766～1834 年）在《人口学原理》中就阐述了经济与自然环境等因素对人口增长的影响（Short，1998）。20 世纪中期，美国经济学家索罗（Robert Solow）提出的

经济增长模型将人口作为经济增长函数的一个重要因素。国内学者对四者关系的研究多集中于人口承载力的研究中，包括自然资源承载力以及经济承载力等，其核心思想认为，一定的经济发展水平或自然资源状况所能容纳的人口是有限的，人口的发展应该限制在有限的数量之内。尽管有关承载力的研究获得了许多非常有价值的成果（郭秀锐、毛显强，2000），但却面临着质疑，即承载力所界定的有限人口数量总是被超越（Cao，2007；Hendriks，et al.，2005）。

协调度是一个来自模糊逻辑理论中的概念，它于1987年被引入到系统论中。协调度界定了系统之间的交互作用关系，因此能够用于度量系统之间或子系统之间的协调状态，反映系统从无序到有序的发展趋势。尽管协调度已经被用于研究多种系统间的协调程度，但早期的协调度的计算方法却十分复杂，限制了它的应用。

耦合度用于界定系统之间或系统内部各成分之间交互作用的程度。一些研究者将早期的协调度的概念模型简化后与耦合的概念结合起来，形成了耦合协调度模型。该模型能够反映系统之间的相互作用关系及其强度，最初被用于研究经济系统和环境系统之间的耦合协调关系（廖重斌，1999），后来被广泛用于多系统之间的关系研究（Li，et al.，2012；钟霞、刘毅华，2012）。尽管该模型的应用非常广泛，但其仍未能做到权重的客观赋权，从而使其结果不够客观。

本书将数据包络分析法和主成分分析法引入到耦合协调度模型中，用于确保指标赋权的客观性，形成了新的耦合协调度模型；并将其用于分析珠三角城市群人口与经济、资源、环境的耦合协调机制。

1. 耦合协调度模型

耦合协调度模型包含了效应函数、耦合度函数和耦合协调度函数。

（1）效应函数。城市系统发展的效应函数可以表示如下：

$$E_{ij}=\begin{cases}(x_{ij}-\min x_{ij})\ /\ (\max x_{ij}-\min x_{ij}),\ E_{ij}\text{为正效应。}\\(\max x_{ij}-x_{ij})\ /\ (\max x_{ij}-\min x_{ij}),\ E_{ij}\text{为负效应。}\end{cases}\tag{3.5}$$

式中，E_i（$i=1, 2, 3, 4$）被定义为城市系统四个子系统的效应或参数。E_{ij}为第i个参数的第j个指标。每个指标均有一个值x_{ij}（$j=1, 2, \cdots, m$）。$\max x_{ij}$和$\min x_{ij}$分别表示指标j的最大值和最小值。每个指标的效应由其具体的定义决定，例如，农村居民人均纯收入是经济子系统发展的正效应指标，而城市居民恩格尔系数则是经济子系统发展水平的负效应指标。各子系统的综合效应可以通过如下的方法获得：

$$E_i = \sum_{j=1}^{m} \alpha_{ij} E_{ij}, \qquad \sum_{j=1}^{m} \alpha_{ij} = 1 \tag{3.6}$$

式中，α_{ij}是子系统的各个指标的权重。

（2）耦合度函数。根据系统理论，系统间的耦合度越高，差异系数就越小。耦合度函数的公式如下：

$$C = \frac{4 \times (E_1 \times E_2 \times E_3 \times E_4)^{\frac{1}{4}}}{\sum_{i=1}^{4} E_i} \tag{3.7}$$

式中，C 代表四个子系统之间的耦合度。只有当 $E_1 = E_2 = E_3 = E_4$时，即四个子系统实现同步发展时，耦合度 C 才达到最大值，这时四个子系统之间的耦合关系最好，系统达到了最优化的发展状态。反之，如果任何一个子系统的发展过于超前或滞后，耦合度值就会下降。

（3）耦合协调度函数。尽管耦合度系数能够表达四个子系统之间的关系，但它不能反映整个系统的发展程度。因此，融入协调度的耦合协调度函数非常必要。其公式如下：

$$\begin{cases} D = \sqrt{C \times T} \\ T = \sum_{i=1}^{4} \gamma_i E_i \end{cases} \tag{3.8}$$

式中，T 代表系统的综合发展指数，它反映整个系统的发展水平；D 代表耦合协调度；γ_i为待定系数。耦合协调度函数整合了系统的耦合度和系统的发展水平，能够更全面地评价系统的发展状况。

（4）权重的确定。考虑到评价的客观性，本书运用主成分分析法和数据包络分析法确定耦合协调度模型中的待定系数，即权重。

1）效应函数中权重系数 α_{ij}的确定。

α_{ij}是通过主成分分析法来确定的。主成分分析法的核心思想是将原始指标根据方差最大化的原则转换成一个新的变量。每个原始指标的方差对新变量方差的相对贡献即为该指标的权重。

本书的主成分分析的过程是通过 SPSS19.0 来实现的。根据特征值大于 1 和累计方差贡献率大于 75% 的原则确定主成分，同时可以得到每个指标的因子载荷。每个指标的权重 α_{ij} 的计算公式如下：

$$\alpha_{ij} = \frac{\left| s_{ij} \right|}{\sum_{j=1}^{m} \left| s_{ij} \right|}, \qquad s_{ij} = \frac{\sum_{k=1}^{n} \frac{A_{ijk} \times \mu_{ijk}}{q_{ijk}}}{\sum_{k=1}^{n} \mu_{ijk}} \tag{3.9}$$

式中，A_{ijk}、μ_{ijk} 和 q_{ijk} 分别代表了第 i 个子系统中第 j 个指标的第 k 个主成分的因子载荷、方差和特征值。

2）耦合协调度函数中的待定权数 γ_{ij} 的确定。γ_{ij} 是通过数据包络分析获得的。数据包络分析由 Charnes、Coopor 及 Rhodes 于 1978 年提出。该方法的主要原则是将每个评价对象看作一个决策单元（Decision - making Unit,简称 DMU)，保持每个决策单元的输入或输出不变，从而得出输入输出的最优比例。数据包络分析先运用线性规划技术确定相对高效的生产边界，然后将每个 DMU 逐个指向有效边界，最后根据每个 DMU 偏离有效边界的距离来确定每个 DMU 的相对效率。本书选取数据包络分析方法的原因在于，该方法本身能够计算权重，不需要预先确定的权重，从而排除了权重确定的主观因素（Ramanathan，2006）。

在本书中，将研究区内的每个城市看作是一个独立的 DMU。在公式（3.10）中，每个 DMU 包含了 E_1、E_2、E_3 和 E_4 4 个指标，它们同时也是每个 DMU 的产出项。在数据包络分析中，产出项和投入项都是必不可少的，因此，需要假设 1 个投入项，即所有的 DMU 的投入均假设为 1。表 3 -4给出了数据包络分析的输入输出矩阵。

表 3 -4　数据包络分析的输入输出矩阵

DMU	Output 1	Output 2	Output 3	Output 4	Input（假设）
DMU_1	E_{11}	E_{21}	E_{31}	E_{41}	1
DMU_2	E_{12}	E_{22}	E_{32}	E_{42}	1
⋮	⋮	⋮	⋮	⋮	⋮
DMU_j	E_{1j}	E_{2j}	E_{3j}	E_{4j}	1

公式（3. 10）给出了数据包络分析的函数表达：

$$\begin{cases}\max\limits_{\gamma_{1j},\cdots,\gamma_{4j}} T_j = \gamma_{1j} \times E_{1j} + \gamma_{2j} \times E_{2j} + \gamma_{3j} \times E_{3j} + \gamma_{4j} \times E_{4j} \\ \text{s. t.} \ (\gamma_{1j} \times E_{1j} + \gamma_{2j} \times E_{2j} + \gamma_{3j} \times E_{3j} + \gamma_{4j} \times E_{4j}) \leqslant 1 \\ \gamma_{1j}, \ \cdots, \ \gamma_{4j} \geqslant 0 \end{cases} \tag{3.10}$$

式（3.10）中，数据包络分析的各 DMU 获得最大产出的效率得分即为各个 DMU 的权重 γ_{ij}的值。

2. 指标体系的构建

根据比例适当、重点突出、重量指标与均值指标相结合，数据可获性与可比性等原则，我们构建珠三角城市群人口—经济—资源—环境的耦合协调度指标体系（见表 3-5）。为尽量避免主观因素对指标权重的影响，可通过主成分分析法来确定各评价指标的权重。各指标的原始数据来自《中国能源统计年鉴》、《中国林业统计年鉴》和珠三角各城市历年的统计年鉴。

表 3-5　珠三角城市群人口—经济—资源—环境耦合协调度评价模型的指标及其权重

子系统	一级因子	二级因子	性质	权重
人口子系统	人口数量	人口密度（人/平方千米）	负	0.16
		人口自然增长率（‰）	负	0.05
	人口质量	平均每万人口中专业技术人员数（人/万人）	正	0.09
	人口分布	城镇人口比重（%）	正	0.24
		第一产业从业人员占总从业人员比重（%）	负	0.24
		第三产业从业人员占总从业人员比重（%）	正	0.18
	人口结构	人口性别比（%）	负	0.03
经济子系统	消费	农民人均纯收入（元）	正	0.13
		城镇居民人均可支配收入（元）	正	0.13
		人均社会消费品零售总额（元）	正	0.17
		城镇居民家庭恩格尔系数（%）	负	0.06
	生产	人均粮食占有量（千克/人）	正	0.06
		人均猪牛羊肉占有量（千克/人）	正	0.10
		人均 GDP（元）	正	0.17
		人均地方财政收入（元）	正	0.18

续表

子系统	一级因子	二级因子	性质	权重
资源子系统	耕地资源	耕地面积（千公顷）	正	0.16
		人均耕地面积（亩/人）	正	0.15
		粮食单产水平（千克/亩）	正	0.29
	林地	森林覆盖率（%）	正	0.21
	能源	万元产值能源消费量（吨标准煤/万元）	负	0.19
环境子系统	废水	万元工业增加值废水排放强度（吨/万元）	负	0.09
		工业废水排放达标率（%）	正	0.15
	废气	万元工业增加值废气排放强度（标准立方米/万元）	负	0.10
	烟尘	万元工业增加值烟尘排放强度（千克/万元）	负	0.09
		工业烟尘排放达标率（%）	正	0.14
	粉尘	万元工业增加值粉尘排放强度（千克/亿元）	负	0.07
		工业粉尘排放达标率（%）	正	0.17
	固废	万元工业增加值固废排放强度（千克/万元）	负	0.15
		工业固体废物综合利用率（%）	正	0.03

3. 人口与经济、资源、环境耦合协调性分析

本书收集了表3－5中各指标的原始数据，运用耦合协调度模型进行运算，得到了珠三角城市群各子系统的发展水平及耦合协调度，用于反映该地区人口与经济、资源、环境的协调关系。为了探索城市耦合协调度的变化及趋势，对2003～2012年10年间的数据进行了收集和分析，得到的分析结果包括反映各子系统发展水平的效应值，反映城市总体发展水平的耦合协调度。同时，通过运用地理信息系统工具，分析和展示了珠三角城市群人口—经济—资源—环境耦合协调的时空变化规律。

（1）效应值分析。效应值是各子系统发展状况的反映指标，一个子系统的效应值越高，表明该子系统的发展状况越好。图3－4给出了珠三角城市群各子系统10年间的效应值得分变化趋势线。图中线条的斜率越大，表明其所代表的子系统在10年间的变化速度越快。

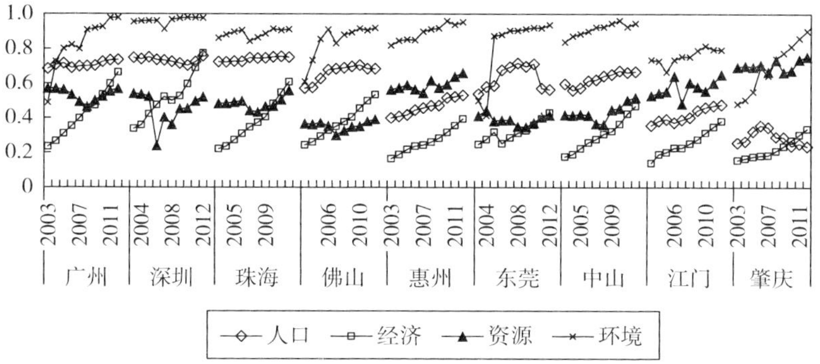

图 3-4　2003~2012 年珠三角城市群四个子系统的效应值

就人口子系统来说，尽管广州、深圳和珠海的人口密度较大，但它们的人口子系统效应值并不低，这得益于其较低的人口自然增长率、较高的专业技术人口比重和城镇人口比重。肇庆和东莞的人口子系统综合得分出现了先上升后下降的趋势，这主要是因为 2006~2008 年，两个市的人口自然增长率迅速上升，第一产业从业人员比重上升，而第三产业从业人员比重迅速下降。此外肇庆的人口性别比率也有明显的上升趋势。这些指标表明，尽管肇庆和东莞两个市的城镇人口比重在上升，但城镇化的质量却在下降。

在经济子系统方面，9 个市的经济指标得分均处于上升趋势，但上升的速度各不相同，从图 3-4 中代表经济子系统变化的线条的斜率变化可以看出，9 个市的经济发展速度从左至右依次下降，各市经济发展水平的差距也越来越大。深圳的得分在 2008 年出现了下降，原因在于当年的城镇居民人均可支配收入有明显下降。东莞 2006 年的得分也明显下降，原因在于当年该市肉类产量下降明显，影响了其整个经济系统的得分。

在资源利用方面，9 个市的变化并没有表现出明显的规律。具体来说，肇庆、江门和惠州三个市的得分较高，这得益于其相对较为丰富的耕地和林地资源。相反，佛山由于林地面积的缺乏和相对较高的能源消耗，使其资源子系统的综合得分在整个珠三角中最低。

在环境子系统方面，珠三角城市群的发展态势良好。其中，深圳、珠海、惠州和中山的得分较高且在稳步上升。广州和肇庆的环境得分上升最快，佛山和东莞在2003～2005年环境得分快速提升，之后稳步发展。10年间珠三角城市群在环境治理方面都做出了很大的努力，多数地市2012年各项污染物排放达标率都在90%以上，这些指标的提升为整个地区的协调发展起到至关重要的作用。

总体来说，珠三角城市群在经济和环境两个子系统上均呈增长趋势，这种同时性为整个系统的协调发展起到了积极的作用。相反，部分城市在人口子系统和资源子系统上表现出了相对迟缓的增长，并伴有波动。尤其是资源子系统的波动尤为剧烈。这种波动必然导致系统协调性的波动或下降，不利于城镇化质量的提升和区域高质量发展的实现。

（2）耦合协调度分析。耦合协调度是对所评价系统的综合发展水平的度量。表3－6给出了珠三角城市群2003～2012年的耦合协调度值。

表3－6 珠三角城市群2003～2012年的耦合协调度值

城市＼年份	2003	2004	2005	2006	2007	2008	2009	2010	2011	2012
广州	0.953	0.957	0.962	0.945	0.943	0.943	0.952	0.969	0.987	0.990
深圳	0.963	0.962	0.972	0.932	0.960	0.962	0.976	0.981	0.986	0.988
珠海	0.921	0.923	0.934	0.941	0.961	0.961	0.966	0.976	0.984	0.991
佛山	0.841	0.838	0.895	0.921	0.907	0.915	0.925	0.936	0.938	0.946
惠州	0.858	0.878	0.893	0.896	0.913	0.930	0.933	0.957	0.962	0.975
东莞	0.837	0.870	0.909	0.898	0.915	0.925	0.921	0.932	0.940	0.951
中山	0.860	0.881	0.897	0.910	0.921	0.925	0.944	0.958	0.952	0.965
江门	0.813	0.847	0.863	0.911	0.846	0.902	0.900	0.898	0.931	0.965
肇庆	0.895	0.904	0.921	0.928	0.910	0.928	0.896	0.887	0.927	0.930

如表3－6所示，10年间珠三角城市群的耦合协调度值介于0.8～1.0。最低值是2003年江门的耦合协调度值0.813，最高值是2012年珠海的耦合协调度值0.991. 这意味着10年间珠三角城市群中珠海2012年的城市化质量最高，而江门2003年的城市化质量最低。

1）耦合协调度的时序分析。图3－5给出了珠三角城市群耦合协调度随时间变化的线性规律。总体来看，各市均表现出了上升的趋势，且9个市之间的差距在不断缩小。

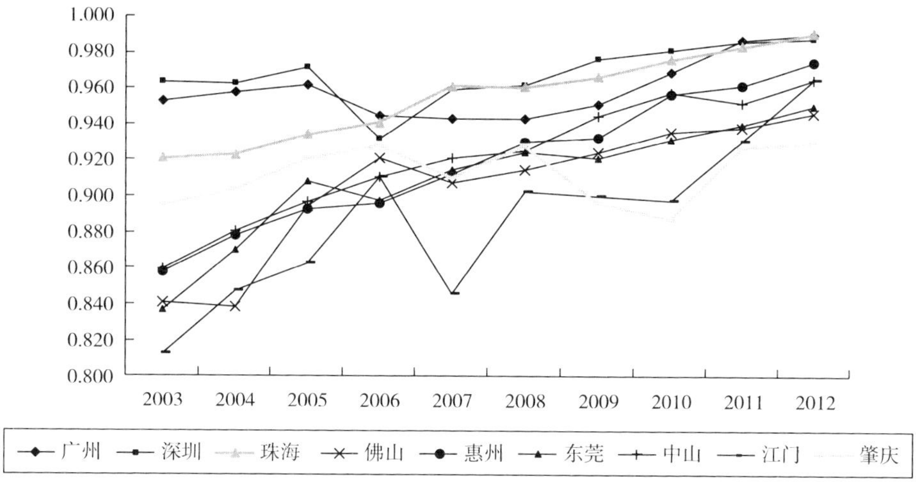

图 3－5 珠三角城市群耦合协调度的时间序列分析

具体来看，上升幅度较大的两个市是江门和惠州，且惠州的上升相对平稳。结合图 3－4 进行分析不难发现，江门的资源子系统和环境子系统的波动要比惠州剧烈。因此，保持各子系统发展的稳定性和连贯性对于区域的协调发展至关重要。珠海 10 年间耦合协调度稳定增长，不论其发展水平还是内在协调性均呈上升趋势。

9 个市中肇庆的增长最为缓慢，在 2009 年和 2010 年还出现了下降趋势。正如图 3－4、图 3－5 所示，这一时期耦合协调度的下降源于人口子系统与其他子系统的反向变化趋势。

2）耦合协调度的空间演变分析。为了揭示珠三角城市群耦合协调度的空间变化趋势，本书运用地理信息系统（GIS）中的自然断点分类法（Jenks）来实现耦合协调度的分级。作为一种数据分类方法，自然断点分类法能够最小化组内均差而最大化组间均差。因此该方法能够使同类别的个体间差别最小而使不同类别个体间的差距最大。

该方法在 ArcGIS10.0 环境下运行，具体分为三个步骤：第一步，准备好包含所有预分类个体的矢量图，然后将每个耦合协调度值分配到相应个体的属性中。第二步，调用 ArcGIS 中的自然断点分类法程序对耦合协调度值进行分类，本书将所有的耦合协调度值分为三类：耦合协调度低值区，耦合协调度中值区和耦合协调度高值区。第三步，在分类结果的基础上，运用如下程序确定珠三角城市群9个市各年的耦合协调度等级。

记：N_i 为10年间9个市属于耦合协调度各等级的数量：$i=1$（耦合协调度低值区）；$i=2$（耦合协调度中值区）；$i=3$（耦合协调度高值区）；$\max_{N_i}$为 N_i 最大值的个数。

若 $\max_{N_i}=1$ 且 N_i 达到最大值，则该城市的等级被确定为 i。

2003年珠三角城市群耦合协调度的低值区主要位于珠三角的两翼，包括惠州、东莞、中山、佛山和江门。相反，高值区则位于珠三角的中心地区，包括广州和深圳。2003～2007年，珠三角的耦合协调度低值区在不断缩小，而耦合协调度中值区的范围不断扩大。到2007年，仅江门市处于耦合协调度低值区，耦合协调度中值区几乎布满珠三角两翼。2007～2012年，耦合协调度高值区扩散至两翼地区，到2012年，整个珠三角除肇庆外均属于耦合协调度高值区。

将10年作为一个整体进行分析，可将珠三角城市群的耦合协调度分为两个部分：中部的耦合协调度高值区和两翼的耦合协调度中值区。这一结果表明，在这10年里，珠三角城市群人口与经济、资源、环境的协调性在分布上表现出中部高两翼低的特点。

4. 人口与经济、资源、环境耦合协调的基本规律

本书从系统论的角度建立用于评价人口与经济、资源、环境的耦合协调度评价体系，并引入数据包络分析法和主成分分析法实现评价指标的客观赋权。利用该评价体系分析珠三角城市群城市系统内各子系统间的交互作用，反映区域人口与经济、资源、环境协调关系的变化。结合2003～2012年的数据对珠三角城市群的耦合协调性进行了时序分析，并结合地理信息系统中的自然断点分类法对整个区域的城镇化分布进行了空间分析。

结论表明：珠三角城市群的耦合协调度在10年间呈现上升趋势，表明珠三角城市群的发展质量在不断提升。一方面，环境子系统的上升对区域发展质量的提升起到了关键作用，表明工业生产中环境法规的建立和实施对于区域发展质量的提升至关重要。未来珠三角城市群应该不断完善各项环境法律法规，并严格法律法规的实施。另一方面，部分城市人口子系统和资源子系统的波动导致了这些城市系统的耦合协调度的波动，成为阻碍区域发展质量提升的不利因素。未来，珠三角地区应更加注重人口的调

控，通过加大人才的培育和引进力度，改善人口产业分布状况，优化资源利用方式，提高资源利用率等方式提升区域发展质量。

空间分析结果表明珠三角城市群发展质量分布呈现出中部高于两翼的分布趋势。这种分布趋势可能是人口和资源的向心性集聚造成的，这一点仍需要后续的深入研究和论证。

（三）理想条件下社会经济因素的作用机制

基于理想条件的研究方法在很多学科中被使用，尤其是经济地理学中较为常见。德国经济学家韦伯的工业区位论就是基于一系列假设提出的（李小建，2006）。鉴于社会经济因素的复杂性和不确定性，本书对社会经济因素的影响机制的分析就不能将某个因素进行独立分析，而是在特定的理想假设下，从整体上分析社会经济因素对人口容量的影响机制。

将人类生产生活的社会经济系统假设为一个相对简单的系统，选取影响人类生存的三个最基本因素：生物生产力、消费力和区域开放程度，分析社会经济因素对人口容量的作用机制。具体来说，假设地球由若干个同质区域构成，如图 3－6 所示。在这些区域中，大部分是开放区域，相互之间互通有无，但也存在个别独立区域或封闭区域（如区域 I），它们与外界隔绝，不与其他区域往来。在每一个区域内，人们生存的食物源于土地产出的粮食。

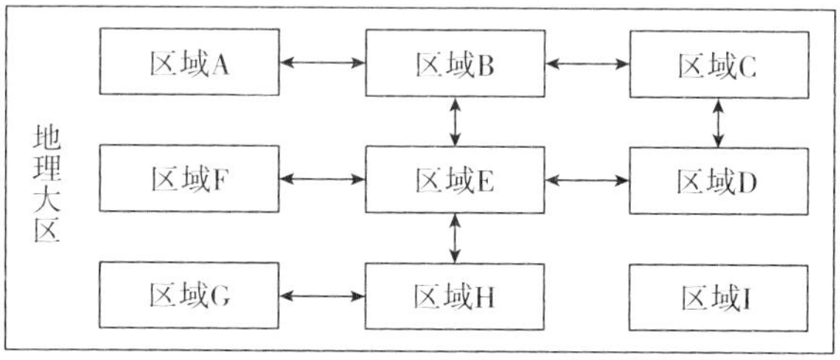

图 3－6　理想条件下社会经济系统简图

注：箭头表示区域之间的经济联系。

1. 封闭区域内社会经济因素对人口容量的作用机制

在封闭区域内，区域内的所有人口的生存均依赖于区域内的粮食产出

（见图3－7）。这时的人口容量由粮食产量和人均消费量来决定。当粮食总产量的上升速度大于所有人口粮食消费总量的增速时，可能出现两种情况：一是区域内人口容量上升，消费掉更多的粮食；二是区域内人口的消费水平提高，人口的容量不变或下降。可见，在封闭条件下，确定了粮食产量和人均粮食消费量就可以对该区域的人口容量进行估算。

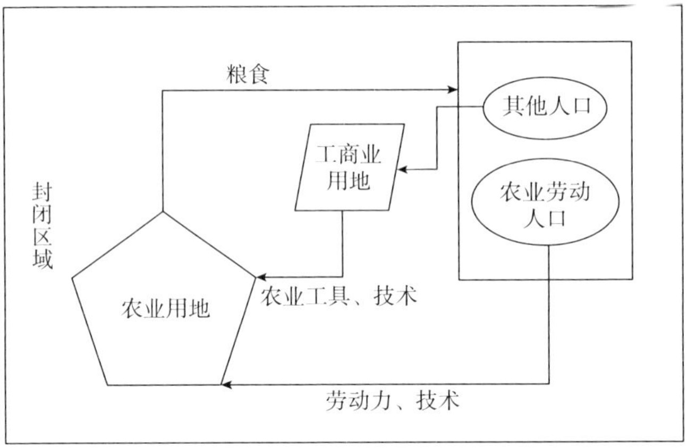

图3－7　封闭条件下区域社会经济系统简图

在封闭条件下，区域经济的发展可以带动产业分工，产业分工能够促进技术和劳动生产率的提升（如工业可以加工出先进的农用机械等），促进经济发展，但最终因为区域封闭，无法向外界购买粮食，这种分工带来的增加值只有通过提高土地产出的形式来增加区域的人口容量或消费水平。所以整个经济体系中人口容量的估算仍可以通过粮食产量和人均粮食消费量来确定。由于人类所能达到的宇宙空间里并没有其他星球可以提供人类所需的粮食，就整个地球而言，人类就是生活在这样一个封闭区域中。

2. 开放区域内人口容量的估算

在开放区域内，人口的生存既可以依赖本区域的土地产出，还可以从其他区域购买。当一个区域的产业分工为其带来较多的增加值时，它就可以用这些增加值从外部区域购买粮食来养活更多的人口，在极端情况下，可能出现一个粮食产出为0的区域，其粮食全部从外部购买，将土地用于非生物产品的生产，形成一种区域之间的全依赖关系（见图3－8）。这时区域内的生物生产力水平对人口容量的影响就大大降低了，而区域间的依赖关系对人口容量的影响可能占主导地位，这种依赖关系就体现在一个区域的土地产出占这个区域总的粮食消费的比例，即粮食自给率。

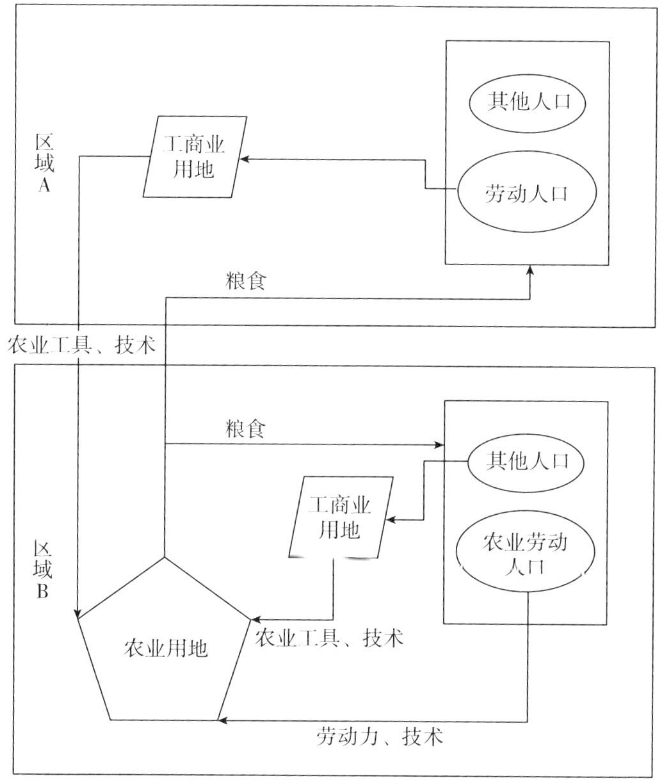

图 3-8　开放条件下区域社会经济系统全依赖关系简图

由此看来，对于开放区域的人口容量的估算需要考虑粮食产量、人均粮食消费量和粮食自给率三个指标。

此外，在市场机制作用下，如果一个地区劳动收益率高于另一个地区，另一个地区的劳动力就会转移到这个地区来，直到两地的劳动收益率相差不大为止。随着一个地区生物生产功能的不断开发，其人口密度也会逐渐增加，直到其劳动收益率低于其他地区，该区域的人口开始向其他地区转移而使人口密度在一个适宜的水平稳定下来。

以荷兰为例，荷兰是世界上农业最发达的国家之一。位于荷兰北部的敦伦特省（Drenthe），是荷兰的农业大省，全省面积2683平方千米，其中水面面积44平方千米，陆地面积2639平方千米，陆地中72%的土地约1898平方千米为农用地。表3－7给出了敦伦特省50年来的宜居区人口密度变化情况。

表3－7 荷兰农业区敦伦特省近50年宜居区人口密度变化

年份	人口（人）	总面积（平方千米）	陆域面积（平方千米）	宜居区面积（平方千米）	宜居区人口密度（人/平方千米）
1960	311196	2683	2639	2209.357	140.85
1970	366590	2683	2639	2209.357	165.93
1980	418479	2683	2639	2209.357	189.41
1990	441028	2683	2639	2209.357	199.62
2000	469806	2683	2639	2209.357	212.64
2010	490981	2683	2639	2209.357	222.23
2012	490807	2683	2639	2209.357	222.15
2013	489918	2683	2639	2209.357	221.75

从表3－7可以看出，荷兰农业区的人口密度在20世纪90年代之前处于较快增长阶段，之后人口增速逐渐放缓，人口密度逐步稳定在220人/平方千米的水平。

三、区域功能定位对人口容量的作用机理

（一）区域功能定位对人口容量的影响

根据土地的生态功能与人类社会发展的关系可将地球上土地的功能划分为三大类，即为人类生存发展提供适宜的气候与环境资源及生态安全保障的生态调节功能；为人类提供食品以及纤维等基本生活资料和生产原料的生物生产功能；为人类居住和社会经济活动的集聚提供空间与环境等基

本要素的人文发展功能（匡耀求等，2014）。

一个区域的人口容量与这个区域的功能定位有密切关系。以生态调节功能为主的区域，人口容量非常少，为了保护其生态调节功能，应尽量减少人类活动的干扰，原则上要限制或禁止人类在这些区域居住和从事生产活动；而以人文发展功能为主的区域，人口容量可以很大；以生物生产功能为主的区域有一定的人口容量，但是相比之下人口容量非常有限。

此外，土地的生态功能强弱还与土地本身的特征及其空间配置有关（刘学录等，2008）。一些湿地生态系统和森林生态系统的生态调节功能特别强，而人文发展功能和生物生产功能的发挥则往往要依靠那些比较平坦的土地。即使是在同一片平坦的土地上，主体功能定位为人文发展区域与定位为生物生产区域，其单位面积的人口容量（即最大容许人口密度）也是截然不同的。

我国主体功能区规划提出了适度开发的理念。不同的国土空间的主体功能不同，集聚人口和经济活动的能力不同。必须根据资源环境承载能力确定具体功能区域可承载的人口和经济规模以及适宜的产业结构，不能过度开发。即使是城市化地区，也要保持必要的农业发展和绿色生态空间，在一定程度上满足当地人口对农产品和生态产品的需求。因此，国土空间开发要有所节制，要使人文发展区域的面积占国土面积的比重控制在合理的范围，即保持适当的开发强度。

（二）主体功能定位下各功能区的人口容量限制

对区域进行功能定位的过程，也就是对区域进行主体功能区划的过程。根据国务院发布的《全国主体功能区规划》（以下简称《规划》），我国的国土空间根据其不同的功能可分为优化开发区域、重点开发区域、限制开发区域和禁止开发区域。其中，限制开发区域分为两类：一是农产品主产区；二是重点生态功能区（见表3－8）。国家主体功能区划对国土空间的功能定位主要从土地的发展潜力、当前的开发强度及未来的发展趋势三个角度确定。对这三个角度考察的主要指标为地形、土地资源、水资源、环境容量、生态系统脆弱性、生态系统重要性、自然灾害危险性、人口集聚度以及经济发展水平和交通优势度（樊杰，2007）。

表 3-8 《全国主体功能区规划》中各主体功能区的土地功能定位及对人口功能的影响

功能分区	地域特点	主体功能	人口功能
优化开发区	经济比较发达、人口比较密集、开发强度较高、资源环境问题比较突出	人文发展功能	人口集聚
重点开发区	有一定经济基础、资源环境承载能力较强、发展潜力较大、集聚人口和经济条件较好	人文发展功能	人口集聚
农产品主产区	耕地较多、农业发展条件较好	生物生产功能	人口稳定与疏散
重点生态功能区	生态系统脆弱或生态功能重要，资源环境承载能力较低	生态调节功能	人口疏散
禁止开发区	国家级自然保护区、世界文化自然遗产、国家级风景名胜区、国家森林公园和国家地质公园等	生态调节功能	非宜居区

根据《规划》中的定义，优化开发区域是经济比较发达、人口比较密集、开发强度较高、资源环境问题比较突出，从而应该对工业化城镇化开发进行优化的城市化地区。重点开发区域是有一定经济基础、资源环境承载能力较强、发展潜力较大、集聚人口和经济条件较好，从而应该重点推进工业化城镇化开发的城市化地区。优化开发和重点开发区域都属于城市化地区，开发利用的功能总体上相同，开发强度和开发方式不同。这个定义表明，优化开发区和重点开发区的土地功能定位应该是人文发展功能。即这一地域的主要功能是为人类提供居住和社会经济活动的空间。因此该区域在人口发展功能上起到了集聚人口的作用。

限制开发区域中的农产品主产区，耕地较多、农业发展条件较好，尽管也适宜工业化城镇化开发，但从保障国家农产品安全以及中华民族永续发展的需要出发，必须把增强农业综合生产能力作为发展的首要任务，从而应该限制进行大规模高强度工业化城镇化开发的地区；很明显，农产品主产区的土地功能定位是生物生产功能，即为人类提供食品等生活资料以及纤维等生产原料，维持自身发展及为优化开发区和重点开发区的人口提供粮食和生活必需品。因此，该区域在人口发展功能上既有保持稳定的需求，又有随着劳动生产率的提高，人口逐步疏散的需求。

限制开发区域中的重点生态功能区，生态系统脆弱或生态功能重要，资源环境承载能力较低，不具备大规模高强度工业化城镇化开发的条件，必须把增强生态产品生产能力作为首要任务，从而应该限制进行大规模高强度工业化城镇化开发的地区。禁止开发区域是依法设立的各级各类自然文化资源保护区域，以及其他禁止进行工业化城镇化开发、需要特殊保护的重点生态功能区。国家层面禁止开发区域，包括国家级自然保护区、世界文化自然遗产、国家级风景名胜区、国家森林公园和国家地质公园。省级层面的禁止开发区域，包括省级及以下各级各类自然文化资源保护区域、重要水源地以及其他省级人民政府根据需要确定的禁止开发区域。重点生态功能区和禁止开发区或因自然地理条件限制，或因人类的文化或政治需求，不适宜进行经济开发和居住，但这些区域拥有重要的生态功能价值，能够为人类提供生态服务，因此这两类区域的土地功能定位为生态调节功能。因此，这两类功能区都应该属于非宜居区，不应作为人类生产生活的场所。但考虑大多省份重点生态功能区仍有一定规模的人口，故该功能区有人口疏散的需求和功能。

第四章

不同功能区域适宜人口密度界定

对于不同功能区适宜人口的估算，需要确定不同功能区的人口密度标准。而对于生态调节功能区的人口密度，在上一章已经明确，即为保障地球的生态调节功能不出现显著的退化，应该尽可能减少人类活动对生态调节功能区域的影响，实际上规划的生态调节功能区域往往也是不宜人类活动的区域，大多被划为禁止发展区，因此，生态调节功能区可容纳的人口密度应该是非常小的，近似为0。

在这一章中，将要通过比较研究的方法，确定人文发展功能区和生物生产功能区的适宜人口密度，并对生物生产功能区中的种植业区和养殖业区的适宜人口密度进行探讨。

一、人文发展功能区的适宜人口密度

（一）国际大都会区人口密度比较分析

人文发展功能区域可容纳的人口密度与人口发展水平和生活质量要求密切相关。对世界上22个大都会区的人口密度的计算及对其所属国经济发展水平的分析（见表4－1）表明，世界上全部22个人口数量超过1000万的都会区里，人口密度大于5000人/平方千米的都会区基本上是低收入国家的城市化区域；人口密度介于3000～5000人/平方千米的都会区是中等收入国家或地区的城市；人口密度小于3000人/平方千米的都会区则大多是高收入的发达国家或地区的城市。

我们以美国和日本两个发达国家作为分析的目标国家，分别选取这两个国家中的华盛顿特区和东京都会区两个高收入地区，通过测算这两个地区的宜居区数据和收集两个地区的多年人口变化数据，分析两个地区在高收入水平下的宜居区人口密度，从而确定区域发展达到发达国家或高收入地区水平时人文发展功能区的适宜人口密度。

1. 东京都会区人口密度分析

（1）东京都会区概况。东京都会区是在东京都的基础上扩充而成的。东京都位于关东地区南部，东部以江户川为界与千叶县连接，西部以山地为界与山梨县连接，南部以多摩川为界与神奈川县连接，北部与埼玉县连接。东京圈由东京和埼玉、神奈川、千叶3个邻县组成。东京都会区由东京都和周围的埼玉、神奈川、千叶、群马、枥木、茨城6个县组成（见表4－1）。

表4－1　世界22个1000万人口以上的大都会区人口密度及所属国经济发展水平

大都会区	2010年人口（人）	面积（平方千米）	人口密度（人/平方千米）	所属国家	所属国人均GDP***（美元）
卡拉奇	11800000	1100	10727	巴基斯坦	1049
开罗	14450000	1600	9031	埃及	2771
加尔各答	15100000	1785	8459	印度	1176
孟买	19200000	2350	8170	印度	1176
马尼拉	16300000	2521	6466	菲律宾	2011
德里	18600000	3182	5845	印度	1176
雅加达	18900000	5100	3706	印度尼西亚	2963
上海	23019148	6340	3631	中国	4283
大墨西哥城*	20450000	7346	2784	墨西哥	9243
大东京	35676000	13556	2632	日本	42325
京阪神	17375000	6930	2507	日本	42325
圣保罗	18850000	8479	2223	巴西	10471
大首尔	24472063	11743	2084	韩国	20165
港深莞惠	30244790	16899	1790	中国	4283
广州—佛山	19899342	11283	1764	中国	4283

续表

大都会区	2010 年人口（人）	面积（平方千米）	人口密度（人/平方千米）	所属国家	所属国人均 GDP***（美元）
大洛杉矶	15250000	10780	1415	美国	47132
布宜诺斯艾利斯	13170000	10888	1210	阿根廷	8663
北京	19612300	16410	1195	中国	4283
伦敦	12875000	11391	1130	英国	36298
大纽约**	19750000	17884	1104	美国	47132
天津	12938200	11917	1086	中国	4283
莫斯科	15098067	14925	1012	俄罗斯	10521

注：*大墨西哥城都会区泛指墨西哥州和联邦区的城市化区域，包括两片不相连的城区：即墨西哥城市连绵带和墨西哥州首府托卢卡市（Toluca）；**大纽约都会区包括纽约—新泽西北部—长岛都会统计区和布里奇波特—斯坦福—诺沃克都会统计区；***各国人均 GDP 数据为 2010 年数据。

资料来源：国际货币基金组织（IMF）官方网站。

东京都最早由日本的江户城发展而来，1457 年，武将太田道灌构筑江户城。此后，江户城便成了日本关东地区的商业中心。1603 年，日本建立了中央集权的德川幕府，江户城成为日本的人口集聚地，进而迅速发展成为全国的政治中心。据记载，19 世纪初，江户的人口已超过百万。1868 年，日本明治维新后，天皇由京都迁居至此，改江户为东京，成为日本国的首都。1943 年，日本政府颁布法令，将东京市改为东京都，扩大了它的管辖范围。

在总面积为 2187.5 平方千米的东京都，除了西部的山地和流经市区的河川外，占总面积 60% 的相对平坦的区域（约 1322 平方千米）均已被人文发展设施所占据（Ichikawa et al.，2006）。2010 年，东京都的人口密度已经达到 6016 人/平方千米。但东京都并不是一个独立的城区，而是与周边区域具有密切联系的一个大都会区。这个大都会区是依托一个具有重要生态功能和人文发展潜力的地域单元而发展起来的，这个地域单元就是关东盆地。

东京都会区所在的关东盆地与珠三角城市群所在的珠江三角洲盆地优化发展片区在地形、地貌以及气候等方面均存在诸多相似之处。在气候方面，二者均为海洋性季风气候，降水丰富。在地形方面，珠三角盆地东部、西部和北部为山地，中南部是东江、西江和北江携带而来的泥沙冲击形成的平原，东京都会区西部和北部为山地，东边有丘陵，中部为利根川和荒川等河流水系冲积而成的平原。在经济方面，珠三角地区是广东省经济最发达，生产总值最高的地区，而以东京为中心的东京都会区也是日本经济规模最大的地区之一。在人口方面，两者均为人口容量和人口密度的高值区。在发展的功能定位方面，珠三角地区和东京都会区都是经济社会发展程度较高，人口集聚程度高，需要优化发展的区域。因此，东京都会区的人口发展状况对广东省人文发展区域的人口密度标准确定具有可借鉴性。

位于关东盆地的东京都会区所包含的1都6县总面积为32424.5平方千米，盆地内200米以下的台地和低地面积为16172平方千米，成为关东平原。这些平原是人类居住和生活的区域。据2010年10月1日的人口普查显示，东京都会区的总人口为42604085人，是日本人口最为密集、经济最为发达的都会区。整个都会区人口密度为1314人/平方千米，若只计算适宜人类居住和生活的关东平原的人口密度，即宜居区人口密度，则人口密度为2634人/平方千米，约为整个盆地人口密度的2倍。

（2）东京都会区人文发展功能区的人口密度分析。从地域功能的角度考虑，东京都会区的宜居区可分为人文发展功能区和生物生产功能区两类。其中东京都、神奈川县、埼玉县和千叶县构成的1都3县承载着都会区的人文发展功能，而位于都会区周边的茨城县、枥木县和群马县则承担着生物生产功能，为1都3县的人文发展功能区提供基本生活资料和生产原料支持。本节重点讨论1都3县的人文发展功能区的人口密度。

东京都及其周边3个县构成了东京都市圈，即为东京都会区的人文发展功能区。表4-2给出了东京圈的可居住区域人口密度的计算结果。

表4-2　东京都会区（东京都市圈）人文发展功能区的可居住区域人口密度

指标 地区	辖区面积（平方千米）				普查人口（人）			
	1995年	2000年	2005年	2010年	1995年	2000年	2005年	2010年
东京都	2187.5	2187.5	2187.5	2187.5	11773605	12064101	12576601	13159388
神奈川县	2415.9	2415.9	2415.9	2415.9	8245900	8489974	8791597	9048331
埼玉县	3798.1	3798.1	3798.1	3798.1	6759311	6938006	7054234	7194556
千叶县	5156.7	5156.7	5156.7	5156.7	5797782	5926285	6056462	6216289
合计	13558.2	13558.2	13558.2	13558.2	32576598	33418366	34478894	35618564

续表

地区＼指标	可居住区域面积（平方千米）				可居住区域人口密度（人/平方千米）			
	1995 年	2000 年	2005 年	2010 年	1995 年	2000 年	2005 年	2010 年
东京都	960	960	960	960	12264	12567	13101	13708
神奈川县	1169	1169	1169	1169	7054	7263	7521	7740
埼玉县	2394	2394	2394	2394	2823	2898	2947	3005
千叶县	3665	3665	3665	3665	1582	1617	1653	1696
合计	8188	8188	8188	8188	3979	4081	4211	4350

从表 4－2 可知，东京都市圈人文发展功能区总面积为 13558.2 平方千米，其中适宜居住区域的面积约为 8188 平方千米，约占总面积的 65%。1995～2010 年的 15 年人口密度呈缓慢增长的趋势，2010 年东京都市圈的适宜居住区域人口密度为 4350 人/平方千米。从东京都市圈的人口增长率来看，这一区域的人口增长速度正在减缓，人口发展已经趋于基本稳定的状态。

2. 华盛顿特区人口密度分析

（1）华盛顿特区概况。华盛顿哥伦比亚特区（Washington D. C.），简称华盛顿，是美利坚合众国的首都，靠近弗吉尼亚州和马里兰州，位于美国的东北部、中大西洋地区，总面积 177 平方千米，其中水域面积占 10.16%。有 3 条河流经华盛顿，分别为 Potomac 河、Anacostia 河和 Rock Creek。

华盛顿为温带大陆性气候，夏热冬寒，四季分明。8 月份平均气温约 30℃，湿度大，常见雷雨。春秋两季温和，平均气温约 20℃。春天相对干燥。夏秋之交会受到飓风影响。冬季气温会降到冰点以下，年平均降水量在 1009.4 毫米。2010 年华盛顿特区 GDP 总量为 1033 亿美元。

（2）华盛顿特区人口密度分析。表 4－3 给出了华盛顿特区人口密度的计算结果，从表中可以看出，1980～2010 年来华盛顿特区的人口基本处于下降的趋势，从 21 世纪初人口才有回升的迹象，并基本稳定下来。

表 4－3　美国华盛顿特区可居住区人口密度计算结果

指标＼年份	1980	1990	2000	2010
总人口（人）	638432	606900	572059	601723

续表

年份 指标	1980	1990	2000	2010
总面积（平方千米）	177	177	177	177
水域面积（平方千米）	18	18	18	18
山丘面积（平方千米）	6.3	6.3	6.3	6.3
宜居区面积（平方千米）	152.7	152.7	152.7	152.7
宜居区人口密度（人/平方千米）	4180	3974	3746	3940

注：表中面积数据和人口数据均来自美国国家统计局，其中人口数据为美国历次人口普查数据。

2010 年 4 月 1 日，人口普查时实际居住人口为 601723 人，人口密度为 3400 人/平方千米。如果从总面积中扣除河道水域面积 18 平方千米，其陆地人口密度为 3784 人/平方千米。再扣除山丘地约 6.3 平方千米，可居住区域（平坦陆地）人口密度为 3940 人/平方千米。这是西方文明在城市建设领域最高水平的体现，也就是说用最先进的文化和最雄厚的经济实力在一片最适宜建设的土地上精心打造的最现代化的城市（Oswald & Wu，2011；Sexton et al.，2013）。其可居住区域人口密度不足 4000 人/平方千米。这意味着，按现代高收入国家或地区的人居标准，现代化城市的适宜人口密度最佳值应该在 3400 人/平方千米左右。扣除水域后的陆地平坦区域的人口密度约为 4000 人/平方千米。这应该可以作为优质生活标准下的城区人口密度控制标准。

（二）人地系统和谐发展角度的人口密度标准探讨

一个地区的人口密度还涉及人与自然关系的和谐问题。Li 等（2013）研究了广东省高度城市化区域人口密度与植被指数变化的关系，将 1982 ~ 2006 年广东省高度城市化区域的人口密度变化与植被覆盖变化进行了回归分析，结果表明，两者之间呈非线性相关关系（见图 4－1）。具体来说，人口密度的增加对植被指数的影响并不是线性的，当人口密度达到 2200 人/平方千米时，植被指数有所回升，因为这时区域的人地矛盾突出，促进区域在生态方面进行改善。但当人口密度达到 3820 人/平方千米左右时，植被指数又会随之下降，再次出现人地关系的矛盾，难以调节。

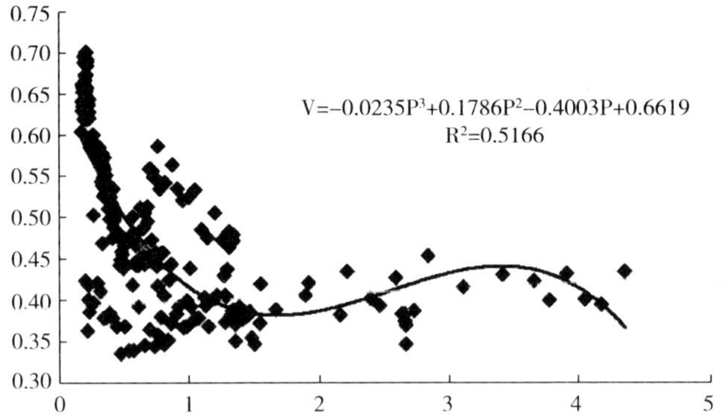

图4－1　1982～2006年广东省高度城市化区域人口密度与植被指数变化之间的关系

注：图中横坐标为人口密度，单位是千人；纵坐标是植被指数（NDVI）。

资料来源：Li C，Kuang Y，Huang N，et al. The long－term relationship between population growth and vegetation cover：An empirical analysis based on the panel data of 21 cities in Guangdong Province，China［J］. International Journal of Environmental Research and Public Health，2013，10（2）：660－677.

上述分析表明，按现代高收入国家或地区的人居标准，现代化城市的适宜人口密度最大值应该在4000人/平方千米左右。因此，我们将人文发展功能区的适宜人口密度确定为4000人/平方千米。

二、生物生产功能区的适宜人口密度

生物生产功能区人口密度主要受区域农业生产力水平和区域自然条件的限制。农业生产力水平往往通过劳动生产率来影响人口密度，而区域的自然条件则决定了一个区域的农业生产方式，进而影响人口密度。农业生产力水平可以在区域发展过程中不断提高，而农业生产方式则受制于区域的自然地理条件，较难改变。

为此，本书在确定生物生产功能区的适宜人口密度时，首先根据农业发展水平，选择世界上农业最为发达的区域；其次根据这些区域的自然地理条件，确定不同条件下区域农业发展达到不同发达程度时的适宜人口密度。

在世界发达国家中，农业发达的国家和地区主要有美国、荷兰、日本、澳大利亚和新西兰。其中澳大利亚和新西兰的农业经济主要是牧业经济，因此，本书选取美国、荷兰和日本3个农业综合发展水平较高的地区作为适宜人口密度分析的参照区域（见表4－4）。

表4－4　生物生产功能区分类及其标准

分类	基础条件	自然地理特点	目标国家/地区
集约化生产条件下生物生产功能区	农业生产力水平和技术水平为国际先进水平	人多地少，土地资源贫乏；地形复杂，地块小	日本
设施农业条件下生物生产功能区		人多地少，土地资源相对贫乏；地形平整	荷兰
规模经营条件下生物生产功能区		土地资源丰富；地形平坦	美国

在自然地理条件上，日本由于土地资源贫乏，耕地面积少，地块小，农业普遍采用小型农机，分散经营，实行集约化生产，科技含量高，耕地利用效率高，单位面积产量高（胡霞，2007；宗义湘等，2011）。因此，将日本农业区的人口密度作为集约化生产条件下生物生产功能区适宜人口密度的参照标准。

荷兰国土狭小，资源贫乏，是典型的人多地少国家。但与日本不同的是，荷兰的土地平坦且肥沃。由于缺乏土地，荷兰投入大量资金建立起世界一流的设施农业，高投入—高产出成为荷兰农业的主要特点。荷兰的设施农业突出表现在两个方面：一是高标准的水利和防洪设施；二是玻璃温室的面积为世界最大（申茂向等，2000；张玉等，2007）。为此，将荷兰农业区的人口密度作为设施农业条件下生物生产功能区的人口密度标准。

美国自然资源丰富，发展农业有着得天独厚的条件。本土为北温带和亚热带气候，佛罗里达南端属热带气候，阿拉斯加为亚寒带大陆性气候，夏威夷则是热带海洋性气候。全国大部分地区雨量充沛而且分布比较均匀，平均年降雨量为760毫米。土质肥沃，海拔500米以下的平原占国土面积的55%，有利于农业的机械化耕作和规模经营，2000年美国农业用地为4.183亿公顷，其中耕地面积约占国土总面积的19%，为1.79亿公顷，人均为0.62公顷（张锦洪等，2009）。为此，将美国农业区的人口密度作为规模经营条件下生物生产功能区的人口密度标准。

此外，在人口密度的时间变化层面，应该以一个地区人口相对稳定时期作为参照标准。具体来说，区域的人口容量与特定生物生产功能区域生产出的产品和提供的服务通过市场交换获得的价值能够承载多少人口的消费有关。在市场机制作用下，如果一个地区劳动收益率高于另一个地区，另一个地区的劳动力就会转移到这个地区来，直到两地的劳动收益率相差不大为止。随着一个地区生物生产功能的不断开发，其人口密度也会逐渐增加，直到其劳动收益率低于其他地区，该区域的人口开始向其他地区转移而使人口密度在一个适宜的水平稳定下来。

（一）集约化生产条件下生物生产功能区的适宜人口密度

日本是世界人口密度最大的国家之一，属典型的人多地少国家。日本的耕地面积为 508.3 万公顷，占国土面积的 13.5%。都府县每家农户平均拥有的耕地面积不足 1.2 公顷，人口相对稀少的北海道每家农户平均拥有的耕地面积也仅为 16.2 公顷。

日本首都东京所在的关东地区在市场经济条件下经历了长期的发展，已经成为地球上人文发展水平最高的地区之一，在市场经济条件下形成了明确的功能分区。同时，日本人多地少的农业条件与中国非常相似，为确定生物生产功能区可容纳的人口密度提供了一个极好的研究样本。

环绕关东平原的山地和水域是典型的生态调节功能区，盆地内的平原则是生物生产功能区和人文发展功能区，人文发展功能区以东京都为中心向四周扩展。其中东京都人文发展功能已经得到充分开发，神奈川县也绝大部分得到开发，进一步开发的潜力已经非常有限，重点开发的区域是埼玉县和千叶县，这 1 都 3 县（东京都、神奈川县、埼玉县和千叶县）统称为东京都市圈，而群马县、茨城县和栃木县则是典型的生物生产功能区。

群马县、茨城县和栃木县 3 个生物生产功能区于 1995 ~ 2010 年 4 次人口普查和土地调查获得的人口和可居住区域面积数据如表 4 - 5 所示。1995 ~ 2010 年可居住区域人口密度的变化如图 4 - 2 所示。从中可以看出，群马县可居住区域人口密度较高，栃木县可居住区域人口密度较低，而茨城县居中。

表 4－5　1995～2010 年日本关东地区生物生产功能区可居住区域人口密度计算结果

指标 地区	行政辖区面积（平方千米）				普查人口（人）			
年份	1995	2000	2005	2010	1995	2000	2005	2010
茨城县	6093.75	6095.58	6095.68	6095.72	2955530	2985676	2975167	2969770
栃木县	6408.28	6408.28	6408.28	6408.28	1984390	2004817	2016631	2007683
群马县	6363.18	6363.16	6363.16	6362.33	2003540	2024852	2024135	2008068
合计	18865.21	18867.02	18867.12	18866.33	6943460	7015345	7015933	6985521
指标 地区	可居住区域面积（平方千米）				可居住区域人口密度（人/平方千米）			
年份	1995	2000	2005	2010	1995	2000	2005	2010
茨城县	3912.19	3974.32	3974.38	3980.51	755	751	749	746
栃木县	2883.73	2947.81	2947.81	2979.85	688	680	684	674
群马县	2258.93	2297.1	2297.1	2303.16	887	881	881	872
合计	9054.84	9219.23	9219.29	9263.52	767	761	761	754

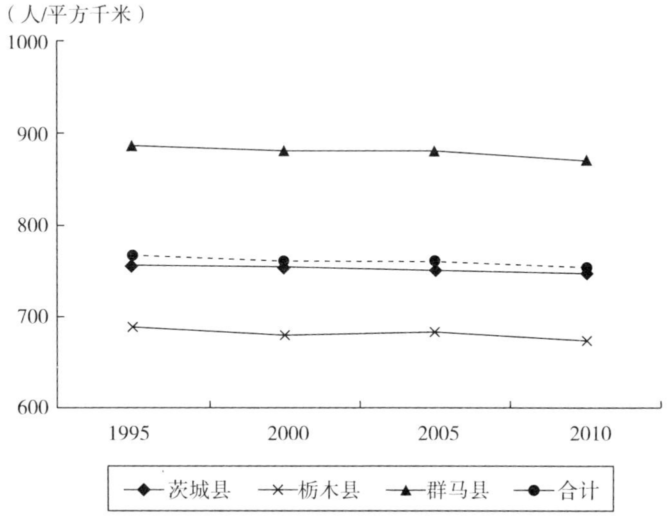

图 4－2　1995～2010 年日本关东地区生物生产功能区可居住区域人口密度的变化

从表4－5可以看出，1995年，作为生物生产功能区的群马、茨城和栃木3县的可居住区域人口密度介于688～887人/平方千米，3县平均为767人/平方千米，1995～2010年，这3个县的可居住区域人口密度均呈下降趋势（见图4－2），到2010年，变化为674～872人/平方千米，3县平均为754人/平方千米。而且这种下降趋势没有停止的迹象。

因此，可以认为，生物生产功能区可居住区域适宜的人口密度应该略低于754人/平方千米。在发达农业水平下，可将生物生产功能区可居住区域适宜人口密度确定为750人/平方千米。

（二）设施农业条件下生物生产功能区的适宜人口密度

1. 荷兰农业概况

荷兰国土狭小，资源贫乏，是典型的人多地少国家。但是荷兰经济发达，其农业和农产品在世界市场上占有十分重要的地位。

荷兰的农用地（即耕地和牧场）总面积约197.1万公顷，每公顷的净出口额达到15008美元，以每平方米农用地1.50美元土地生产率名列世界第一。约有25万劳动力直接从事农牧渔业，不足劳动力总数的4%，但农产品产量和质量却不低。美国农业部按粮农组织的“国际美元”计算的结果表明，荷兰的土地生产率为2468美元/公顷，劳动生产率是44339美元/人。劳动生产率稍逊于美国，但是土地生产率大大高于世界各国，名列世界第一。

荷兰是人多地少国家高效农业的典型。在其197.1万公顷的农用地中，耕地89.4万公顷、牧场106.4万公顷（占农用地总面积的54%），按人均计，分别只有0.058公顷和0.069公顷（分别合0.87亩和1.04亩），低于我国平均水平。但是，荷兰农民通过改善农业结构，用知识和资金替代土地，大量使用适合自己国情的农业技术，在农牧业生产方面，许多指标名列世界第一，创造出了常规农业难以想象的高生产率，成为人多地少国家发展高效农业的典型（Spiertz & Kropff，2011）。

2. 荷兰生物生产功能区人口密度分析

根据国土功能定位的不同，可以将荷兰分为不同的功能区，荷兰的人文发展功能区主要分布在北荷兰省的三大城市阿姆斯特丹、阿尔克马尔和哈勒姆所在的阿姆斯特丹市、阿尔克马尔市、哈勒姆市及其周边地区，而生物生产功能区则主要分布在敦伦特省（Drenthe）、弗里斯兰省（Friesland）以及泽兰省（Zeeland）等地区，这些生物生产功能区大多地势平坦，阡陌纵横。

（1）敦伦特省位于荷兰东北部，是荷兰的农业大省，全省面积263平方千米，其中水面面积44平方千米、陆地面积2639平方千米，72%的土地约1898平方千米为农用地。表4－6呈现了敦伦特省近50年来宜居区人口密度的变化，从中可见，敦伦特省50年的人口密度介于141～222人/平方千米，人口的增长速度在逐渐放缓，并从2010年开始出现了下降的趋势。

表4－6　荷兰生物生产功能区敦伦特省可居住区域人口密度计算结果

指标 年份	人口（人）	总面积 （平方千米）	陆域面积 （平方千米）	宜居区面积 （平方千米）	宜居区人口密度 （人/平方千米）
1960	311196	2683	2639	2209.357	140.85
1970	366590	2683	2639	2209.357	165.93
1980	418479	2683	2639	2209.357	189.41
1990	441028	2683	2639	2209.357	199.62
2000	469806	2683	2639	2209.357	212.64
2010	490981	2683	2639	2209.357	222.23
2012	490807	2683	2639	2209.357	222.15
2013	489918	2683	2639	2209.357	221.75

（2）弗里斯兰省位于荷兰北部，是一个农业省，全省面积5741平方千米，其中水面面积2392平方千米、土地面积3349平方千米，如表4－7所示。

表4－7　荷兰生物生产功能区弗里斯兰省可居住区域人口密度计算结果

指标 年份	人口（人）	总面积 （平方千米）	陆域面积 （平方千米）	宜居区面积 （平方千米）	宜居区人口密度 （人/平方千米）
1960	478206	5741	3349	3036.914	157.46
1970	521751	5741	3349	3036.914	171.80
1980	583989	5741	3349	3036.914	192.30
1990	599151	5741	3349	3036.914	197.29
2000	624500	5741	3349	3036.914	205.64
2010	646305	5741	3349	3036.914	212.82
2012	647214	5741	3349	3036.914	213.12
2013	646862	5741	3349	3036.914	213.00

（3）泽兰省位于荷兰西南部，是一个由海岛组成的区域，总面积2934平方千米，其中水域面积达1146平方千米、陆域面积1788平方千米。泽兰省地势平坦，平均海拔较低，适合温室农业发展，有大面积的农田，其支柱产业为农业和旅游业。由于其发达的旅游业，使其人均GDP达到30000欧元，高于上述其他两个农业省（约25000欧元），如表4－8所示。

表4－8　荷兰生物生产功能区泽兰省可居住区域人口密度计算结果

指标 年份	人口（人）	总面积（平方千米）	陆域面积（平方千米）	宜居区面积（平方千米）	宜居区人口密度（人/平方千米）
1960	283721	2934	1788	1722.224	164.74
1970	305754	2934	1788	1722.224	177.53
1980	348268	2934	1788	1722.224	202.22
1990	355947	2934	1788	1722.224	206.68
2000	371866	2934	1788	1722.224	215.92
2010	381507	2934	1788	1722.224	221.52
2012	381407	2934	1788	1722.224	221.46
2013	381077	2934	1788	1722.224	221.27

综合表4－6、表4－7和表4－8不难发现，荷兰的生物生产功能区的人口密度在这50年来的变化幅度在141～222人，且在2010年左右人口密度均出现了下降的趋势。因此，可以认为，在设施农业条件下，生物生产功能区所承载的适宜人口密度约为220人/平方千米。

（三）规模经营条件下生物生产功能区的适宜人口密度

1. 美国农业概况

美国农业是高度商业化的农业，全国有204万个农场，其平均规模为193.4公顷；农业劳动力有200多万人，占全国劳动力总数的2%左右。

美国自然资源丰富，发展农业有着得天独厚的条件。本土为北温带和亚热带气候，佛罗里达南端属热带气候，阿拉斯加为亚寒带大陆性气候，夏威夷则是热带海洋性气候。全国大部分地区雨量充沛而且分布比较均匀，平均年降雨量为760毫米。土地资源的拥有量位于世界前列。土质肥沃，海拔500米以下的平原占国土面积的55%，有利于农业的机械化耕作和规模经营，2000 年美国农业用地为 4.183 亿公顷，其中耕地面积约占国土总面积的 19%，为 1.79 亿公顷。美国有丰富的淡水资源，与加拿大交界处的五大湖驰名于世，其总面积在 24.5 万平方千米左右。

密苏里州是美国玉米、小麦和大豆的主产区。主要产品有大豆（豆油、大豆蛋白、豆粕等）、玉米（玉米糖浆、乙醇汽油、饲料）、乳制品（乳清、蛋白粉、乳品原料等）、动物饲料原料、添加剂、棉花（转基因高产量棉花）、葡萄酒等；畜牧业以猪、牛、肉鸡、火鸡养殖与肉类加工为主，是美国典型的混合农业区（Mehta et al.，2013）。

2. 美国密苏里州生物生产功能区宜居区人口密度分析

密苏里州是美国中部的综合农业区之一，是美国典型的农业区。其规模农场主要分布在北部地区的大片平坦土地上。对这些区域县域尺度的人口和宜居区面积进行测算，并将其中人口密度处于稳定状态或已经处于下降趋势的县域的宜居区人口密度进行分析。表 4-9 给出了这些区域的宜居区面积及 2010~2013 年的宜居区人口密度。

表 4-9 美国密苏里州生物生产功能区人口密度计算结果

指标 地区	总面积（平方千米）	宜居区面积（平方千米）	总人口（人）				宜居区人口密度（人/平方千米）			
			2010 年	2011 年	2012 年	2013 年	2010 年	2011 年	2012 年	2013 年
Pettis	1768	1194	42246	42114	42257	42205	35	35	35	35
Randolph	1270	744	25445	25225	25293	24940	34	34	34	34
Adair	1456	830	25608	25548	25561	25572	31	31	31	31
Ray	1482	921	23478	23315	23079	23039	25	25	25	25
Clinton	1090	959	20750	20685	20525	20571	22	22	21	21
Andrew	1124	923	17378	17299	17439	17445	19	19	19	19
Cooper	1475	977	17584	17560	17511	17647	18	18	18	18
Livingston	1395	894	15136	15103	15037	14871	17	17	17	17
Montgomery	1401	805	12239	12231	12026	11965	15	15	15	15
Saline	1976	1622	23403	23309	23437	23252	14	14	14	14
DeKalb	1100	953	12878	12918	12905	12840	14	14	14	13
Macon	2115	1171	15603	15493	15578	15544	13	13	13	13
Ralls	1256	775	10176	10292	10262	10192	13	13	13	13
Lewis	1316	867	10202	10242	10166	10152	12	12	12	12

续表

指标 地区	总面积（平方千米）	宜居区面积（平方千米）	总人口（人）				宜居区人口密度（人/平方千米）			
			2010年	2011年	2012年	2013年	2010年	2011年	2012年	2013年
Nodaway	2265	2089	23378	23450	23402	23261	11	11	11	11
Linn	1615	1225	12753	12567	12497	12368	10	10	10	10
Clark	1331	688	7136	7034	6984	6910	10	10	10	10
Caldwell	1114	911	9448	9205	9130	9097	10	10	10	10
合计	26550	18548	324841	323590	323089	321871	18	17	17	17

从表4-9可以看出，美国密苏里州生物生产功能区内各县的面积介于800~2000平方千米，大多数县区的宜居区面积占总面积的比例都在50%以上，从人口密度角度分析，美国规模化农场农业区的人口密度介于10~35人/平方千米，平均为17人/平方千米。因此，将规模经营条件下生物生产功能区的适宜人口密度确定为20人/平方千米。

三、生物生产功能亚区的适宜人口密度

根据农业活动的不同类型，可以将生物生产功能区分为不同的生物生产功能亚区，分别为种植业区和养殖业区，种植业区又可分为粮食主产区和甘蔗主产区，养殖业区又可分为放养式养殖区、圈养式养殖区和水产养殖区。以下对各个功能亚区的适宜人口密度进行逐一探讨。

（一）种植业区的适宜人口密度

1. 粮食主产区的适宜人口密度

历史上，英国是一个典型的工业国，农业一直未受到重视，“二战”后，英国花了近15年的时间，扭转了农业衰退的局面，逐步实现了农业现代化（陈红卫等，2011）。英国的农业符合高效的集约化、机械化的欧洲农业标准，只用1%的劳动力就能生产全国所需的60%的农产品（吴

峰，2009）。2002 年英国粮食亩产已经达到 467 千克。英国的粮食主产区位于其东南部，该区域土壤肥沃，是以谷物生产为主的粮食主产区。以下选取英国东南部几个典型的农业县区分析其人口密度情况。

（1）诺福克郡（Norfolk）位于英国东南部，地形平坦，土地肥沃，大部分土地为耕地，耕种作物有甜菜、小麦、大麦（酿造）和油菜。

表 4 -10 给出了诺福克郡的宜居区人口密度计算结果，从表中数据看，诺福克郡的总面积为 5371 平方千米，其中约 5006 平方千米的区域都是适宜居住的区域，占到了总面积的 93.2%。在这片宜居区内，2001 ~ 2012 年的人口密度介于 160 ~ 173 人/平方千米，人口密度以每年增加约 1 人/平方千米的速度缓慢增长。

表 4 -10 英国粮食主产区诺福克郡（Norfolk）可居住区域人口密度计算结果

指标＼年份	2001	2002	2003	2004	2005	2006
人口数（人）	798618	803463	810127	815690	822890	829062
总面积（平方千米）	5371					
宜居区面积（平方千米）	5006.22					
宜居区人口密度（人/平方千米）	159.53	160.49	161.82	162.94	164.37	165.61
指标＼年份	2007	2008	2009	2010	2011	2012
人口数（人）	834945	841495	846355	852926	859426	865302
总面积（平方千米）	5371					
宜居区面积（平方千米）	5006.22					
宜居区人口密度（人/平方千米）	166.78	168.09	169.06	170.37	171.67	172.85

（2）萨福克郡（Suffolk）地势低平，大部分区域是可耕作的土地。萨福克郡的农业区既有单一的耕作区也有混合耕作区。农场规模从 30 公顷到 8000 公顷不等。土壤类型有重黏土也有轻沙土。耕种的作物包括冬小麦、冬大麦、糖料甜菜、油菜、冬春两季的大豆和亚麻籽。此外还有一定面积的蔬菜地，其中夹杂着少量的黑麦和燕麦。

从表 4 -11 给出的萨福克郡的人口与面积数据可以看出，萨福克郡宜居区面积占总面积的比例达 94%，这意味着该郡地势低平，非常适宜人类的生产生活。2001～2012年该郡人口密度的变化介于187～204人/平方千米，2008年之前人口密度以每年2人/平方千米的速度增加，从2009年开始，人口密度的增速下降至每年约增加1人/平方千米。

表4-11　英国粮食主产区萨福克郡（Suffolk）可居住区域人口密度计算结果

指标＼年份	2001	2002	2003	2004	2005	2006
人口数（人）	669913	674579	681408	689087	697837	702961
总面积（平方千米）	3798					
非宜居区面积（平方千米）	212.46					
宜居区面积（平方千米）	3585.54					
宜居区人口密度（人/平方千米）	186.84	188.14	190.04	192.18	194.63	196.05
指标＼年份	2007	2008	2009	2010	2011	2012
人口数（人）	709144	714348	718183	723976	730133	732332
总面积（平方千米）	3798					
非宜居区面积（平方千米）	212.46					
宜居区面积（平方千米）	3585.54					
宜居区人口密度（人/平方千米）	197.78	199.23	200.30	201.92	203.63	204.25

总体来看，英国东南部地区的粮食主产区地势平坦，区域内大部分地区是适宜粮食种植的肥沃土壤。2001～2012年，英国粮食主产区的人口密度在200人/平方千米左右，增长基本趋于稳定。因此可以认为，粮食主产区的人口密度标准应为200人/平方千米。

2. 甘蔗主产区的适宜人口密度

澳大利亚是世界上主要的蔗糖生产国和出口国之一。澳大利亚的蔗田集中在从新南威尔士州北部的格拉夫顿到昆士兰州北部的莫斯曼的沿海地带及河谷地区，虽断断续续，但却是世界上最集中的甘蔗种植带，其中95%以上的面积和产量集中在昆士兰州的沿海及河谷地带（林野，1998）。

澳大利亚有两个主要的甘蔗产区，位于昆士兰州东北部。一个是麦凯（Mackay）地区的麦凯甘蔗种植区，一个是食火鸡海岸周边地区的食火鸡海岸（Cassowary Coast）甘蔗种植区。

（1）麦凯甘蔗主产区的人口密度分析。表4-12给出了麦凯甘蔗主产区的人口密度计算结果，从中可知，麦凯甘蔗主产区总面积在4327平方千米，区内山林较多，可居住区面积仅为1003平方千米，仅占总面积的23%。区内包含3个市级行政区，人口密度差异较大。2011年普查总人口为105525人，整个主产区可居住区人口密度为105人/平方千米。

表4－12 澳大利亚麦凯（Mackay）甘蔗种植区可居住区域人口密度计算结果

行政区＼指标	人口数*（人）	区域面积（平方千米）	宜居区面积（平方千米）	宜居区人口密度（人/平方千米）
Mackay Pt A	81140	260.30	112.36	722
Mackay Pt B	12791	2628.10	523.47	24
Sarina	11594	1438.38	366.731	32
合计	105525	4326.77	1002.56	105

注：＊表示麦凯地区的人口数为2011年澳大利亚人口普查的人口数。

资料来源：澳大利亚统计局官方网站。

（2）食火鸡海岸甘蔗主产区的人口密度分析。表4－13给出了食火鸡海岸甘蔗主产区的人口密度计算结果。从中可以看出，食火鸡海岸甘蔗主产区总面积在23514平方千米，其中可居住区域面积为1796平方千米，仅占总面积的7.6%。区内共有7个市级行政区，最小的仅有159平方千米，最大的有3053平方千米。由于可居住区域面积相差较大，造成不同市之间的人口密度差距较大。从整个区域的角度，食火鸡海岸甘蔗主产区的人口密度为215人/平方千米。

表4－13 澳大利亚食火鸡海岸（Cassowary Coast）甘蔗种植区可居住区域人口密度计算结果

行政区＼指标	人口数（人）	区域面积（平方千米）	宜居区面积（平方千米）	宜居区人口密度（人/平方千米）
Cairns	130613	482.77	70.16	1862
Yarrabah	2409	158.84	1.45	1656
Cairns－Pt B	4871	1198.90	39.12	125
Johnstone	18241	1631.95	106.86	171
Douglas	10829	2427.26	50.03	216
Hinchinbrook	11569	2801.35	434.07	27
Cardwell	9424	3053.04	194.32	48
合计	385765	23514.40	1796.31	215

总体来看，澳大利亚的两个甘蔗主产区的地形并不平坦，山林较多，能够供人类居住的区域非常有限，这种地形导致这些区域有一定的生态脆弱性，因此，不应该在这些区域居住过多的人口，本书将人口密度相对较小的麦凯甘蔗主产区的人口密度作为甘蔗主产区的宜居区人口密度标准，即105人/平方千米。

（二）养殖业区的适宜人口密度

1. 放养式养殖区的适宜人口密度

放养式养殖区也称作牧业区，新西兰是世界上牧业较发达的国家之一，本节对新西兰牧业区的人口密度进行分析，探讨放养式养殖区的适宜人口密度。

（1）新西兰及其牧业概况。新西兰国土由北岛和南岛两个岛屿组成，全国设有11个一级行政大区和5个单一辖区，相当于我国的省级行政区，设有67个二级地区行政机构（其中包括13个市政厅、53个区议会和查塔姆群岛议会），相当于我国的县级行政区。

新西兰畜牧业发达，畜牧业生产占地1352万公顷，占国土面积的一半。乳制品与肉类是最重要的出口产品。粗羊毛出口量居世界第一，占世界总产量的25%。在新西兰的农业体系中，畜牧生产占比很高，粮食作物的生产面积仅占到农业用地总面积的2%左右，而牧业生产已经实现了工业化和现代化，劳动生产率很高（杨杰生，2013）。因此，新西兰的生物生产功能区的人口密度可作为放养式养殖区人口密度的参照标准。

新西兰的畜牧业主要分布在北岛的中南部地区和南岛的中部地区。具体来说，牛养殖业分布的主要地区依次是马拉瓦图区（Manawatu）、怀卡托区（Waikato）、凯特伯雷区（Canterbury）、霍克斯湾（Hawkes Bay）和北地（Northland）；羊养殖业主要分布地区依次为凯特伯雷区（Canterbury）、马拉瓦图区（Manawatu）、奥塔哥区（Otago）、南地（Southland）和霍克斯湾（Hawkes Bay）。

以下对凯特伯雷区、马拉瓦图区和霍克斯湾3个牧牛业和牧羊业均较为密集的省区的人口容量进行分析，选取这些省区中牧业较为集中的县作为放养式养殖区的人口密度标准的参考区域。

（2）新西兰放养式养殖区人口密度分析。根据新西兰1996~2013年的4次人口普查的数据，表4-14~表4-16分别给出了3个省区中几个牧业县的人口容量的计算结果。

表 4-14　凯特伯雷区（Canterbury）可居住区域人口密度计算结果

指标 \ 地区		凯特伯雷区（Canterbury）			
		Kaikoura	Timaru	Waimakariri	Waitaki
总面积（平方千米）		1986.38	2719.75	2205.59	3864.21
宜居区面积（平方千米）		114.99	1337.81	1237.03	643.99
总人口（人）	1996 年	3516	42630	32349	21573
	2001 年	3480	41967	36900	20085
	2006 年	3621	42870	42834	20223
	2013 年	3552	43929	49989	20826
宜居区人口密度（人/平方千米）	1996 年	31	32	26	33
	2001 年	30	31	30	31
	2006 年	31	32	35	31
	2013 年	31	33	40	32

注：新西兰人口数据为新西兰人口普查数据，新西兰每 5 年进行一次人口普查，2011 年新西兰第三大城市基督城发生 6.3 级地震，应于当年进行的普查活动被迫中断，延至 2013 年进行。

表 4-15　马拉瓦图区（Manawatu）可居住区域人口密度计算结果

指标 \ 地区		马拉瓦图区（Manawatu）			
		Horowhenua	Manawatu	Rangitikei	Tararua
总面积（平方千米）		1052.61	2638.82	4464.11	4404.19
宜居区面积（平方千米）		581.42	1204.36	709.70	775.41
总人口（人）	1996 年	30150	26190	16356	19068
	2001 年	29820	25578	15102	17859
	2006 年	29868	26070	14712	17631
	2013 年	30096	27456	14019	16854
宜居区人口密度（人/平方千米）	1996 年	52	22	23	25
	2001 年	51	21	21	23
	2006 年	51	22	21	23
	2013 年	52	22	20	22

表 4-16　霍克斯湾（Hawkes Bay）可居住区域人口密度计算结果

指标＼地区		霍克斯湾（Hawkes Bay）		
		Central Hawkes Bay	Hastings	Wairoa
总面积（平方千米）		3354.44	5038.68	4125.84
宜居区面积（平方千米）		1088.63	656.54	165.93
总人口（人）	1996 年	13038	66279	9900
	2001 年	12825	67428	8916
	2006 年	12957	70842	8484
	2013 年	12717	73245	7890
宜居区人口密度（人/平方千米）	1996 年	12	78	60
	2001 年	12	79	54
	2006 年	12	83	51
	2013 年	12	86	48

从表 4-14 的数据来看，1996~2013 年的 17 年间凯特伯雷区的 Kaikoura 县的宜居区人口密度基本稳定在 31 人/平方千米；Timaru 县的宜居区人口密度基本稳定在 32 人/平方千米；Waimakariri 县的宜居区人口密度一直处于增长状态中，约每 5 年增长 5 人/平方千米；Waitaki 县的宜居区人口密度基本稳定在 32 人/平方千米。总体来看凯特伯雷区的牧业区的宜居区人口密度在 30~40 人/平方千米，平均约 35 人/平方千米。

从表 4-15 的数据来看，1996~2013 年的 17 年间马拉瓦图区的 Horowhenua 县的宜居区人口密度较高，但也基本稳定在 52 人/平方千米；Manawatu 县的宜居区人口密度基本稳定在 22 人/平方千米；Rangitikei 县的宜居区人口密度基本处于下降趋势，大约每 5 年密度减少 1 人/平方千米；Tararua 县的宜居区人口密度也处于下降趋势，稳定在 22 人/平方千米。总体来看，马拉瓦图区的牧业区的宜居区人口密度在 20~50 人/平方千米，多数区域的人口密度在 20~30 人/平方千米，因此，可以认为该区的宜居区人口密度平均约 30 人/平方千米。

从表 4-16 的数据来看，1996~2013 年的 17 年间霍克斯湾的 Central Hawkes Bay 县的宜居区人口密度最低，但一直稳定在 12 人/平方千米，但从总人口来看，人口一直处于下降的趋势，未来人口密度可能还会降低；

与 Central Hawkes Bay 县不同，Hastings 县的宜居区人口密度一直处于增长趋势，达到 86 人/平方千米，在几个县中密度最高。而 Wairoa 县的宜居区人口密度则基本处于下降趋势，1996 年该县人口密度为 60 人/平方千米，2013 年下降到 48 人/平方千米。总体来看，霍克斯湾的牧业区的宜居区人口密度的差异较大，介于 12～86 人/平方千米。

表 4－17　新西兰生物生产功能区宜居区人口密度汇总分析

指标 地区	总面积（平方千米）	宜居区面积（平方千米）	宜居区人口密度（人/平方千米）			
			1996 年	2001 年	2006 年	2013 年
Canterbury	10775.92	3333.82	30	31	33	35
Manawatu	12559.73	3270.88	28	27	27	27
Hawkes Bay	12518.96	1911.11	47	47	48	49
合计	35854.61	8515.81	33	33	34	35

从表 4－17 的数据来看，总体来说，作为畜牧业高度发达的农业国，新西兰的三大牧业省的人口密度均在 100 人/平方千米以下，大部分区域的宜居区人口密度在 20～50 人/平方千米，平均为 35 人/平方千米。考虑到该区域人口还有缓慢增长的趋势，因此可以认为，在畜牧业高度发达的水平下，放养式养殖区的人口密度标准约为 40 人/平方千米。

2. 圈养式养殖区的适宜人口密度

圈养式养殖业主要指家畜业和家禽业，本节对猪业养殖区的人口密度进行分析，探讨圈养式养殖业区的适宜人口密度。

根据联合国粮农组织 2009 年公布的统计资料，我国生猪存栏 5.23 亿头，占世界存栏总数的 50.9%，居世界第一位。我国生猪养殖主要分为农户散养和规模化猪场养殖两种方式，养殖方式的不同，对劳动力的数量和素质的要求也有很大区别，最终会影响养猪业区的人口容量。因此，本书将养猪业区分为农户散养和规模养殖两种情况，在我国选取相应的养殖业区，分别探讨两种状态下养猪业区的人口密度。

在我国的各省市区中，生猪年出栏量在 3000 万头以上的省市区出栏量从高到低排序为四川、湖南、河南、山东、湖北、广东。从表 4－18 给出的我国生猪养殖大省的生猪出栏情况可以看出，在生猪出栏量和猪肉产量上，四川省的生猪出栏量达到7171万头，肉类产量接近500万吨，在全国遥遥领先。而从规模化养殖情况看，四川的规模化养殖程度并不高，年出栏50000头以上占总出栏的比重仅为0.2%，即便是年出栏3000头以上占总出栏的比重也只有1.2%，属于以散养为主的养殖模式，同样，在生猪养殖大省中，湖南、山东、云南、江苏等省份的规模化养殖程度也较低，年出栏在3000头以上占总出栏的比重都低于5%。而在年出栏在3000头以上占总出栏的比重大于5%的省份中，以广东的规模化养殖程度最高，达到了18.1%，远远超过了其他省份。

表4-18 我国生猪养殖大省的生猪出栏情况及规模化养殖情况

指标 省市区	生猪出栏量(万头)	猪肉产量(万吨)	年出栏5万头以上占总出栏的比重(%)	年出栏1万~5万头占总出栏的比重(%)	年出栏3000头以上占总出栏的比重(%)
四川	7170.7	496.4	0.2	0.3	1.2
湖南	5878.8	427.6	0.2	1.0	3.9
河南	5711.3	432.5	1.0	2.5	7.4
山东	4599.9	376.7	0.1	1.0	2.7
湖北	4180.8	317.3	0.4	3.9	7.3
河北	3396.7	259.0	0.7	2.3	5.2
广东	3736.2	276.4	1.3	7.7	18.1
广西	3342.1	252.5	1.2	2.7	7.7
云南	3180.1	264.1	0	0.2	0.3
江苏	3050.6	228.8	0	0.9	2.4
江西	3043.1	237.3	2.0	5.1	11.9

注：生猪出栏量和猪肉产量数据来源于《中国农村统计年鉴》，数据年份为2012年，生猪规模化养殖数据来源于《中国畜牧业统计年鉴》，数据年份为2004年。

结合上述对我国生猪养殖及出栏情况的分析，以四川作为农户散养模式的典型省份，分析其中养殖大县的人口密度标准；以广东作为规模化养殖的典型省份，分析其中养殖业区的人口密度标准。

（1）农户散养为主模式下生猪养殖区人口密度分析。四川邛崃县是四川生猪出栏量最大的县，在这个人口只有60多万人的小县城，2004年生猪出栏量就达到了180万头，被命名为“国家瘦肉型猪生产基地县”。2012年邛崃县实现农业总产值52.36亿元，其中畜牧业31.59亿元，占农业总产值的60.3%。

根据邛崃县的人口普查数据，计算该县可居住区域的人口密度，结果如表4-19所示。从数据可以看出，作为生猪养殖大县，邛崃县的2000年的宜居区人口密度为931人/平方千米，2010年下降到904人/平方千米。

表4-19 四川邛崃县宜居区人口密度计算结果

年份	总面积（平方千米）	宜居区面积（平方千米）	人口数（人）	人口密度（人/平方千米）	宜居区人口密度（人/平方千米）
2000	1934.77	678.06	631577	326	931
2010	1934.77	678.06	612753	317	904

（2）规模化养殖为主模式下生猪养殖区人口密度分析。广东也是生猪养殖大省，2010年全省生猪年末存栏头数为2253.29万头，生猪出栏数为3732.02万头，年产猪肉275.46万吨。猪肉生产的规模化程度较高，年出栏50000头以上占总出栏的比重、年出栏10000~49999头占总出栏的比重以及年出栏3000~9999头占总出栏的比重分别为4.07%、13.2%、16.86%（2010年数据）。

位于粤西地区的云浮市新兴县是广东省的生猪养殖大县，2010年生猪出栏数约为73.44万头。新兴县的六祖镇又名集成镇，年产肉猪4.5万头，300头以上养猪大户160户，是一个典型的以养殖业为主的乡镇。

结合六祖镇的人口普查数据和面积数据，对六祖镇的人口密度进行计算，结果如表4-20所示。

表4-20 广东省新兴县六祖镇宜居区人口密度计算结果

年份	总面积（平方千米）	宜居区面积（平方千米）	人口数（人）	人口密度（人/平方千米）	宜居区人口密度（人/平方千米）
2000	181	48.33	49767	275	1030
2010	181	48.33	52501	290	1086

从表4－20的数据可以看出，2000年广东六祖镇的宜居区人口密度为1030人/平方千米，2010年宜居区人口密度上升到1086人/平方千米。

综上所述，在以农户散养为主的养殖模式下，四川邛崃县的人口密度约为900人/平方千米；而在以规模化养殖为主的广东新兴县的六祖镇，人口密度约为1050人/平方千米，后者的人口密度略高。

当然，在任何地方的一个行政区内，养猪业都很难成为一个占主导地位的经济行业，因此，一个地区的人口密度也就不可能完全受养猪业的影响。尽管选取的两个研究区都不是纯养猪业区，但是在同类区域中，它们的养猪业占农业的比重相对较大，能够在一定程度上反映养猪业对区域人口容量的影响。

3. 水产养殖区的适宜人口密度

水产品主产区按作业类型可分为水产养殖区和水产捕捞区。鉴于大规模的水产捕捞业是以海洋捕捞为主，其能否形成主体功能区还有待探讨，因此主要对水产养殖区的人口密度进行分析。

根据国际粮农组织（FAO）出版的《2010年世界渔业和水产养殖状况》，按渔业产量和增长率，全球排名前10位的渔业国家分别是中国、印度、越南、印度尼西亚、泰国、孟加拉国、挪威、智利、秘鲁和日本（联合国粮食及农业组织渔业及水产养殖部，2010）。但从水产业的技术和基础设施方面，各国有一定差距。从劳动生产率来看，FAO的相关资料显示，挪威养殖渔民人均年产量为172吨、智利为72吨、中国为6吨，而印度只有2吨。因此本书以挪威为例来分析水产品主产区的适宜人口密度。

2000年以来，挪威的渔业养殖为挪威沿海一带提供了主要的就业模式。在挪威的水产养殖业中，海水养殖占较大比例。2007年挪威养殖鲑鱼52万吨、鳟鱼7.1万吨，价值110亿克朗，占挪威鱼产品出口总值的43%。同时，其他品种如鳕鱼、蓝贻贝、比目鱼、牡蛎和扇贝等在挪威也有少量的养殖（徐吟梅，2009）。

挪威的渔业养殖区主要集中在沿海地区，尤其是纬度较低的南部沿海地区，因此，选取南部沿海地区的几个县进行分析。表4－21给出了挪威南部沿海渔业养殖区的宜居区人口密度的计算结果。

表 4－21　1997～2013 年挪威南部沿海渔业养殖区的宜居区人口密度计算结果

地区	Aust－Agder		Hordaland		Møre og Romsdal		Rogaland	
面积（平方千米）	9253.05		15650.21		15266.80		9325.00	
宜居区面积（平方千米）	422.66		768.95		792.48		694.02	
年份	人口数（人）	密度（人/平方千米）	人口数（人）	密度（人/平方千米）	人口数（人）	密度（人/平方千米）	人口数（人）	密度（人/平方千米）
1997	100582	238	427003	555	241530	305	360403	519
1998	101152	239	428823	558	241972	305	364341	525
1999	101487	240	431882	562	242538	306	369059	532
2000	102178	242	435219	566	243158	307	373210	538
2001	102714	243	438312	570	243810	308	375225	541
2002	102945	244	438253	570	243855	308	381375	550
2003	103195	244	441660	574	244309	308	385020	555
2004	103374	245	445059	579	244570	309	388848	560
2005	103596	245	448343	583	244689	309	393104	566
2006	104084	246	452611	589	244978	309	397594	573
2007	104759	248	456711	594	245385	310	404566	583
2008	106130	251	462674	602	246772	311	412687	595
2009	107359	254	469681	611	248727	314	420574	606
2010	108499	257	477175	621	251262	317	427947	617
2011	110048	260	484240	630	253904	320	436087	628
2012	111495	264	490570	638	256628	324	443115	638
2013	112772	267	498135	648	259404	327	452159	652

续表

地区	Sogn og Fjordane		Sør – Trøndelag		Telemark		Vest – Agder	
面积（平方千米）	18786.82		18822.28		15352.60		7446.15	
宜居区面积（平方千米）	228.62		984.12		333.80		235.82	
年份	人口数（人）	密度（人/平方千米）	人口数（人）	密度（人/平方千米）	人口数（人）	密度（人/平方千米）	人口数（人）	密度（人/平方千米）
1997	107989	472	258283	262	163449	490	151580	643
1998	107790	471	259177	263	163857	491	152553	647
1999	107648	471	260855	265	164523	493	153998	653
2000	107589	471	262852	267	165038	494	155691	660
2001	107590	471	264865	269	165595	496	156878	665
2002	107280	469	266323	271	165710	496	157851	669
2003	107274	469	268188	273	165855	497	159219	675
2004	107222	469	270266	275	166124	498	160127	679
2005	107032	468	272567	277	166289	498	161276	684
2006	106650	466	275403	280	166140	498	162317	688
2007	106194	465	278836	283	166170	498	163702	694
2008	106259	465	282993	288	166731	499	165944	704
2009	106457	466	286729	291	167548	502	168233	713
2010	107080	468	290547	295	168231	504	170377	722
2011	107742	471	294066	299	169185	507	172408	731
2012	108201	473	297950	303	170023	509	174324	739
2013	108700	475	302755	308	170902	512	176353	748

注：挪威的人口数据为基于人口普查的预测数据。

资料来源：挪威统计局官方网站。

从表4－21可以看出，挪威南部沿海地区渔业养殖区的宜居区人口密度总体呈缓慢增加的趋势，但基本趋于稳定。2013年挪威8个县区的宜居区人口密度值介于267～748人/平方千米之间，平均约500人/平方千米。因此，将水产养殖区的适宜人口密度界定为500人/平方千米。

四、本章小结

本章在对发达国家或地区的人口密度进行比较研究的基础上，具体分析了人文发展功能区、生物生产功能区以及生物生产功能亚区的适宜人口密度。得出以下基本结论：

第一，按现代高收入国家或地区的人居标准，人文发展功能区的适宜人口密度应为4000人/平方千米。

第二，按农业发达国家或地区的标准，集约化生产条件下生物生产功能区的适宜人口密度应为750人/平方千米；设施农业条件下生物生产功能区的适宜人口密度应为220人/平方千米；规模经营条件下生物生产功能区的适宜人口密度应为20人/平方千米。

第三，对于生物生产功能亚区，粮食主产区的适宜人口密度应为200人/平方千米；甘蔗主产区的适宜人口密度应为105人/平方千米；放养式养殖区的适宜人口密度应为40人/平方千米；圈养式养殖区的适宜人口密度应为1000人/平方千米；水产养殖区的适宜人口密度应为500人/平方千米。

第五章

基于土地功能定位的适宜人口容量估算模型

根据第三章的分析，一个区域的适宜人口容量取决于该区域的自然地理条件、社会经济条件以及区域功能定位。在一个区域中，用于生态调节功能的部分是在自然地理条件上不适合或不应该用于人类活动的部分，其余的部分可用于生物生产功能或人文发展功能，这两部分的分配比例则主要取决于一系列的社会经济因素。

本章将以第三章中有关社会经济因素对人口容量的影响机制的分析为基础，建立基于土地功能定位的人口容量估算模型，解决生物生产功能区与人文发展功能区的分配比例问题，进而确定一个区域的适宜人口容量。

一、区域适宜人口容量测算的前提条件

区域的适宜人口容量是客观存在的。人类生存环境是有限的，地球所能提供的有限空间、资源、环境条件对于所能容纳的包括人类在内的任何生物种群的数量、规模都有一定的客观规定性。

受自然地理条件的限制，区域的人口应该分布在自然地理上的宜居区内。本书对人口容量的测算，也是基于宜居区的面积进行的。对人类活动的宜居区的确定应分为两个步骤，首先确定平地面积，将其作为宜居区的基础因素；其次考虑水文和地被因素，将水域、林地、冻原和戈壁作为非宜居区。从平地区域中去掉非宜居区后的面积即为宜居区面积。

粮食被假设为是一个地区人口生存的主要依赖品。粮食产量和消费量是一个区域人口容量的决定性因素。

区域作为一个经济体应该是开放的，区内的人口可以依赖区外的物资。粮食自给率是测算一个地区人口容量的主要因素之一。

区域的土地功能定位不同，其相应的适宜人口容量也应该是不同的。

二、区域适宜人口容量的测算方法

按照土地功能定位不同，地球上的区域可以分为以生态调节功能为主的区域、以生物生产功能为主的区域和以人文发展功能为主的区域，地球上的人口容量是三类功能区域人口容量之和。而这三类区域各占多大比重则受到两方面因素的制约。首先，由于地球表面水陆分布、地形地貌、气候环境与地质构造的不均一性，具有人文发展功能和生物生产功能的区域（统称为适宜人居区域或可居住空间）是非常有限的。其次，人类对农产品和生态产品的需求必须与生态调节用地的生态产品提供能力和生物生产用地的农产品提供能力相匹配。

对于一个具体区域来说，国土总面积（S）可以划分为生态调节功能区（S_1）、生物生产功能区（S_2）和人文发展功能区（S_3）三部分，即

$$S = S_1 + S_2 + S_3 \tag{5.1}$$

式中，S_1 为生态调节功能区的面积；S_2 为生物生产功能区的面积；S_3 为人文发展功能区的面积。

设生态调节功能区可容纳人口的密度为 d_1，生物生产功能区可容纳人口的密度为 d_2，人文发展功能区可容纳人口的密度为 d_3，则该区域的总人口容量 C 为三类功能区人口容量之和，即

$$C = C_1 + C_2 + C_3 = S_1 d_1 + S_2 d_2 + S_3 d_3 \tag{5.2}$$

式中，C_1 为生态调节功能区的人口容量；C_2 为生物生产功能区的人口容量；C_3 为人文发展功能区的人口容量。

由于地球表面各地的自然生态条件相差悬殊，有些地区生态调节功能

很强，有些地区生物生产功能很强，有些地区则人文发展功能很强，理论上应该尽可能发挥各自的优势来确定其主体功能。然而，地球上不同的区域被不同的民族或人群所占据，地表的国土被划分成为不同的国家或地区，各个国家或民族都要从自身利益出发来规划其国土的利用。国家或民族利益的导向在很大程度上制约了区域土地功能的合理开发。人类文明刚刚进入生态文明发展阶段，对生态调节用地的规划还没有得到普遍的重视，各国或各地规划的生态调节用地往往是那些生物生产功能和人文发展功能在目前技术水平下难以开发的区域，如地形起伏度较大的山区、人类无法居住的海域、河流、湖泊、水库等水域，而其他相对比较平坦的陆地则主要用于生物生产和人文发展。因此，一个地区生态调节功能区的面积（S_1）可以根据地形地貌的实际情况来测量和计算。如下：

$$S_1 = S_{山地} + S_{水域} + S_{保护区} + S_{荒漠} \tag{5.3}$$

式中，$S_{山地}$表示山地面积；$S_{水域}$表示水域面积；$S_{保护区}$表示其他保护区面积；$S_{荒漠}$表示荒漠面积。这些地域的面积可以通过对卫星遥感影像的解译，利用地理信息系统进行直接量算。

用于生物生产和人文发展的用地统称为可居住地面积或宜居区面积，它是区域内除去生态调节用地后剩余的区域。因此，宜居区面积 S_h 可表示为：

$$S_h = S_2 + S_3 = S - S_1 \tag{5.4}$$

由于生态调节功能区的可容纳人口密度非常小，$d_1 \approx 0$，因此一个地区的人口容量主要由生物生产功能区和人文发展功能区的面积来决定：

$$C \approx S_2 d_2 + S_3 d_3 \tag{5.5}$$

而一个地区的生物生产功能区和人文发展功能区的规划和配置要受一系列社会经济因素的影响。在第三章中，基于一定的假设，对这些因素的影响机制进行了分析。在此基础上，构建人口容量估算模型。

（一）封闭条件下的人口容量估算模型

根据第三章对人口容量的影响因素分析，在理想假设下，一个封闭区域内，决定区域人口容量的主要因素是粮食产量和消费量。设人均粮食消耗量为 X，生物生产功能区单位面积粮食产量为 Y，由于在自给自足条件下，总的粮食消耗量应与生物生产功能区总的粮食产量相匹配，则有：

$$C \times X = S_2 \times Y \tag{5.6}$$

公式（5.6）移项后得到：

$$C = \frac{S_2 \times Y}{X} \tag{5.7}$$

联立公式（5.6）与公式（5.7），得到：

$$\frac{S_2 \times Y}{X} = S_2 d_2 + S_3 d_3 \tag{5.8}$$

将 S_2 移项后得到：

$$\frac{Y}{X} = d_2 + \frac{S_3}{S_2} \times d_3 \tag{5.9}$$

变换公式（5.9）可得到：

$$\frac{S_3}{S_2} = \frac{\frac{Y}{X} - d_2}{d_3} \tag{5.10}$$

公式（5.10）表明，在粮食自给自足的条件下，人文发展功能区与生物生产功能区的面积之比与生物生产功能区单位面积粮食产量（Y）、人均粮食消费水平（X）以及人文发展功能区与生物生产功能区的可容纳人口密度（d_2 和 d_3）4 个参数有关。其中单位面积粮食产量由当地土地的适宜性和农业科技发展水平决定，在不同地区和不同时期会有较大的变化。

联立公式（5.4）和公式（5.10）即可以确定实际上可能被当作人文发展功能区和生物生产功能区开发的区域面积。S_2 的面积如下：

$$S_2 = \frac{S_h}{1 + \frac{S_3}{S_2}} = \frac{S_h}{1 + \frac{\frac{Y}{X} - d_2}{d_3}} \tag{5.11}$$

综上所述，在区域封闭条件下，区域人口容量的测算模型如下：

$$\begin{cases} C = S_2 d_2 + S_3 d_3 \\ S_2 = \dfrac{S_h}{1 + \dfrac{\frac{Y}{X} - d_2}{d_3}} \\ S_3 = S_h - S_2 \end{cases} \tag{5.12}$$

为此需要测量区域国土总面积（S），区域内山地面积、水域面积、其他保护区面积以及荒漠面积之和（S_1），需要获得生物生产功能区单位面积粮食产量（Y）、人均粮食消费水平（X）等数据，并确定人文发展功能区与生物生产功能区可容纳的人口密度（d_2 和 d_3）

（二）开放条件下的人口容量估算模型

在开放条件下，一个区域的粮食缺口可以从区外购买，也可将区内多余的粮食卖出。这时，区内人口的粮食消耗量与生物生产功能区总的粮食产量之间不一定对等，而是存在一个比例关系，一般将这个比例关系称作粮食自给率，记为 k。则有：

$$C \times X \times k = S_2 \times Y \tag{5.13}$$

公式（5.13）移项后得到

$$C = \frac{S_2 \times Y}{X \times k} \tag{5.14}$$

联立公式（5.5）与公式（5.14），得到：

$$\frac{S_2 \times Y}{X \times k} = S_2 d_2 + S_3 d_3 \tag{5.15}$$

将 S_2 移项后得到：

$$\frac{Y}{X \times k} = d_2 + \frac{S_3}{S_2} \times d_3 \tag{5.16}$$

变换公式（5.16）可得到：

$$\frac{S_3}{S_2} = \frac{\frac{Y}{X \times k} - d_2}{d_3} \tag{5.17}$$

公式（5.17）表明，在开放条件下，人文发展功能区与生物生产功能区的面积之比不仅与生物生产功能区单位面积粮食产量（Y）、人均粮食消费水平（X）以及人文发展功能区与生物生产功能区的可容纳人口密度（d_2 和 d_3）4 个参数有关，还要考虑该区域的粮食自给率（k）。

同样，联立公式（5.4）和公式（5.17）即可以确定可被当作人文发展功能区和生物生产功能区开发的区域面积。生物生产功能区的面积（S_2）计算公式如下：

$$S_2 = \frac{S_h}{1 + \frac{S_3}{S_2}} = \frac{S_h}{1 + \frac{\frac{Y}{X \times k} - d_2}{d_3}} \tag{5.18}$$

综上所述，在区域开放条件下，区域人口容量的测算模型如下：

$$\begin{cases} C = S_2 d_2 + S_3 d_3 \\ S_2 = \dfrac{S_h}{1 + \dfrac{\frac{Y}{X \times k} - d_2}{d_3}} \\ S_3 = S_h - S_2 \end{cases} \tag{5.19}$$

为此需要测量区域国土总面积（S），区域内山地面积、水域面积、其他保护区面积以及荒漠面积之和（S_1），需要获得生物生产功能区单位面积粮食产量（Y）、人均粮食消费水平（X）等数据，并确定人文发展功能区与生物生产功能区可容纳的人口密度（d_2 和 d_3），此外，还需要确定一个区域的粮食自给率（k）。

粮食自给率是一项评估国家粮食自给程度的指标。粮食自给率，也就是当年粮食产量占当年粮食消费量的比重，用来衡量一个国家的粮食安全水平。

由于粮食自给率这一名称包含“自给”二字，容易将粮食自给率的取值范围误解为 $0 \leqslant k \leqslant 1$。实际上 k 的取值可以大于 1。

当 k 的取值为 0 时，表明该区域消费的粮食全部由区外输入。

当 k 的取值介于 0 和 1 时，表明区域内的粮食部分由区内自给，部分由区外输入。例如，当某区域的粮食自给率 $k = 0.3$，意味着该区域内的粮食产量仅能满足区内粮食消费量的 30%，其余的 70% 需要从区外输入。

当 k 的取值为 1 时，意味着区内生产的粮食正好满足区域内的粮食消费需求。

当 k 的取值大于 1 时，意味着区内生产的粮食不仅可以满足区内的消费需求，还有盈余。例如，当某区域的粮食自给率 $k = 2$ 时，表明该区域内总的粮食消费量仅占到了其区内粮食产量的 50%。

一般看来，粮食自给率的高低与一个地区的发展水平有一定的正相关关系，世界上大多数发达国家的粮食自给率都大于 1，法国的粮食自给率在发达国家中最高，达到3.23；发展中国家的粮食自给率一般在0.8～1，中国的粮食自给率为0.9左右；大多数贫穷国家的粮食自给率在0.8以下，非洲大多数国家的粮食自给率都在0.5以下。

粮食自给率还与一个区域的自然条件有关系，如韩国国土面积较小，耕地也较少，限制了国内的粮食供应，其粮食自给率值仅为0.25左右。

通常，人口规模较小的国家，粮食自给率低一点，不会对区域发展和粮食安全构成大的影响；而人口规模较大的国家，如果粮食自给率低，则可能显著影响国际市场的粮食价格，本国的粮食安全水平也会受到较大影响。

第六章

广东省适宜人口容量估算的实证研究

本章将按照前面确定的适宜人口容量估算模型对广东省省级层面的适宜人口容量进行估算，在测算和设定模型参数后，对不同条件下的广东省适宜人口容量进行估算。

一、模型参数的测量与设定

（一）基于栅格的广东省宜居区面积 S_h 的测算

对广东省宜居区的确定应分为两个阶段，第一阶段，确定平地面积，将其作为计算宜居区面积的基础因素；第二阶段，考虑水文和地被因素，本书将水域、林地、冰川、冻原和裸地、戈壁作为非宜居区。运用 GlobCover2009 全球陆地覆盖数据，析取平地中的水域、林地、冰川、冻原和戈壁、裸地部分，将其与平地图层进行叠合后，将平地中的水域、林地、冻原、冰川和戈壁、裸地部分去除，即可获得宜居区栅格。

1. 平地栅格的获取

对于平地的界定，存在几种不同的方法（陈学兄等，2013；封志明等，2008b；王利等，2014；张伟等，2012），其中最常用的有两种：一是将一定区域内最高海拔与最低海拔差异较小的区域界定为平地；二是将一定区域内坡度小于一定值的部分定为平地。两种方法虽然操作的过程不同，但大体思路一致，即将地形起伏较小的区域定为平地。鉴于第一种方法可操作性更强，本书选用第一种方法来获取平地。

对平地栅格的提取主要采用窗口分析法，利用 Arcgig10.0 中文版实现。数据源为 SRTM DEM 数据，分辨率为 100 米×100 米。分析的窗口大小采用 500 米×500 米。具体步骤为：以每个栅格为中心，在 500 米×500 米的范围内运用 Focal Range 函数分别提取分析窗口内高程的最大值与最小值，形成最大值与最小值图层，然后运用栅格计算器计算两个图层的差值，得到差值图层，将差值图层中小于等于 30 米的栅格定义为平地栅格，栅格值定为 1，即可得到平地栅格图层。

基于平地栅格图层计算了广东省各地市分县平地面积占比，如图 6－1 所示，从中可以看出，珠三角地区的广州、深圳、珠海、佛山、惠州、东莞、中山、江门和肇庆等地各县区的平地占比普遍较高；广东省东翼、西翼和北翼山区的地市平地占比普遍较低。

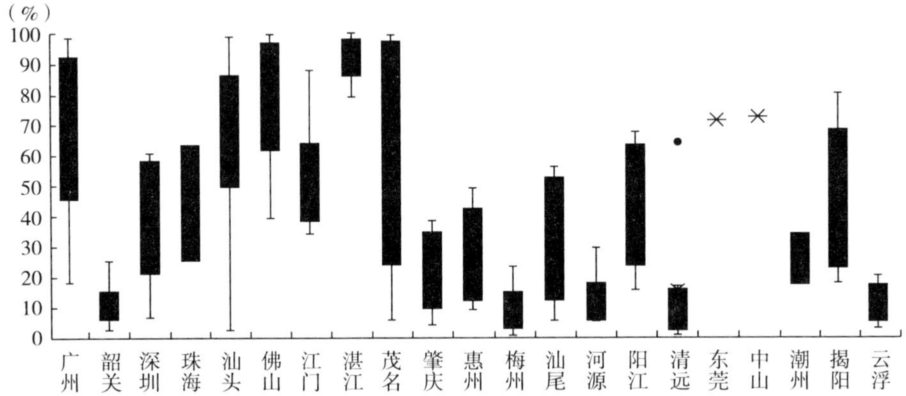

图 6－1　广东省各地市平地面积占比箱型图

2. 水域栅格的获取

对水域遥感提取的研究主要集中在两个方面：一是对河流、湖泊大尺度水体的提取；二是对局部地区，细小水体的提取。两类模型在水体信息的提取上都存在一定的局限性，Landsat 中国内陆水体数据集综合了各类模型的特点，实现了大范围下水体信息的精确提取（陈张丽等 2012；翟辉琴，2006）。

因此，对广东省水域栅格的获取选取采用 Landsat 中国内陆水体数据集，分辨率为 30 米。数据来自中国科学院数据云平台。通过对 26 幅元数据图像的拼接和裁剪得到广东省水域栅格图。在水域栅格的基础上通过重分类，将水域区的栅格值定为 0，表示这些区域是不能供人类居住的。

经过栅格计算，广东省水域面积约为 3436 平方千米，分布特点为珠江三角洲盆地的水域分布较为密集，沿海地区比内陆地区水域分布更为密集。

3. 林地、保护区栅格的获取

林地和保护区作为生态调节用地，应该属于不适宜人类居住的范畴。而这些区域往往夹杂在其他功能区中，因此，从栅格的角度准确提取林地和保护区的范围就非常重要了。

对林地的提取采用 GlobCover 全球陆地覆盖数据，GlobCover 全球陆地覆盖数据分辨率为 300 米，数据格式为 TIF 格式，拍摄时间为 2009 年。GlobCover 全球陆地覆盖数据的原始数据来自 Envisat 卫星，由 MERIS（Medium Resolution Imaging Spectrometer）传感器拍摄完成。在数据生成过程中主要选取 MERIS 传感器在 2009 年 1 月 1 日至 12 月 31 日所接收的较高质量的影像数据来进行图像合成（宁佳等，2012；牛振国等，2012）。GlobCover 全球陆地覆盖数据采用美国粮农组织的地表覆盖分类系统（UN Food and Agriculture Organisation's Land Cover Classfication）作为图例生成标准。

根据图例标准，将其中的林地、荒漠和冰川部分进行重分类，生成独立的林地栅格，属于林地的栅格，其栅格属性值被界定为 0，表示这些区域是不适于人类居住的。

对于保护区的提取，由于广东省的生态保护区较多且大部分面积较小，也无法获取所有保护区的栅格或矢量边界，为此，仅将面积较大的（500 平方千米以上）少数保护区进行绘图，手绘的依据是各保护区公开发布的 Jpeg 格式的保护区边界图。手绘完成后，利用 ArcGIS 转换工具将其转换为 300 米分辨率的栅格数据，通过重分类将属于保护区的栅格的属性值界定为 0。

将林地栅格与保护区栅格的栅格值相乘，即可得到林地与保护区栅格图。广东省林地主要分布在粤东、粤西北的山地或丘陵地区，经过栅格计算，广东省林地与保护区面积合计约为8.2万平方千米，约占区域总面积的45%。

4. 宜居区栅格的确定

在分别获得了平地、水域、林地与保护区栅格的基础上，应用ArcGIS软件平台中的数学工具即可获得宜居区的栅格图，即将前述的几个栅格图层依次相乘，则非宜居区的部分的栅格属性全部为0，宜居区部分的栅格数据全部为1，形成了宜居区栅格图层。

广东省的宜居区域主要分布在珠三角盆地及粤东和粤西的沿海地区，粤北地区的可居住区域较少。经过区域统计，广东省全省的宜居区面积 S_h 为45554.13平方千米，约占全省总面积的25.6%。

（二）粮食单产水平 *Y* 的确定

对于一个区域，随着其中生物生产功能区农业发展水平的提升，劳动生产率上升，这就意味着出产同样的粮食所需要的劳动力会减少，因此生物生产功能区的人口密度也会随之下降。但是，整个区域的人口容量如何变化，还要受到粮食单产水平的影响。

粮食单产水平受多种因素的影响，其中最主要的两个是农业技术水平和土地耕作方式（高倩倩等，2010；吕海燕等，2013）。农业技术水平的提高会带动粮食单产水平的提高，集约型的生产方式也会比粗放式或规模化的耕作方式带来更高的单产水平。以水稻为例，水稻是广东省的主要粮食品种，2012年广东省水稻种植面积达1949000公顷（早稻与晚稻面积总和），但广东省的水稻单产并不高，亩产只有362千克，只能算作是水稻的低产区，与高产区江苏省的水稻单产（424千克）相比有很大的差异，因此广东省的农业生产方式属于相对比较粗放的形式。

在城市化和工业化发展进程中，劳动力务农机会成本（为选择务农而丧失的工资性收入）的提高是近年来世界农业发展的重要特征。陈瑜琦等（2010）对劳动力机会成本上升对区域耕地利用变化影响的研究表明，伴随机会成本上升，劳动集约度迅速下降，资本集约度中增产性投入有所减少，省工性投入增加，农户通过增大机械投入来替代劳动力的现象明显；耕地利用中增产性投入的减少在粮食生产中的表现为劳动力机会成本较高的农户粮食单产水平相对较低。可见，广东省的快速城市化过程对生物生产功能区粮食单产水平的上升形成了抑制作用。

综合以上分析，本书认为，对广东省粮食单产水平的设定不适于使用发达农业技术条件下的粮食单产水平，通过对广东省历年粮食单产水平变化的分析来预测其在未来一段时间内的单产水平更为合适。

从图 6－2 对广东省 1980～2012 年粮食单产水平的分析发现，自 1980 年以来，广东省单位面积粮食产量处于波动变化状态。在 20 世纪处于增长状态中，并于 1999 年达到最大值 394 千克/亩；2000～2008 年，处于波动起伏状态，最低时的 2004 年和 2008 年，粮食亩产仅为 332 千克，相当于 1995 年的水平；从 2009 年开始，粮食单产水平开始逐步上升，至 2012 年上升到 366.5 千克/亩。

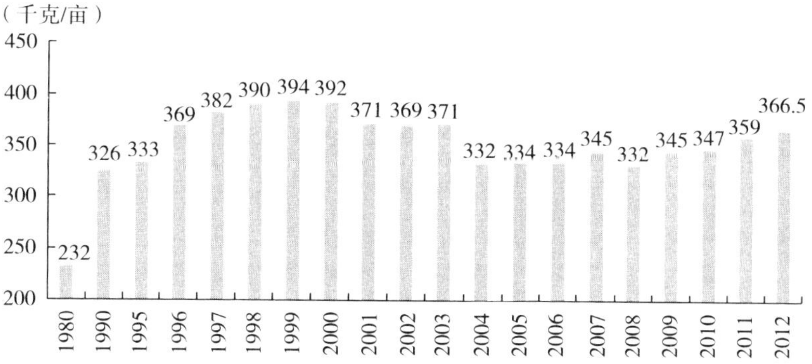

图 6－2 1980～2012 年广东省粮食单产水平变化

资料来源：《广东省农村统计年鉴》。

相关研究表明，2004 年开始实施的种粮补贴政策对广东省粮食产量的回升起到了积极的作用（王日强，2010；罗锋等，2012）。然而，发达国家的经验表明，靠补贴政策而非市场竞争来提高农民种粮积极性和粮食单产水平的做法是不能长久起作用的。

最典型的例子就是澳大利亚和新西兰，这两个发达农业国家的农业生产水平的大幅度提升都是在补贴政策取消、政府职能转变后，在市场竞争中逐渐实现的（刘红梅等，2008；杨杰生，2013；赵锋等，2013）。19 世纪30年代的大萧条时，新西兰政府开始保证农产品的价格。大萧条后，保证价格变成最低保护价格。为了保护农户利益，政府继续抵消国际市场价格的波动。因为政府的干预，越来越多的农民依赖政府而不是依靠市场。最后发现，由于政府干预过多，加之全球经济结构转变的影响，到了20世纪70年代，新西兰的农业经济景气值滑入低谷。80年代，新西兰政府实行了影响巨大的农业和经济管理体制改革，包括减少农业补贴占农户收入的比例，增加用于农业研究的投资比例。1984年11月的国家预算基本上彻底废除了农业生产补贴和农业出口刺激项目，农产品的最低保护价格也被取消。这些改革奠定了新西兰农业迅速发展的基础。

为此，本书对广东省在未来相当长一段时间的粮食单产水平作保守估计，广东省在未来一段时间的粮食单产水平的最大值为400千克/亩，即Y值设定为400。

（三）人均粮食消费量X的确定

广东省2012年实际人均粮食消费水平为401千克。《国家粮食安全需求中长期规划纲要（2008～2020年）》预测2020年人均粮食消费量为395千克（国家发展和改革委员会，2008），国务院粮食白皮书《中国的粮食问题》提出2030年人均粮食消费量为400千克。

封志明等（2007）考虑到中国粮食生产与食物消费的现状与趋势，确立中国未来人口的食物消费结构和膳食营养水平，综合推算人均粮食需求，其研究认为，未来人口发展的人均粮食需求在2010年为400～410千克、2020年为420～435千克、2030年人口高峰时期应在450～470千克的水平。陈玲玲等（2009）应用经验模态（EMD）方法进行分析，根据阶段性目标以及中国粮食生产与食物消费的现状与趋势，综合推算基于未来人口发展的人均粮食需求，其推算结果与封志明的研究结果基本相同。

鉴于封志明等的预测较为符合广东省的情况，确定广东省的人均粮食消费水平在2020年为430千克，2030年为450千克。

（四）各功能区人口密度标准的设定

根据第四章对各功能区人口密度标准的比较研究，按现代高收入国家或地区的人居标准，人文发展功能区的适宜人口密度d_3为4000人/平方千米。

对于生物生产功能区，广东省的地形多低山，平地相对较少，最集中的平地位于珠江三角洲地区，但已经被开发用于人文发展。广东整体上属于土地资源稀缺的省份，不适合进行规模经营。因此，在确定广东省生物生产功能区的适宜人口密度时，主要考虑集约农业和设施农业两种条件，即在农业发展达到发达水平时，以集约农业的适宜人口密度为标准，当农业进一步发展达到高度发达水平时，因为土地产出率更高，设施农业将成为广东省农业发展的选择，这时应以设施农业下的适宜人口密度作为标准。因此生物生产功能区的适宜人口密度 d_2 在发达农业水平下应为 750 人/平方千米，在高度发达农业水平下应为 220 人/平方千米。

二、不同发展情景下广东省适宜人口容量估算

本节运用基于土地功能定位的人口容量模型对广东省的人口容量进行估算。结合广东省的实际情况，在估算时，对模型中的一些参数设置了不同的情景，如表 6－1 所示，对生物生产功能区的人口密度标准设置了农业发达水平和农业高度发达水平两种条件下的人口密度标准；对人均粮食消费水平设置了 2020 年的预期水平和 2030 年的预期水平。

表 6－1 广东省人口容量估算的情景设置

指标	年份	农业发展水平	
		发达	高度发达
人均粮食消费水平	2020	情景 1： $d_2=750$，$X=430$	情景 2： $d_2=220$，$X=430$
	2030	情景 3： $d_2=750$，$X=450$	情景 4： $d_2=220$，$X=450$

（一）情景1

在情景1模式下，广东省人口密度估算模型的各项参数情况如下：

总面积 $S=179902.55$ 平方千米。

宜居区面积 $S_h=45554.13$ 平方千米。

生物生产功能区适宜人口密度 $d_2=750$ 人/平方千米。

人文发展功能区适宜人口密度 $d_3=4000$ 人/平方力千米。

人均粮食消费量 $X=430$ 千克。

生物生产功能区粮食单产水平 $Y=400$ 千克/亩。

先将上述参数代入自给自足条件下的人口密度估算模型中：

$$\begin{cases} C = S_2 d_2 + S_3 d_3 \\ S_2 = \dfrac{S_h}{1 + \dfrac{\frac{Y}{X} - d_2}{d_3}} \\ S_3 = S_h - S_2 \end{cases}$$

得到 $S_2=30164.81$ 平方千米，$S_3=15389.32$ 平方千米，$C=84180875$ 人。

可见，在粮食自给自足条件下，以情景1的参数模式估算，广东省生物生产功能区与人文发展功能区的最佳比例为1.96：1，可容纳的总人口约为8400万人。

在开放模式下，考虑粮食自给率的情况，用上述参数估算人口容量：

$$\begin{cases} C = S_2 d_2 + S_3 d_3 \\ S_2 = \dfrac{S_h}{1 + \dfrac{\frac{Y}{X \times k} - d_2}{d_3}} \\ S_3 = S_h - S_2 \end{cases}$$

基于不同的粮食自给率，测算情景1模式下的人口容量如表6－2所示。

表 6 - 2　情景 1 模式下不同粮食自给率对应的功能分区及人口容量

k	S_2（平方千米）	S_2/S_h（%）	S_3（平方千米）	S_3/S_h（%）	C（人）
0.1	5848.34	13	39705.79	87	163209423
0.2	10591.84	23	34962.29	77	147793054
0.3	14516.55	32	31037.58	68	135037717
0.4	17817.65	39	27736.48	61	124309167
0.5	20632.81	45	24921.32	55	115159881
0.6	23061.99	51	22492.14	49	107265060
0.7	25179.47	55	20374.66	45	100383254
0.8	27041.62	59	18512.51	41	94331244
0.9	28692.01	63	16862.12	37	88967480
1.0	30164.81	66	15389.32	34	84180875

注：k 为粮食自给率；S_2 为生物生产功能区面积；S_3 为人文发展功能区面积；S_2/S_h 为生物生产功能区面积占宜居区总面积的比例；S_3/S_h 为人文发展功能区面积占宜居区总面积的比例；C 为人口容量。下同。

（二）情景 2

在情景 2 模式下，广东省人口密度估算模型的各项参数情况如下：

总面积 $S=179902.55$ 平方千米。

宜居区面积 $S_h=45554.13$ 平方千米。

生物生产功能区适宜人口密度 $d_2=220$ 人/平方千米。

人文发展功能区适宜人口密度 $d_3=4000$ 人/平方千米。

人均粮食消费量 $X=430$ 千克。

生物生产功能区粮食单产水平 $Y=400$ 千克/亩。

将上述参数代入人口密度估算模型中，得到不同粮食自给率水平下的人口容量如表 6 - 3 所示。

表 6 - 3　情景 2 模式下不同粮食自给率对应的功能分区及人口容量

k	S_2（平方千米）	S_2/S_h（%）	S_3（平方千米）	S_3/S_h（%）	C（人）
0.1	5750.52	13	39803.61	87	160479563
0.2	10275.28	23	35278.85	77	143375970

续表

k	S_2（平方千米）	S_2/S_h（%）	S_3（平方千米）	S_3/S_h（%）	C（人）
0.3	13928.45	31	31625.68	69	129566978
0.4	16939.75	37	28614.38	63	118184278
0.5	19464.68	43	26089.45	57	108640048
0.6	21612.26	47	23941.87	53	100522160
0.7	23461.22	52	22092.91	48	93533106
0.8	25069.78	55	20484.35	45	87452736
0.9	26481.98	58	19072.15	42	82114653
1.0	27731.69	61	17822.44	39	77390750

（三）情景3

在情景3模式下，广东省人口密度估算模型的各项参数情况如下：

总面积 $S = 179902.55$ 平方千米。

宜居区面积 $S_h = 45554.13$ 平方千米。

生物生产功能区适宜人口密度 $d_2 = 750$ 人/平方千米。

人文发展功能区适宜人口密度 $d_3 = 4000$ 人/平方千米。

人均粮食消费量 $X = 450$ 千克。

生物生产功能区粮食单产水平 $Y = 400$ 千克/亩。

将上述参数代入人口密度估算模型中，得到不同粮食自给率水平下的人口容量如表6-4所示。

表6-4　情景3模式下不同粮食自给率对应的功能分区及人口容量

k	S_2（平方千米）	S_2/S_h（%）	S_3（平方千米）	S_3/S_h（%）	C（人）
0.1	6090.80	13	39463.33	87	162421411
0.2	10987.93	24	34566.20	76	146505745
0.3	15010.97	33	30543.16	67	133430861
0.4	18374.78	40	27179.35	60	122498501
0.5	21229.11	47	24325.02	53	113221915
0.6	23681.57	52	21872.56	48	105251419

续表

k	S_2（平方千米）	S_2/S_h（%）	S_3（平方千米）	S_3/S_h（%）	C（人）
0.7	25811.45	57	19742.68	43	98329319
0.8	27678.46	61	17875.67	39	92261529
0.9	29328.44	64	16225.69	36	86899086
1.0	30797.16	68	14756.97	32	82125755

（四）情景4

在情景4模式下，广东省人口密度估算模型的各项参数情况如下：

总面积 $S = 179902.55$ 平方千米。

宜居区面积 $S_h = 45554.13$ 平方千米。

生物生产功能区适宜人口密度 $d_2 = 220$ 人/平方千米。

人文发展功能区适宜人口密度 $d_3 = 4000$ 人/平方千米。

人均粮食消费量 $X = 450$ 千克。

生物生产功能区粮食单产水平 $Y = 400$ 千克/亩。

将上述参数代入人口密度估算模型中，得到不同粮食自给率水平下的人口容量如表6-5所示。

表6-5　情景4模式下不同粮食自给率对应的功能分区及人口容量

k	S_2（平方千米）	S_2/S_h（%）	S_3（平方千米）	S_3/S_h（%）	C（人）
0.1	5984.78	13	39569.35	87	159594062
0.2	10647.63	23	34906.50	77	141968461
0.3	14382.99	32	31171.14	68	127848812
0.4	17442.55	38	28111.58	62	116283676
0.5	19994.50	44	25559.63	56	106637320
0.6	22155.48	49	23398.65	51	98468803
0.7	24008.95	53	21545.18	47	91462678
0.8	25616.19	56	19937.94	44	85387310
0.9	27023.21	59	18530.92	41	80068777
1.0	28265.23	62	17288.90	38	75373948

三、基于主体功能区划的广东省适宜人口容量估算

广东省国土总面积为179902.55平方千米，其中可居住区域总面积为45554.13平方千米。2012年实际常住人口为10579.22万人，保证粮食自给自足是不可能的。国家主体功能区规划给广东省划定了56939.5平方千米的农产品主产区，其中包含的可居住区域面积为15254平方千米，如果其他可居住区域全部规划为人文发展区，则广东省的最大人口容量为：

（一）在发达农业条件下

即生物生产功能区人口密度为750人/平方千米时，

$C \approx S_2 \times d_2 + S_3 \times d_3 = 15254 \times 750 + (45554.13 - 15254) \times 4000 = 13264.10$（万人）

也就是说，在国家主体功能区规划框架约束下，广东省农业达到发达水平时的适宜人口容量为1.33亿人，在人均粮食消费量为430千克的消费水平时（情景1），粮食自给率最多可达32.09%；在人均粮食消费量为450千克的消费水平时（情景3），粮食自给率最多可达30.67%。

（二）在高度发达农业条件下

即生物生产功能区人口密度为220人/平方千米时，

$C \approx S_2 \times d_2 + S_3 \times d_3 = 15254 \times 220 + (45554.13 - 15254) \times 4000 = 12455.64$（万人）

也就是说在国家主体功能区规划框架约束下，广东省农业发展达到高度发达水平时的适宜人口容量约为1.25亿人，在人均粮食消费量为430千克的消费水平时（情景2），粮食自给率最多可达34.18%；在人均粮食消费量为450千克的消费水平时（情景4），粮食自给率最多可达32.66%。

四、本章小结

本章在第三章和第四章对适宜人口密度分析的基础上，运用第五章构建的基于土地功能定位的人口容量估算模型，通过对宜居区面积、人均粮食消费量、粮食自给率及各功能区人口密度标准等参数的设定，得出不同粮食自给率条件下区域内生物生产功能区与人文发展功能区的面积比例，进而估算出一个地区达到高收入国家或地区的人居标准时的适宜人口容量。

为检验该模型的有效性，将模型用于对广东省省域人口容量的估算。估算了 4 种情景下广东省在不同粮食自给率条件下的适宜人口容量，然后将广东省主体功能区划下生物生产功能区与人文发展功能区的面积比例代入模型进行运算。

结果表明，在广东省主体功能区划规定的生物生产功能区与人文发展功能区的比例条件下，当广东省农业发展达到发达水平时，广东省的适宜人口容量约为 1.33 亿人，在人均粮食消费量为 430 千克的消费水平，粮食自给率最多可达 32.09%；在人均粮食消费量为 450 千克的消费水平时，粮食自给率最多可达 30.67%。

当广东省农业发展达到高度发达农业水平时，广东省的适宜人口容量为 1.25 亿人，在人均粮食消费量为 430 千克的消费水平时，粮食自给率最多可达 34.18%；在人均粮食消费量为 450 千克的消费水平时，粮食自给率最多可达 32.66%。

第七章 广东省市域适宜人口容量估算的实证研究

本章利用第五章的适宜人口容量估算模型对广东省21市的适宜人口容量进行估算，以期得出符合各地市地域功能的人口容量，为广东省各地市的人口发展规划及研究提供参考。

一、基于适宜人口容量估算模型的广东省市域人口容量

（一）广东省市域适宜人口容量估算的参数设定

1. 广东省21市宜居区面积的测算

结合广东省宜居区栅格图和广东省21市矢量边界图，运用ArcGIS区域统计分析模块，量算21市的宜居区面积。

考虑到广东省有4114千米的大陆海岸线和2428千米的岛屿岸线，基于栅格的宜居区面积提取会受栅格精度限制而无法包含海陆边界区的部分宜居区，这种误差在省级层面的大尺度范围内产生的影响不大，但在地市层面上，尤其是对部分沿海地市的宜居区面积造成较大的误差。此外，广东沿海地区不断开展的填海造地项目也在一定程度了扩大了这些地市的宜居区面积。为此，将本书得到的广东省宜居区栅格与最新的Google Earth遥感图像进行比较，识别和量算沿海地区被漏算的宜居区的面积（见图7-1）。

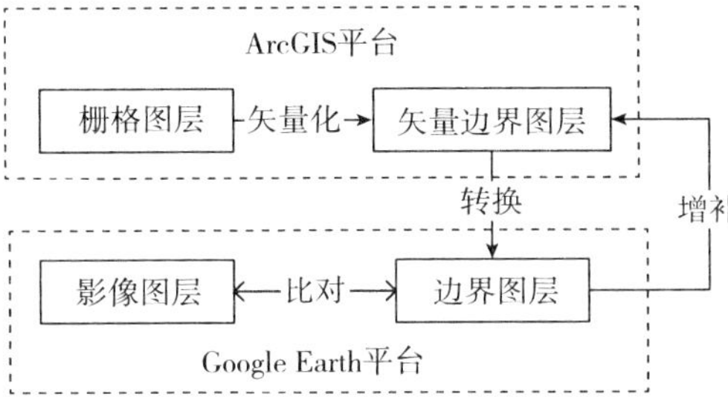

图7－1　广东省宜居区面积增补流程图

以汕头市龙湖区为例来说明对海岸线附近需要增补的宜居区进行识别的方法。首先将广东省宜居区栅格图矢量化，形成与栅格图覆盖范围一致的广东省矢量边界图，将其转换后导入 Google Earth 中；其次根据遥感图像来识别矢量边界外的宜居区，并运用 Google Earth 中的面积量算工具来确定其面积。

结合以上的增补，最终确定了广东省 21 市的宜居区面积，如表 7－1 所示：

表7－1　广东省21市宜居区面积及比例

编号	地市	总面积		宜居区面积		宜居区面积占比	
		数值（平方千米）	排序	数值（平方千米）	排序	数值（%）	排序
1	广州	7287	12	2981.88	3	41	8
2	韶关	18385	2	1985.22	11	11	19
3	深圳	1953	19	860.00	19	44	6
4	珠海	1654	21	698.27	21	42	7
5	汕头	2248	18	1074.38	17	48	5
6	佛山	3848	15	2590.65	6	67	2
7	江门	9541	9	3841.88	2	40	9
8	湛江	13225	6	8911.89	1	67	1
9	茂名	11425	7	2963.45	4	26	13
10	肇庆	14822	5	2010.87	10	14	16
11	惠州	11356	8	2856.01	5	25	14
12	梅州	15876	3	1164.15	15	7	21
13	汕尾	4902	14	1705.5	12	35	11
14	河源	15642	4	1227.78	14	8	20
15	阳江	7965	10	2307.78	8	29	12

续表

编号	地市	总面积		宜居区面积		宜居区面积占比	
		数值（平方千米）	排序	数值（平方千米）	排序	数值（%）	排序
16	清远	19153	1	2370.96	7	12	18
17	东莞	2472	17	1512.09	13	61	4
18	中山	1800	20	1101.51	16	61	3
19	潮州	3100	16	705.78	20	23	15
20	揭阳	5266	13	2084.76	9	40	10
21	云浮	7779	11	982.62	18	13	17

2. 广东省各地市粮食单产水平的确定

结合广东省各地市历年的粮食亩产，对广东省21市的粮食单产水平进行预测，设定广东省各地市未来一段时间的粮食最大单产水平。广东省各地市粮食亩产水平的变化趋势如图7－2所示。

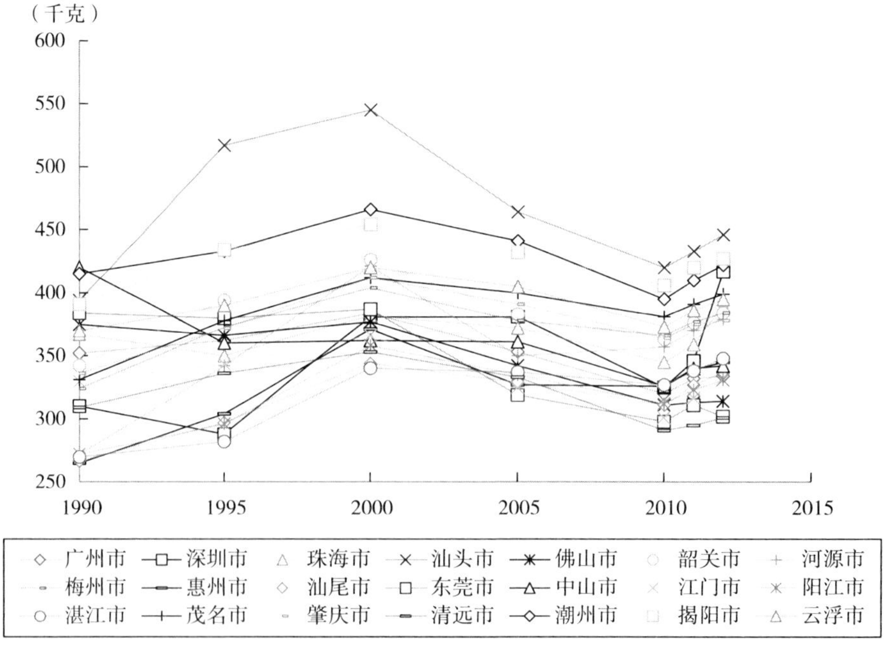

图7－2　1990～2015年广东省21市粮食亩产变化

从图 7－2 可以看出，广东省 21 市粮食产量变化的趋势是基本相同的，在经历了 21 世纪初的产量下降后，开始稳步回升，但大部分地市的粮食亩产仍低于历史最高水平。

结合各省的粮食单产数据及其变化趋势，设定各市未来一段时间粮食亩产的适宜值，如表 7－2 所示。

表 7－2　广东省 21 市粮食亩产设定值　　单位：千克

地市	亩产	地区	亩产	地区	亩产
广州市	390	梅州市	410	湛江市	370
深圳市	560	惠州市	380	茂名市	420
珠海市	410	汕尾市	360	肇庆市	420
汕头市	550	东莞市	400	清远市	370
佛山市	380	中山市	420	潮州市	470
韶关市	430	江门市	370	揭阳市	460
河源市	430	阳江市	360	云浮市	430

3. 人均粮食消费量的确定

在对广东省的人均粮食消费水平进行确定时，设定了两个水平，分别是 2020 年为 430 千克，2030 年为 450 千克。鉴于各地市经济发展水平及区位优势的不同，对各地市的人均粮食消费量进行差别化的设定。由于人均粮食消费量是经济发展水平和人们生活水平的重要表征，因此可根据各地市的经济发展水平，即人均 GDP 水平，来确定各地市在未来一段时间的人均粮食消费量。

广东省按经济发展区分为 4 个大区，即珠三角地区、东翼地区、西翼地区和粤北山区。四个区域的经济发展状况的变化趋势如图 7－3 所示。

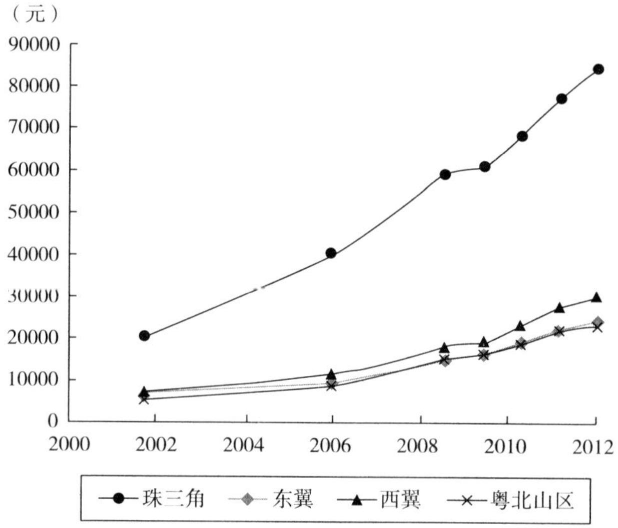

图 7－3　2002～2012 年广东省珠三角、东翼、西翼、粤北山区人均 GDP 变化

从图 7－3 可以看出，珠三角地区的经济发展水平明显高于其他 3 个地区，东翼和粤北山区的人均 GDP 水平基本一致，西翼的人均 GDP 略高于东翼和粤北山区，但差异不大。

基于以上分析，将广东省的 21 市分成两个部分来确定人均粮食消费量。将珠三角 9 市的人均粮食消费量确定为 450 千克，这 9 市为珠江沿岸的广州、深圳、佛山、珠海、东莞、中山、惠州、江门、肇庆。将东西两翼及粤北山区的人均粮食消费量确定为 430 千克，其中东翼地区包括汕头、潮州、揭阳、汕尾 4 市，西翼地区包括湛江、茂名、阳江 3 市，粤北山区包括韶关、梅州、清远、河源和云浮 5 市。

4. 各功能区人口密度标准的设定

根据第四章对各功能区人口密度标准的比较研究，按现代高收入国家或地区的人居标准，人文发展功能区的适宜人口密度 d_3 为 4000 人/平方千米。

对于生物生产功能区，根据上一章的分析（见第六章），在农业发展达到发达水平时，以集约农业的适宜人口密度为标准，当农业进一步发展达到高度发达水平时，应以设施农业下的适宜人口密度作为标准。因此生物生产功能区的适宜人口密度 d_2 在农业发达水平下应为750 人/平方千米，在农业高度发达水平下应为220 人/平方千米。

（二）广东省市域适宜人口容量的估算结果及分析

本节将各地市设定的参数代入人口密度模型中，对广东省21 市的人口密度模型进行估算。

1. 广州、深圳、东莞

由于广州、深圳、东莞3 市均为高度城市化地区，尤其深圳市已基本实现完全城市化，整个区域已全部或大部分为人文发展区，故将3 市放在一起进行分析，对其人口密度模型的各参数值进行设置，并计算其适宜人口容量，结果如表7 -3 所示。

表7 -3 广州、深圳、东莞3 市的适宜人口容量计算结果

地区 指标	广州	深圳	东莞
总面积（平方千米）	7287	1953	2472
宜居区面积（平方千米）	2981.88	860.00	1512.09
人文发展功能区面积（平方千米）	2981.88	860.00	1512.09
人文发展功能区适宜人口密度（人/平方千米）	4000	4000	4000
适宜人口容量（人）	11927520	3440000	6048360

从表7 -3 可以看出，以高收入国家或地区人文发展功能区的适宜人口密度为标准，广州市的适宜人口容量约为1200 万人、深圳的适宜人口容量为344 万人、东莞的适宜人口容量约为605 万人。

广州、深圳、东莞3 市2012 年人口数已分别达到1283.89 万人、1054.74 万人及829.23 万人，均已超出了适宜人口容量，深圳和东莞的人口已经远大于其适宜人口容量。

广州、深圳和东莞是广东乃至全国的发达城市，改革开放以来，这几个城市飞速发展，人口迅速扩张。按照发达国家城市发展的规律，随着城市经济发展水平的提升，在产业结构转变的带动下，城市人口会经历一个先升后降最后稳定的过程。

以美国的华盛顿特区为例，对其自1800年以来的人口数据和自1930年以来的人均收入水平数据进行分析，如图7－4所示。不难发现，随着人均收入的提升，华盛顿特区的人口密度经历了先上升后下降再稳定的过程。具体来说，当人均收入水平在2000美元以下时，宜居区人口密度处于增长阶段，其中1800～1840年增长较为缓慢，1840～1930年增长速度加快。1930～1950年属于人口高速增长阶段；当人均收入水平处于2000～5000美元时，宜居区人口密度达到最大值并总体处于稳定阶段；当人均收入处于5000～40000美元时，人口密度总体进入下降阶段；当人均收入达到40000美元以上时，人口密度基本稳定下来，并且根据第四章的分析，这时的人口密度比较有利于人地关系的协调。

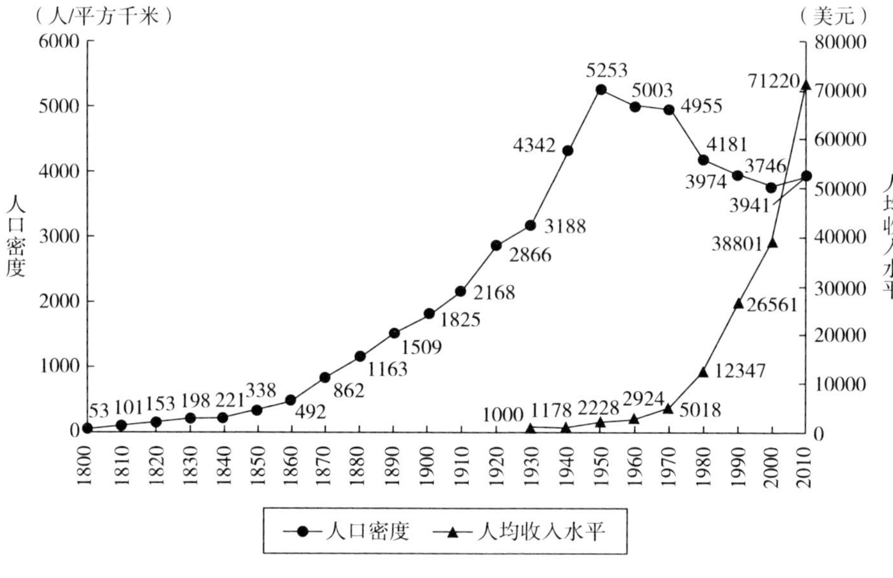

图7－4 美国华盛顿特区宜居区人口密度与人均收入水平的变化

资料来源：美国国家统计局。

为了对广州、深圳、东莞3市当前的人口发展状态进行初步评估，收集了3市2000年以来的年末常住人口数据和城镇人均可支配收入数据，分析3市的人口与经济发展的动态关系，结果如图7－5所示。

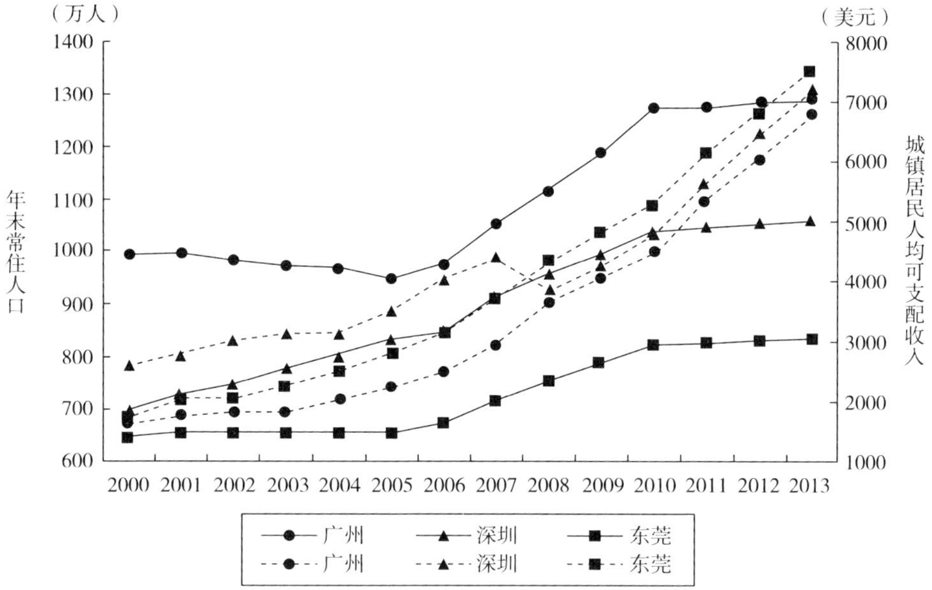

图 7－5　广州、深圳、东莞 3 市 2000～2013 年的人口及城镇居民可支配收入变化

注：实线表示年末常住人口，虚线表示城镇居民人均可支配收入，汇率按当年汇率计算。

资料来源：《广东省统计年鉴》。

将图 7－5 中广州、深圳、东莞 3 市与图 7－4 中美国华盛顿特区的发展历程进行对比，可以初步发现一些相似性。2000～2010 年，广州、深圳、东莞 3 市的城镇居民人均可支配收入介于 2000～5000 美元，对应于华盛顿特区 1950～1970 年的收入水平，华盛顿特区在当时人口密度基本达到最大值并逐步稳定。而广州、深圳、东莞 3 市的人口增长从 2010 年开始也逐步放缓。

也就是说，按照美国华盛顿特区的发展经验，广州、深圳、东莞 3 市的宜居区人口密度应该达到了最大值。未来，3 市如果经济政策措施得当，经济能够稳步发展的话，人口密度应该会稳定并逐步下降，直到达到 40000 美元的高收入水平时，人口密度将稳定在适宜人口密度 4000 人/平方千米的水平。

因此，从经济发展与人口变化的动态关系来看，本书对广州、深圳及东莞等市的人口容量估计是基于其在未来高度发达水平下的适宜人口容量。也就是说，当前深圳等城市的人口容量超过适宜人口容量具有一定的历史必然性，但如果政策措施得当，随着其经济发展和产业升级，人口最终会逐渐回落并稳定在适宜人口容量的水平。

综上所述，本书对于广州、深圳、东莞等发达城市地区的适宜人口容量估算的意义在于，一方面为其提供了在达到高收入水平时适宜人口容量的参考值；另一方面为区域发展的产业政策和人口政策的制定和调整的时机选择提供了参考依据。

2. 韶关市

韶关人口密度模型的各参数值如下：

总面积 $S=18385$ 平方千米。

宜居区面积 $S_h=1985.22$ 平方千米。

生物生产功能区适宜人口密度：

农业发达水平下：$d_2=750$ 人/平方千米。

农业高度发达水平下：$d_2=220$ 人/平方千米。

人文发展功能区适宜人口密度 $d_3=4000$ 人/平方千米。

人均粮食消费量 $X=430$ 千克。

生物生产功能区粮食单产水平 $Y=430$ 千克/亩。

将上述值代入人口密度模型中，得到的结果如表 7－4 所示。

从表 7－4 可以看出，在农业发达水平下，韶关若要粮食自给自足，则生物生产功能区的面积占宜居区面积的比例应该不少于 64%，此时的适宜人口容量为 3811622 人；在农业高度发达水平下，韶关若要粮食自给自足，则生物生产功能区的面积占宜居区面积的比例应该不少于 59%，此时的适宜人口容量为 3513664 人。

若粮食自给率为 0，宜居区全部用于人文发展功能，此时的适宜人口容量为 7940880 人，也是韶关适宜人口容量的最大值。

2012 年韶关人口数已达 286.87 万人，若对应农业发达水平，则其粮食自给率可达 160%，若对应农业高度发达水平，则其粮食自给率可达 140%。表明这个区域还有一定的人口容量富余空间，未来还可容纳更多人口。

表 7－4　韶关市人口容量估算结果

k	农业发达水平					农业高度发达水平				
	S_2（平方千米）	S_2/S_h（%）	S_3（平方千米）	S_3/S_h（%）	C（人）	S_2（平方千米）	S_2/S_h（%）	S_3（平方千米）	S_3/S_h（%）	C（人）
0	0	0	1985	100	7940880	0	0	1985	100	7940880
0.1	239	12	1746	88	7164704	235	12	1750	88	7052291
0.2	435	22	1550	78	6526751	423	21	1562	79	6342556
0.3	599	30	1386	70	5993117	576	29	1409	71	5762612
0.4	739	37	1247	63	5540149	704	35	1281	65	5279840
0.5	858	43	1127	57	5150841	812	41	1173	59	4871706
0.6	963	48	1023	52	4812655	904	46	1081	54	4522141
0.7	1054	53	931	47	4516140	985	50	1001	50	4219384
0.8	1134	57	851	43	4254043	1055	53	931	47	3954622
0.9	1206	61	779	39	4020699	1116	56	869	44	3721125
1.0	1271	64	715	36	3811622	1171	59	814	41	3513664

注：k 为粮食自给率；S_2 为生物生产功能区面积；S_3 为人文发展功能区面积；S_2/S_h 为生物生产功能区面积占宜居区总面积的比例；S_3/S_h 为人文发展功能区面积占宜居区总面积的比例；C 为人口容量。下同。

3. 珠海市

珠海人口密度模型的各参数值如下：

总面积 $S=1654$ 平方千米。

宜居区面积 $S_h=698.27$ 平方千米。

生物生产功能区适宜人口密度：

农业发达水平下：$d_2=750$ 人/平方千米。

农业高度发达水平下：$d_2=220$ 人/平方千米。

人文发展功能区适宜人口密度 $d_3=4000$ 人/平方千米。

人均粮食消费量 $X=450$ 千克。

生物生产功能区粮食单产水平 $Y=410$ 千克/亩。

将上述值代入人口密度模型中，得到的结果如表 7－5 所示。

从表 7－5 可以看出，在农业发达水平下，珠海若要粮食自给自足，则生物生产功能区的面积占宜居区面积的比例应该不少于 67%，此时的适宜人口容量为 1275947 人；在农业高度发达水平下，珠海若要粮食自给自足，则生物生产功能区的面积占宜居区面积的比例应该不少于 61%，此时的适宜人口容量为 1172122 人。

若粮食自给率为 0，宜居区全部用于人文发展功能，此时的适宜人口容量为 2793080 人，也是珠海适宜人口容量的最大值。

2012 年珠海人口数已达 158.26 万人，若对应农业发达水平，则其粮食自给率为 64.33%，若对应农业高度发达水平，则其粮食自给率为 55.31%。

4. 汕头市

汕头人口密度模型的各参数值如下：

总面积 $S=2248$ 平方千米。

宜居区面积 $S_h=1074.38$ 平方千米。

生物生产功能区适宜人口密度：

农业发达水平下：$d_2=750$ 人/平方千米。

农业高度发达水平下：$d_2=220$ 人/平方千米。

人文发展功能区适宜人口密度 $d_3=4000$ 人/平方千米。

人均粮食消费量 $X=430$ 千克。

生物生产功能区粮食单产水平 $Y=550$ 千克/亩。

将上述值代入人口密度模型中，得到的结果如表 7－6 所示。

表 7－5　珠海市人口容量估算结果

k	农业发达水平					农业高度发达水平				
	S_2（平方千米）	S_2/S_h（%）	S_3（平方千米）	S_3/S_h（%）	C（人）	S_2（平方千米）	S_2/S_h（%）	S_3（平方千米）	S_3/S_h（%）	C（人）
0	0	0	698	100	2793080	0	0	698	100	2793080
0.1	91	13	607	87	2496268	90	13	608	87	2453745
0.2	165	24	533	76	2256478	160	23	538	77	2187930
0.3	226	32	472	68	2058720	217	31	482	69	1974078
0.4	277	40	421	60	1892831	263	38	435	62	1798308
0.5	320	46	378	54	1751683	302	43	396	57	1651280
0.6	358	51	340	49	1630125	335	48	363	52	1526477
0.7	390	56	308	44	1524343	363	52	335	48	1419213
0.8	419	60	279	40	1431454	388	56	310	44	1326034
0.9	444	64	254	36	1349235	410	59	289	41	1244336
1.0	467	67	231	33	1275947	429	61	269	39	1172122

表 7－6　汕头市人口容量估算结果

k	农业发达水平					农业高度发达水平				
	S_2（平方千米）	S_2/S_h（%）	S_3（平方千米）	S_3/S_h（%）	C（人）	S_2（平方千米）	S_2/S_h（%）	S_3（平方千米）	S_3/S_h（%）	C（人）
0	0	0	1074	100	4297520	0	0	1074	100	4297520
0.1	103	10	971	90	3961954	102	9	972	91	3912139
0.2	192	18	883	82	3674998	187	17	887	83	3590188
0.3	268	25	806	75	3426801	259	24	815	76	3317198
0.4	335	31	740	69	3210008	321	30	753	70	3082789
0.5	393	37	681	63	3019014	375	35	699	65	2879323
0.6	446	41	629	59	2849471	422	39	652	61	2701051
0.7	492	46	582	54	2697958	464	43	610	57	2543568
0.8	534	50	540	50	2561744	501	47	573	53	2403437
0.9	572	53	502	47	2438624	534	50	540	50	2277940
1.0	606	56	468	44	2326795	564	53	510	47	2164898

从表 7－6 可以看出，在农业发达水平下，汕头若要粮食自给自足，则生物生产功能区的面积占宜居区面积的比例应该不少于 56%，此时的适宜人口容量为 2326795 人；在农业高度发达水平下，汕头若要粮食自给自足，则生物生产功能区的面积占宜居区面积的比例应该不少于 53%，此时的适宜人口容量为 2164898 人。

若粮食自给率为 0，宜居区全部用于人文发展功能，此时的适宜人口容量为 4297520 人，也是汕头适宜人口容量的最大值。

2012 年汕头人口数已达 544.81 万人，已经超过了适宜人口容量的最大值，意味着 2012 年汕头的人口已经超越了适宜人口容量标准，需要考虑从经济方式转变等方式入手，控制人口规模，缓解区域人口压力。

5. 佛山市

佛山人口密度模型的各参数值如下：

总面积 $S=3848$ 平方千米。

宜居区面积 $S_h=2590.65$ 平方千米。

生物生产功能区适宜人口密度：

农业发达水平下：$d_2=750$ 人/平方千米。

农业高度发达水平下：$d_2=220$ 人/平方千米。

人文发展功能区适宜人口密度 $d_3=4000$ 人/平方千米。

人均粮食消费量 $X=450$ 千克。

生物生产功能区粮食单产水平 $Y=380$ 千克/亩。

将上述值代入人口密度模型中，得到的结果如表 7－7 所示。

从表 7－7 可以看出，在农业发达水平下，佛山若要粮食自给自足，则生物生产功能区的面积占宜居区面积的比例应该不少于 69%，此时的适宜人口容量为 4539237 人；在农业高度发达水平下，佛山若要粮食自给自足，则生物生产功能区的面积占宜居区面积的比例应该不少于 63%，此时的适宜人口容量为 4158171 人。

若粮食自给率为 0，宜居区全部用于人文发展功能，此时的适宜人口容量为 10362600 人，也是佛山适宜人口容量的最大值。

2012 年佛山人口数为 726.18 万人，若对应农业发达水平，则其粮食自给率为 33.28%，若对应农业高度发达水平，则其粮食自给率为 28.62%。

表7-7 佛山市人口容量估算结果

k	农业发达水平					农业高度发达水平				
	S_2（平方千米）	S_2/S_h（%）	S_3（平方千米）	S_3/S_h（%）	C（人）	S_2（平方千米）	S_2/S_h（%）	S_3（平方千米）	S_3/S_h（%）	C（人）
0	0	0	2591	100	10362600	0	0	2591	100	10362600
0.1	363	14	2228	86	9184345	356	14	2235	86	9017147
0.2	651	25	1940	75	8246676	630	24	1961	76	7980924
0.3	886	34	1705	66	7482733	848	33	1743	67	7158313
0.4	1081	42	1509	58	6848327	1025	40	1566	60	6489433
0.5	1246	48	1345	52	6313087	1171	45	1419	55	5934873
0.6	1387	54	1204	46	5855447	1295	50	1296	50	5467631
0.7	1509	58	1082	42	5459671	1401	54	1190	46	5068591
0.8	1615	62	976	38	5114010	1492	58	1099	42	4723834
0.9	1709	66	882	34	4809512	1571	61	1019	39	4422990
1.0	1792	69	799	31	4539237	1641	63	949	37	4158171

6. 江门市

江门人口密度模型的各参数值如下：

总面积 $S=9541$ 平方千米。

宜居区面积 $S_h=3841.88$ 平方千米。

生物生产功能区适宜人口密度：

农业发达水平下：$d_2=750$ 人/平方千米。

农业高度发达水平下：$d_2=220$ 人/平方千米。

人文发展功能区适宜人口密度 $d_3=4000$ 人/平方千米。

人均粮食消费量 $X=450$ 千克。

生物生产功能区粮食单产水平 $Y=370$ 千克/亩。

将上述值代入人口密度模型中，得到的结果如表 7－8 所示。

从表 7－8 可以看出，在农业发达水平下，江门若要粮食自给自足，则生物生产功能区的面积占宜居区面积的比例应该不少于 70%，此时的适宜人口容量为 6630883 人；在农业高度发达水平下，江门若要粮食自给自足，则生物生产功能区的面积占宜居区面积的比例应该不少于 64%，此时的适宜人口容量为 6068284 人。

若粮食自给率为 0，宜居区全部用于人文发展功能，此时的适宜人口容量为 15367520 人，也是江门适宜人口容量的最大值。

2012 年江门人口数为 448.27 万人，若对应农业发达水平，则其粮食自给率可达 184%，若对应农业高度发达水平，则其粮食自给率可达 158%。表明这个区域未来还可容纳更多人口。

7. 湛江市

湛江人口密度模型的各参数值如下：

总面积 $S=13225$ 平方千米。

宜居区面积 $S_h=8911.89$ 平方千米。

生物生产功能区适宜人口密度：

农业发达水平下：$d_2=750$ 人/平方千米。

农业高度发达水平下：$d_2=220$ 人/平方千米。

人文发展功能区适宜人口密度 $d_3=4000$ 人/平方千米。

人均粮食消费量 $X=430$ 千克。

生物生产功能区粮食单产水平 $Y=370$ 千克/亩。

将上述值代入人口密度模型中，得到的结果如表 7－9 所示。

表 7-8 江门市人口容量估算结果

k	农业发达水平					农业高度发达水平				
	S_2（平方千米）	S_2/S_h（%）	S_3（平方千米）	S_3/S_h（%）	C（人）	S_2（平方千米）	S_2/S_h（%）	S_3（平方千米）	S_3/S_h（%）	C（人）
0	0	0	3842	100	15367520	0	0	3842	100	15367520
0.1	550	14	3291	86	13578465	540	14	3302	86	13325480
0.2	986	26	2856	74	12162529	954	25	2888	75	11762479
0.3	1340	35	2502	65	11014009	1280	33	2561	67	10527647
0.4	1632	42	2210	58	10063686	1545	40	2297	60	9527450
0.5	1878	49	1964	51	9264330	1764	46	2078	54	8700815
0.6	2088	54	1754	46	8582615	1947	51	1894	49	8006171
0.7	2269	59	1573	41	7994351	2104	55	1738	45	7414242
0.8	2426	63	1415	37	7481556	2239	58	1603	42	6903815
0.9	2565	67	1277	33	7030581	2357	61	1485	39	6459142
1.0	2688	70	1154	30	6630883	2460	64	1382	36	6068284

表 7－9　湛江市人口容量估算结果

k	农业发达水平					农业高度发达水平				
	S_2（平方千米）	S_2/S_h（%）	S_3（平方千米）	S_3/S_h（%）	C（人）	S_2（平方千米）	S_2/S_h（%）	S_3（平方千米）	S_3/S_h（%）	C（人）
0	0	0	8912	100	35647560	0	0	8912	100	35647560
0.1	1227	14	7685	86	31661366	1205	14	7707	86	31094340
0.2	2206	25	6706	75	28477000	2136	24	6776	76	27572534
0.3	3007	34	5905	66	25874639	2878	32	6034	68	24767336
0.4	3674	41	5238	59	23708084	3483	39	5428	61	22480224
0.5	4237	48	4675	52	21876319	3986	45	4926	55	20579805
0.6	4720	53	4192	47	20307309	4411	49	4501	51	18975653
0.7	5138	58	3774	42	18948302	4774	54	4138	46	17603498
0.8	5504	62	3408	38	17759781	5088	57	3824	43	16416406
0.9	5826	65	3085	35	16711558	5362	60	3550	40	15379302
1.0	6113	69	2799	31	15780176	5604	63	3308	37	14465450

从表 7 - 9 可以看出，在农业发达水平下，湛江若要粮食自给自足，则生物生产功能区的面积占宜居区面积的比例应该不少于 69%，此时的适宜人口容量为 15780176 人；在农业高度发达水平下，湛江若要粮食自给自足，则生物生产功能区的面积占宜居区面积的比例应该不少于 63%，此时的适宜人口容量为 14465450 人。

若粮食自给率为 0，宜居区全部用于人文发展功能，此时的适宜人口容量为 35647560 人，也是湛江适宜人口容量的最大值。

2012 年湛江人口数为 710.92 万人，若对应农业发达水平，则其粮食自给率可达 318%，若对应农业高度发达水平，则其粮食自给率可达 274%。表明这个区域未来还可容纳更多人口。

8. 茂名市

茂名人口密度模型的各参数值如下：

总面积 $S = 11425$ 平方千米。

宜居区面积 $S_h = 2963.45$ 平方千米。

生物生产功能区适宜人口密度：

农业发达水平下：$d_2 = 750$ 人/平方千米。

农业高度发达水平下：$d_2 = 220$ 人/平方千米。

人文发展功能区适宜人口密度 $d_3 = 4000$ 人/平方千米。

人均粮食消费量 $X = 430$ 千克。

生物生产功能区粮食单产水平 $Y = 420$ 千克/亩。

将上述值代入人口密度模型中，得到的结果如表 7 - 10 所示。

从表 7 - 10 可以看出，在农业发达水平下，茂名若要粮食自给自足，则生物生产功能区的面积占宜居区面积的比例应该不少于 65%，此时的适宜人口容量为 5620240 人；在农业高度发达水平下，茂名若要粮食自给自足，则生物生产功能区的面积占宜居区面积的比例应该不少于 60%，此时的适宜人口容量为 5176332 人。

若粮食自给率为 0，宜居区全部用于人文发展功能，此时的适宜人口容量为 11853800 人，也是茂名适宜人口容量的最大值。

2012 年茂名的人口为 596.76 万人，若对应农业发达水平，则其粮食自给率可达 88.93%，若对应农业高度发达水平，则其粮食自给率可达 76.46%。

表 7 - 10　茂名市人口容量估算结果

k	农业发达水平					农业高度发达水平				
	S_2（平方千米）	S_2/S_h（%）	S_3（平方千米）	S_3/S_h（%）	C（人）	S_2（平方千米）	S_2/S_h（%）	S_3（平方千米）	S_3/S_h（%）	C（人）
0	0	0	2963	100	11853800	0	0	2963	100	11853800
0.1	364	12	2599	88	10670325	358	12	2605	88	10499380
0.2	662	22	2301	78	9701714	643	22	2320	78	9422734
0.3	911	31	2053	69	8894321	875	30	2088	70	8546359
0.4	1121	38	1843	62	8210988	1067	36	1896	64	7819129
0.5	1301	44	1662	56	7625163	1230	41	1734	59	7205957
0.6	1457	49	1506	51	7117364	1368	46	1595	54	6681962
0.7	1594	54	1369	46	6672976	1488	50	1475	50	6229007
0.8	1715	58	1249	42	6280819	1593	54	1371	46	5833563
0.9	1822	61	1141	39	5932197	1685	57	1279	43	5485331
1.0	1918	65	1045	35	5620240	1767	60	1197	40	5176332

9. 肇庆市

肇庆人口密度模型的各参数值如下：

总面积 $S=14822$ 平方千米。

宜居区面积 $S_h=2010.87$ 平方千米。

生物生产功能区适宜人口密度：

农业发达水平下：$d_2=750$ 人/平方千米。

农业高度发达水平下：$d_2=220$ 人/平方千米。

人文发展功能区适宜人口密度 $d_3=4000$ 人/平方千米。

人均粮食消费量 $X=450$ 千克。

生物生产功能区粮食单产水平 $Y=420$ 千克/亩。

将上述值代入人口密度模型中，得到的结果如表 7－11 所示。

从表 7－11 可以看出，在农业发达水平下，肇庆若要粮食自给自足，则生物生产功能区的面积占宜居区面积的比例应该不少于 66%，此时的适宜人口容量为 3722602 人；在农业高度发达水平下，肇庆若要粮食自给自足，则生物生产功能区的面积占宜居区面积的比例应该不少于 61%，此时的适宜人口容量为 3422757 人。

若粮食自给率为 0，宜居区全部用于人文发展功能，此时的适宜人口容量为 8043480 人，也是肇庆适宜人口容量的最大值。

2012 年肇庆的人口为 398.23 万人，若对应农业发达水平，则其粮食自给率可达 87.86%，若对应农业高度发达水平，则其粮食自给率可达 75.54%。

10. 惠州市

惠州人口密度模型的各参数值如下：

总面积 $S=11356$ 平方千米。

宜居区面积 $S_h=2856.01$ 平方千米。

生物生产功能区适宜人口密度：

农业发达水平下：$d_2=750$ 人/平方千米。

农业高度发达水平下：$d_2=220$ 人/平方千米。

人文发展功能区适宜人口密度 $d_3=4000$ 人/平方千米。

人均粮食消费量 $X=450$ 千克。

生物生产功能区粮食单产水平 $Y=380$ 千克/亩。

将上述值代入人口密度模型中，得到的结果如表 7－12 所示。

表 7-11　肇庆市人口容量估算结果

k	农业发达水平					农业高度发达水平				
	S_2（平方千米）	S_2/S_h（%）	S_3（平方千米）	S_3/S_h（%）	C（人）	S_2（平方千米）	S_2/S_h（%）	S_3（平方千米）	S_3/S_h（%）	C（人）
0	0	0	2011	100	8043480	0	0	2011	100	8043480
0.1	257	13	1753	87	7206958	253	13	1758	87	7086767
0.2	466	23	1545	77	6528042	452	22	1558	78	6333449
0.3	639	32	1372	68	5966025	613	31	1397	69	5724897
0.4	785	39	1226	61	5493108	746	37	1265	63	5223039
0.5	909	45	1102	55	5089660	858	43	1153	57	4802078
0.6	1016	51	995	49	4741420	952	47	1059	53	4443912
0.7	1109	55	901	45	4437782	1034	51	977	49	4135465
0.8	1192	59	819	41	4170693	1105	55	906	45	3867058
0.9	1264	63	746	37	3933929	1167	58	844	42	3631368
1.0	1330	66	681	34	3722602	1222	61	788	39	3422757

表 7-12　惠州市人口容量估算结果

k	农业发达水平					农业高度发达水平				
	S_2（平方千米）	S_2/S_h（%）	S_3（平方千米）	S_3/S_h（%）	C（人）	S_2（平方千米）	S_2/S_h（%）	S_3（平方千米）	S_3/S_h（%）	C（人）
0	0	0	2856	100	11424040	0	0	2856	100	11424040
0.1	400	14	2456	86	10125097	392	14	2464	86	9940772
0.2	718	25	2138	75	9091383	695	24	2161	76	8798409
0.3	977	34	1879	66	8249188	935	33	1921	67	7891538
0.4	1192	42	1664	58	7549800	1130	40	1726	60	7154145
0.5	1374	48	1482	52	6959736	1291	45	1565	55	6542781
0.6	1529	54	1327	46	6455220	1428	50	1428	50	6027680
0.7	1663	58	1193	42	6018905	1544	54	1312	46	5587766
0.8	1780	62	1076	38	5637838	1645	58	1211	42	5207696
0.9	1884	66	972	34	5302150	1732	61	1124	39	4876036
1.0	1975	69	881	31	5004190	1810	63	1046	37	4584092

从表7－12可以看出，在农业发达水平下，惠州若要粮食自给自足，则生物生产功能区的面积占宜居区面积的比例应该不少于69%，此时的适宜人口容量为5004190人；在农业高度发达水平下，惠州若要粮食自给自足，则生物生产功能区的面积占宜居区面积的比例应该不少于63%，此时的适宜人口容量为4584092人。

若粮食自给率为0，宜居区全部用于人文发展功能，此时的适宜人口容量为11424040人，也是惠州适宜人口容量的最大值。

2012年惠州的人口为467.4万人，若对应农业发达水平，则其粮食自给率可达113%，若对应农业高度发达水平，则其粮食自给率可达96.79%。表明这个区域未来还可容纳更多人口。

11. 梅州市

梅州人口密度模型的各参数值如下：

总面积 $S=15876$ 平方千米。

宜居区面积 $S_h=1164.15$ 平方千米。

生物生产功能区适宜人口密度：

农业发达水平下：$d_2=750$ 人/平方千米。

农业高度发达水平下：$d_2=220$ 人/平方千米。

人文发展功能区适宜人口密度 $d_3=4000$ 人/平方千米。

人均粮食消费量 $X=430$ 千克。

生物生产功能区粮食单产水平 $Y=410$ 千克/亩。

将上述值代入人口密度模型中，得到的结果如表7－13所示。

从表7－13可以看出，在农业发达水平下，梅州若要粮食自给自足，则生物生产功能区的面积占宜居区面积的比例应该不少于65%，此时的适宜人口容量为2179874人；在农业高度发达水平下，梅州若要粮食自给自足，则生物生产功能区的面积占宜居区面积的比例应该不少于60%，此时的适宜人口容量为2005890人。

若粮食自给率为0，宜居区全部用于人文发展功能，此时的适宜人口容量为4656600人，也是梅州适宜人口容量的最大值。

表 7-13　梅州市人口容量估算结果

k	农业发达水平					农业高度发达水平				
	S_2（平方千米）	S_2/S_h（%）	S_3（平方千米）	S_3/S_h（%）	C（人）	S_2（平方千米）	S_2/S_h（%）	S_3（平方千米）	S_3/S_h（%）	C（人）
0	0	0	1164	100	4656600	0	0	1164	100	4656600
0.1	146	13	1018	87	4181506	144	12	1020	88	4113073
0.2	265	23	899	77	3794381	258	22	907	78	3683166
0.3	364	31	800	69	3472862	350	30	814	70	3334625
0.4	448	38	716	62	3201575	426	37	738	63	3046346
0.5	519	45	645	55	2969601	490	42	674	58	2803945
0.6	581	50	583	50	2768972	545	47	619	53	2597276
0.7	635	55	529	45	2593736	592	51	572	49	2418982
0.8	682	59	482	41	2439360	633	54	531	46	2263594
0.9	724	62	440	38	2302329	669	57	495	43	2126965
1.0	762	65	402	35	2179874	701	60	463	40	2005890

2012 年梅州的人口为 429.41 万人，若对应农业发达水平，则其粮食自给率为 7.43%，若对应农业高度发达水平，则其粮食自给率可达 6.39%。梅州是粤东地区的典型山区市，其宜居区面积占区域总面积的比例仅为 7%，占比为全省最低。因此，自然地理条件是制约梅州人口规模的主要因素。未来梅州人口发展的方向应在于提高人口的质量及人民的生活水平，面临的挑战是如何将山区的劣势转化为优势，壮大山区经济。

12. 汕尾市

汕尾人口密度模型的各参数值如下：

总面积 $S=4902$ 平方千米。

宜居区面积 $S_h=1705.5$ 平方千米。

生物生产功能区适宜人口密度：

农业发达水平下：$d_2=750$ 人/平方千米。

农业高度发达水平下：$d_2=220$ 人/平方千米。

人文发展功能区适宜人口密度 $d_3=4000$ 人/平方千米。

人均粮食消费量 $X=430$ 千克。

生物生产功能区粮食单产水平 $Y=360$ 千克/亩。

将上述值代入人口密度模型中，得到的结果如表 7－14 所示。

从表 7－14 可以看出，在农业发达水平下，汕尾若要粮食自给自足，则生物生产功能区的面积占宜居区面积的比例应该不少于 69%，此时的适宜人口容量为 2973869 人；在农业高度发达水平下，汕尾若要粮食自给自足，则生物生产功能区的面积占宜居区面积的比例应该不少于 64%，此时的适宜人口容量为 2723353 人。

若粮食自给率为 0，宜居区全部用于人文发展功能，此时的适宜人口容量为 6822000 人，也是汕尾适宜人口容量的最大值。

2012 年汕尾的人口为 296.9 万人，若对应农业发达水平，则其粮食自给率为可达 100.3%，表明这个区域未来还可容纳更多人口；若对应农业高度发达水平，则其粮食自给率为 86.23%。

表 7-14 汕尾市人口容量估算结果

k	农业发达水平					农业高度发达水平				
	S_2（平方千米）	S_2/S_h（%）	S_3（平方千米）	S_3/S_h（%）	C（人）	S_2（平方千米）	S_2/S_h（%）	S_3（平方千米）	S_3/S_h（%）	C（人）
0	0	0	1706	100	6822000	0	0	1706	100	6822000
0.1	240	14	1465	86	6040385	236	14	1469	86	5929596
0.2	432	25	1274	75	5419463	418	24	1288	76	5243659
0.3	587	34	1119	66	4914297	561	33	1144	67	4699966
0.4	716	42	990	58	4495278	678	40	1027	60	4258427
0.5	825	48	881	52	4142100	775	45	931	55	3892725
0.6	917	54	788	46	3840375	856	50	849	50	3584866
0.7	998	58	708	42	3579623	926	54	780	46	3322133
0.8	1068	63	638	37	3352029	986	58	720	42	3095281
0.9	1129	66	576	34	3151646	1038	61	667	39	2897430
1.0	1184	69	521	31	2973869	1084	64	621	36	2723353

13. 河源市

河源人口密度模型的各参数值如下：

总面积 $S=15642$ 平方千米。

宜居区面积 $S_h=1227.78$ 平方千米。

生物生产功能区适宜人口密度：

农业发达水平下：$d_2=750$ 人/平方千米。

农业高度发达水平下：$d_2=220$ 人/平方千米。

人文发展功能区适宜人口密度 $d_3=4000$ 人/平方千米。

人均粮食消费量 $X=430$ 千克。

生物生产功能区粮食单产水平 $Y=430$ 千克/亩。

将上述值代入人口密度模型中，得到的结果如表 7－15 所示。

从表 7－15 可以看出，在农业发达水平下，河源若要粮食自给自足，则生物生产功能区的面积占宜居区面积的比例应该不少于 64%，此时的适宜人口容量为 2357338 人；在农业高度发达水平下，河源若要粮食自给自足，则生物生产功能区的面积占宜居区面积的比例应该不少于 59%，此时的适宜人口容量为 2173062 人。

若粮食自给率为 0，宜居区全部用于人文发展功能，此时的适宜人口容量为 4911120 人，也是河源适宜人口容量的最大值。

2012 年河源的人口为 301.01 万人，若对应农业发达水平，则其粮食自给率为可达 58.3%，表明这个区域未来还可容纳更多人口；若对应农业高度发达水平，则其粮食自给率为 50.12%。

14. 阳江市

阳江人口密度模型的各参数值如下：

总面积 $S=7965$ 平方千米。

宜居区面积 $S_h=2307.78$ 平方千米。

生物生产功能区适宜人口密度：

农业发达水平下：$d_2=750$ 人/平方千米。

农业高度发达水平下：$d_2=220$ 人/平方千米。

人文发展功能区适宜人口密度 $d_3=4000$ 人/平方千米。

人均粮食消费量 $X=430$ 千克。

生物生产功能区粮食单产水平 $Y=360$ 千克/亩。

将上述值代入人口密度模型中，得到的结果如表 7－16 所示。

表 7－15　河源市人口容量估算结果

k	农业发达水平					农业高度发达水平				
	S_2（平方千米）	S_2/S_h（%）	S_3（平方千米）	S_3/S_h（%）	C（人）	S_2（平方千米）	S_2/S_h（%）	S_3（平方千米）	S_3/S_h（%）	C（人）
0	0	0	1228	100	4911120	0	0	1228	100	4911120
0.1	148	12	1080	88	4431086	145	12	1082	88	4361563
0.2	269	22	959	78	4036537	262	21	966	79	3922620
0.3	371	30	857	70	3706506	356	29	871	71	3563948
0.4	457	37	771	63	3426363	435	35	792	65	3265372
0.5	531	43	697	57	3185591	502	41	726	59	3012957
0.6	595	48	632	52	2976436	559	46	668	54	2796765
0.7	652	53	576	47	2793054	609	50	619	50	2609522
0.8	702	57	526	43	2630957	652	53	576	47	2445777
0.9	746	61	482	39	2486643	690	56	537	44	2301368
1.0	786	64	442	36	2357338	724	59	503	41	2173062

表 7－16　阳江市人口容量估算结果

k	农业发达水平					农业高度发达水平				
	S_2（平方千米）	S_2/S_h（%）	S_3（平方千米）	S_3/S_h（%）	C（人）	S_2（平方千米）	S_2/S_h（%）	S_3（平方千米）	S_3/S_h（%）	C（人）
0	0	0	2308	100	9231120	0	0	2308	100	9231120
0.1	325	14	1982	86	8173486	319	14	1988	86	8023572
0.2	584	25	1724	75	7333291	565	24	1743	76	7095404
0.3	794	34	1514	66	6649731	760	33	1548	67	6359711
0.4	969	42	1339	58	6082739	918	40	1390	60	5762247
0.5	1116	48	1192	52	5604840	1049	45	1259	55	5267401
0.6	1241	54	1066	46	5196565	1159	50	1149	50	4850825
0.7	1350	58	958	42	4843731	1253	54	1055	46	4495310
0.8	1445	63	863	37	4535764	1334	58	974	42	4188348
0.9	1528	66	780	34	4264618	1405	61	903	39	3920629
1.0	1602	69	706	31	4024060	1467	64	841	36	3685078

从表 7－16 可以看出，在农业发达水平下，阳江若要粮食自给自足，则生物生产功能区的面积占宜居区面积的比例应该不少于 69%，此时的适宜人口容量为 4024060 人；在农业高度发达水平下，阳江若要粮食自给自足，则生物生产功能区的面积占宜居区面积的比例应该不少于 64%，此时的适宜人口容量为 3685078 人。

若粮食自给率为 0，宜居区全部用于人文发展功能，此时的适宜人口容量为 9231120 人，也是阳江适宜人口容量的最大值。

2012 年阳江的人口为 247 万人，若对应农业发达水平，则其粮食自给率可达 212%，若对应农业高度发达水平，则其粮食自给率可达 182%。表明这个区域未来还可容纳更多人口。

15. 清远市

清远人口密度模型的各参数值如下：

总面积 $S=19153$ 平方千米。

宜居区面积 $S_h=2370.96$ 平方千米。

生物生产功能区适宜人口密度：

农业发达水平下：$d_2=750$ 人/平方千米。

农业高度发达水平下：$d_2=220$ 人/平方千米。

人文发展功能区适宜人口密度 $d_3=4000$ 人/平方千米。

人均粮食消费量 $X=430$ 千克。

生物生产功能区粮食单产水平 $Y=370$ 千克/亩。

将上述值代入人口密度模型中，得到的结果如表 7－17 所示。

从表 7－17 可以看出，在农业发达水平下，清远若要粮食自给自足，则生物生产功能区的面积占宜居区面积的比例应该不少于 69%，此时的适宜人口容量为 4198230 人；在农业高度发达水平下，清远若要粮食自给自足，则生物生产功能区的面积占宜居区面积的比例应该不少于 63%，此时的适宜人口容量为 3848454 人。

若粮食自给率为 0，宜居区全部用于人文发展功能，此时的适宜人口容量为 9483840 人，也是清远适宜人口容量的最大值。

2012 年清远的人口为 376.6 万人，若对应农业发达水平，则其粮食自给率可达 121%，若对应农业高度发达水平，则其粮食自给率可达 104%。表明这个区域未来还可容纳更多人口。

表 7－17　清远市人口容量估算结果

k	农业发达水平					农业高度发达水平				
	S_2（平方千米）	S_2/S_h（%）	S_3（平方千米）	S_3/S_h（%）	C（人）	S_2（平方千米）	S_2/S_h（%）	S_3（平方千米）	S_3/S_h（%）	C（人）
0	0	0	2371	100	9483840	0	0	2371	100	9483840
0.1	326	14	2045	86	8423335	320	14	2050	86	8272481
0.2	587	25	1784	75	7576151	568	24	1803	76	7335523
0.3	800	34	1571	66	6883807	766	32	1605	68	6589215
0.4	977	41	1394	59	6307407	927	39	1444	61	5980742
0.5	1127	48	1244	52	5820076	1061	45	1310	55	5475146
0.6	1256	53	1115	47	5402649	1173	49	1198	51	5048370
0.7	1367	58	1004	42	5041093	1270	54	1101	46	4683315
0.8	1464	62	907	38	4724893	1354	57	1017	43	4367496
0.9	1550	65	821	35	4446019	1427	60	944	40	4091580
1.0	1626	69	745	31	4198230	1491	63	880	37	3848454

16. 中山市

中山人口密度模型的各参数值如下：

总面积 $S = 1800$ 平方千米。

宜居区面积 $S_h = 1101.51$ 平方千米。

生物生产功能区适宜人口密度：

农业发达水平下：$d_2 = 750$ 人/平方千米。

农业高度发达水平下：$d_2 = 220$ 人/平方千米。

人文发展功能区适宜人口密度 $d_3 = 4000$ 人/平方千米。

人均粮食消费量 $X = 450$ 千克。

生物生产功能区粮食单产水平 $Y = 420$ 千克/亩。

将上述值代入人口密度模型中，得到的结果如表 7－18 所示。

从表 7－18 可以看出，在农业发达水平下，中山若要粮食自给自足，则生物生产功能区的面积占宜居区面积的比例应该不少于 66%，此时的适宜人口容量为 2039159 人；在农业高度发达水平下，中山若要粮食自给自足，则生物生产功能区的面积占宜居区面积的比例应该不少于 61%，此时的适宜人口容量为 1874911 人。

若粮食自给率为 0，宜居区全部用于人文发展功能，此时的适宜人口容量为 4406040 人，也是中山适宜人口容量的最大值。

2012 年中山的人口为 315.5 万人，若对应农业发达水平，则其粮食自给率可达 34.16%，若对应农业高度发达水平，则其粮食自给率可达 29.37%。

17. 潮州市

潮州人口密度模型的各参数值如下：

总面积 $S = 3100$ 平方千米。

宜居区面积 $S_h = 705.78$ 平方千米。

生物生产功能区适宜人口密度：

农业发达水平下：$d_2 = 750$ 人/平方千米。

农业高度发达水平下：$d_2 = 220$ 人/平方千米。

人文发展功能区适宜人口密度 $d_3 = 4000$ 人/平方千米。

人均粮食消费量 $X = 430$ 千克。

生物生产功能区粮食单产水平 $Y = 470$ 千克/亩。

将上述值代入人口密度模型中，得到的结果如表 7－19 所示。

表 7－18　中山市人口容量估算结果

k	农业发达水平					农业高度发达水平				
	S_2（平方千米）	S_2/S_h（%）	S_3（平方千米）	S_3/S_h（%）	C（人）	S_2（平方千米）	S_2/S_h（%）	S_3（平方千米）	S_3/S_h（%）	C（人）
0	0	0	1102	100	4406040	0	0	1102	100	4406040
0.1	141	13	961	87	3947812	139	13	963	87	3881974
0.2	255	23	846	77	3575917	248	22	854	78	3469323
0.3	350	32	751	68	3268056	336	31	766	69	3135972
0.4	430	39	672	61	3009003	409	37	693	63	2861065
0.5	498	45	604	55	2788003	470	43	632	57	2630472
0.6	557	51	545	49	2597245	522	47	580	53	2434276
0.7	608	55	494	45	2430919	566	51	535	49	2265316
0.8	653	59	449	41	2284613	605	55	496	45	2118288
0.9	693	63	409	37	2154919	639	58	462	42	1989183
1.0	728	66	373	34	2039159	670	61	432	39	1874911

表 7－19　潮州市人口容量估算结果

k	农业发达水平					农业高度发达水平				
	S_2（平方千米）	S_2/S_h（%）	S_3（平方千米）	S_3/S_h（%）	C（人）	S_2（平方千米）	S_2/S_h（%）	S_3（平方千米）	S_3/S_h（%）	C（人）
0	0	0	706	100	2823120	0	0	706	100	2823120
0.1	78	11	627	89	2568543	77	11	629	89	2531318
0.2	144	20	562	80	2356081	140	20	566	80	2294188
0.3	199	28	507	72	2176083	192	27	514	73	2097680
0.4	247	35	459	65	2021635	236	33	470	67	1932180
0.5	288	41	418	59	1887658	273	39	433	61	1790885
0.6	324	46	382	54	1770335	305	43	400	57	1668846
0.7	356	50	350	50	1666743	334	47	372	53	1562379
0.8	384	54	322	46	1574604	358	51	347	49	1468682
0.9	410	58	296	42	1492119	380	54	325	46	1385588
1.0	432	61	273	39	1417845	400	57	306	43	1311392

从表7－19可以看出，在农业发达水平下，潮州若要粮食自给自足，则生物生产功能区的面积占宜居区面积的比例应该不少于61%，此时的适宜人口容量为1417845人；在农业高度发达水平下，潮州若要粮食自给自足，则生物生产功能区的面积占宜居区面积的比例应该不少于57%，此时的适宜人口容量为1311392人。

若粮食自给率为0，宜居区全部用于人文发展功能，此时的适宜人口容量为2823120人，也是潮州适宜人口容量的最大值。

2012年潮州的人口为270万人，若对应农业发达水平，则其粮食自给率可达4.6%，若对应农业高度发达水平，则其粮食自给率可达3.96%。

18. 揭阳市

揭阳人口密度模型的各参数值如下：

总面积 $S=5266$ 平方千米。

宜居区面积 $S_h=2084.76$ 平方千米。

生物生产功能区适宜人口密度：

农业发达水平下：$d_2=750$ 人/平方千米。

农业高度发达水平下：$d_2=220$ 人/平方千米。

人文发展功能区适宜人口密度 $d_3=4000$ 人/平方千米。

人均粮食消费量 $X=430$ 千克。

生物生产功能区粮食单产水平 $Y=460$ 千克/亩。

将上述值代入人口密度模型中，得到的结果如表7－20所示。

从表7－20可以看出，在农业发达水平下，揭阳若要粮食自给自足，则生物生产功能区的面积占宜居区面积的比例应该不少于62%，此时的适宜人口容量为4143249人；在农业高度发达水平下，揭阳若要粮食自给自足，则生物生产功能区的面积占宜居区面积的比例应该不少于57%，此时的适宜人口容量为3829066人。

若粮食自给率为0，宜居区全部用于人文发展功能，此时的适宜人口容量为8339040人，也是揭阳适宜人口容量的最大值。

2012年揭阳的人口为595.59万人，若对应农业发达水平，则其粮食自给率可达39.51%，若对应农业高度发达水平，则其粮食自给率可达33.97%。

表 7－20　揭阳市人口容量估算结果

k	农业发达水平					农业高度发达水平				
	S_2（平方千米）	S_2/S_h（%）	S_3（平方千米）	S_3/S_h（%）	C（人）	S_2（平方千米）	S_2/S_h（%）	S_3（平方千米）	S_3/S_h（%）	C（人）
0	0	0	2085	100	8339040	0	0	2085	100	8339040
0.1	236	11	1849	89	7572216	232	11	1852	89	7460342
0.2	432	21	1653	79	6934544	421	20	1664	80	6749170
0.3	598	29	1487	71	6395929	576	28	1509	72	6161786
0.4	740	35	1345	65	5934954	707	34	1378	66	5668457
0.5	862	41	1222	59	5535959	818	39	1267	61	5248267
0.6	970	47	1115	53	5187232	913	44	1171	56	4886073
0.7	1064	51	1020	49	4879837	997	48	1088	52	4570644
0.8	1148	55	936	45	4606836	1070	51	1015	49	4293471
0.9	1223	59	861	41	4362762	1135	54	950	46	4047992
1.0	1291	62	794	38	4143249	1193	57	892	43	3829066

19. 云浮市

云浮人口密度模型的各参数值如下：

总面积 $S=7779$ 平方千米。

宜居区面积 $S_h=982.62$ 平方千米。

生物生产功能区适宜人口密度：

农业发达水平下：$d_2=750$ 人/平方千米。

农业高度发达水平下：$d_2=220$ 人/平方千米。

人文发展功能区适宜人口密度 $d_3=4000$ 人/平方千米。

人均粮食消费量 $X=430$ 千克。

生物生产功能区粮食单产水平 $Y=430$ 千克/亩。

将上述值代入人口密度模型中，得到的结果如表 7－21 所示。

从表 7－21 可以看出，在农业发达水平下，云浮若要粮食自给自足，则生物生产功能区的面积占宜居区面积的比例应该不少于 64%，此时的适宜人口容量为 1886630 人；在农业高度发达水平下，云浮若要粮食自给自足，则生物生产功能区的面积占宜居区面积的比例应该不少于 59%，此时的适宜人口容量为 1739150 人。

若粮食自给率为 0，宜居区全部用于人文发展功能，此时的适宜人口容量为 3930480 人，也是云浮适宜人口容量的最大值。

2012 年云浮的人口为 241.65 万人，若对应农业发达水平，则其粮食自给率可达 57.83%，若对应农业高度发达水平，则其粮食自给率可达 49.72%。

二、基于主体功能区划的广东省各市适宜人口容量估算

正如上一节所展示的，在不确定一个区域内生物生产功能区与人文发展功能区的面积比例时，可以在设置一定参数的前提下，运用第五章所提出的人口密度模型来估算区域的适宜人口容量。

本节将以广东省主体功能区规划中对各地市土地功能的定位为依据，来确定各地市生物生产功能区和人文发展功能区的面积，再结合第四章对各土地功能区人口容量标准的界定，估算广东省各地市的适宜人口容量。

表 7－21　云浮市人口容量估算结果

k	农业发达水平					农业高度发达水平				
	S_2（平方千米）	S_2/S_h（%）	S_3（平方千米）	S_3/S_h（%）	C（人）	S_2（平方千米）	S_2/S_h（%）	S_3（平方千米）	S_3/S_h（%）	C（人）
0	0	0	983	100	3930480	0	0	983	100	3930480
0.1	118	12	864	88	3546298	116	12	866	88	3490657
0.2	215	22	767	78	3230532	209	21	773	79	3139361
0.3	297	30	686	70	2966400	285	29	697	71	2852308
0.4	366	37	617	63	2742195	348	35	634	65	2613351
0.5	425	43	558	57	2549501	402	41	581	59	2411337
0.6	476	48	506	52	2382109	448	46	535	54	2238314
0.7	522	53	461	47	2235344	487	50	495	50	2088459
0.8	561	57	421	43	2105614	522	53	461	47	1957410
0.9	597	61	386	39	1990116	553	56	430	44	1841837
1.0	629	64	354	36	1886630	580	59	403	41	1739150

（一）广东省主体功能区划对各地市土地功能的界定

广东省主体功能区划将全省分为6种功能区类型，分别为国家级优化发展区、国家级重点开发区、省级重点开发区、国家级农产品主产区、国家级重点生态功能区、省级重点生态功能区，如表7－22所示。

表7－22　广东省域范围主体功能区划分总表

<table>
<tr><th>功能区一级分类［面积（平方千米）及占全省比例（%）］</th><th>功能区二级分类［面积（平方千米）及占全省比例（%）］</th><th>范围［面积（平方千米）及占全省比例（%）］</th></tr>
<tr><td>优化开发区域（24379.1，13.55）</td><td>国家级优化开发区域（24379.1，13.55）</td><td>珠三角核心区（24379.1，13.55）</td></tr>
<tr><td rowspan="5">重点开发区域（37437.6，20.81）</td><td rowspan="2">国家级重点开发区域（13985.3，7.77）</td><td>海峡西岸经济区粤东部分（8564.2，4.76）</td></tr>
<tr><td>北部湾地区湛江部分（5421.1，3.01）</td></tr>
<tr><td rowspan="3">省级重点开发区域（23432.3，13.04）</td><td>粤西沿海片区（5168.3，2.87）</td></tr>
<tr><td>珠三角外围片区（8991.0，5.00）</td></tr>
<tr><td>粤北山区点状片区（9293.1，5.17）</td></tr>
<tr><td rowspan="10">生态发展区域（118085.7，65.64）</td><td>国家级重点生态功能区（23515.0，13.07）</td><td>南岭山地森林及生物多样性生态功能区粤北部分（23515.0，13.07）</td></tr>
<tr><td rowspan="6">省级重点生态功能区（37631.2，20.92）</td><td>北江上游片区（15902.5，8.84）</td></tr>
<tr><td>东江上游片区（1967.4，1.09）</td></tr>
<tr><td>韩江上游片区（7515.6，4.18）</td></tr>
<tr><td>西江流域片区（4725.1，2.63）</td></tr>
<tr><td>鉴江上游片区（3083.1，1.71）</td></tr>
<tr><td>分布在重点开发区域的山区县生态镇（4437.6，2.47）</td></tr>
<tr><td rowspan="3">国家级农产品主产区（56939.5，31.65）</td><td>粮食主产区（47242.4，26.26）</td></tr>
<tr><td>甘蔗主产区（6450.5，3.59）</td></tr>
<tr><td>水产品主产区（3246.7，1.80）</td></tr>
<tr><td colspan="2">分布在优化、重点、生态发展三类区域的各类禁止开发区域共25646.2平方千米，占全省的14.25%</td><td>依法设立的各级自然保护区、风景名胜区、森林公园、地质公园、世界文化自然遗产、湿地公园及重要湿地等区域（911个）</td></tr>
</table>

广东省的优化发展区位于珠三角核心区。该区域地处广东省的中南部，位于全国“两横三纵”城市化战略格局中沿海通道纵轴和京哈京广通道纵轴的南端。2010 年，该区域总面积 24379 平方千米，占全省的 13.55%；常住人口 4797 万人，地区生产总值 35592 亿元。优化发展区的土地可有两种功能定位，用于人文发展功能的宜居区部分和用于生态调节功能的非宜居区部分，前者占比更大。

国家级重点开发区域位于海峡西岸经济区粤东部分和北部湾地区湛江部分；省级重点开发区域位于粤西沿海片区、珠三角外围片区和粤北山区点状片区 3 个区域。这两个功能区域的土地也可根据其功能定位分为两部分，用于人文发展功能的宜居区部分和用于生态调节功能的非宜居区部分，前者占比更大。2010 年，该区域总面积 37438 平方千米，占全省的 20.81%；常住人口 2889 万人，地区生产总值 7592 亿元。广东省的重点发展区大部分分布在珠三角核心区的外围及粤东、粤西沿海，部分呈点状分布于北部山区。重点发展区的土地可有两种功能定位，用于人文发展功能的宜居区部分和用于生态调节功能的非宜居区部分，前者占的比例更大。

广东省域范围的农产品主产区位于国家“七区二十三带”农业战略格局中华南农产品主产区，主要建设优质水稻、甘蔗和水产品产业带，是国家级农产品主产区，包括 22 个农产品主产区县。2010 年，该区域总面积 56940 平方千米，占全省的 31.65%，其中粮食主产区 16 个县，面积 47242 平方千米，占全省的 26.26%；甘蔗主产区 3 个县，面积 6451 平方千米，占全省的 3.59%；水产品主产区 3 个县，面积 3247 平方千米，占全省的 1.80%。农产品主产区在土地功能上除少量用于人文发展功能的城镇外，主要有两种定位，分别是用于生物生产的宜居区部分和用于生态调节功能的非宜居区部分。

重点生态功能区以南岭山地为主体，包括国家级重点生态功能区南岭山地森林及生物多样性生态功能区粤北部分，省级重点生态功能区——北江上游、东江上游、韩江上游、西江流域、鉴江上游 5 个片区和分布在重点开发区域的 7 个山区县的 29 个生态镇。2010 年，该区域总面积 61146 平方千米，占全省的 33.99%。重点生态功能区在土地功能上分为用于生态调节的非宜居区和用于人文发展和生物生产的宜居区部分，生态调节区占主要部分。

禁止开发区域包括依法设立的各级自然保护区、风景名胜区、森林公园、地质公园、重要水源地、湿地公园、重要湿地以及世界文化自然遗产等，呈点状分布于全省各地。这些区域全部是生态调节用地，与前面几种功能区中的非宜居区是重叠的。

各功能区人口容量标准界定。根据第四章对各功能区适宜人口密度的界定，确定各功能区的适宜密度标准如下：人文发展功能区：4000 人/平方千米，粮食主产区：200 人/平方千米，甘蔗主产区：105 人/平方千米，水产品主产区：500 人/平方千米。

（二）广东省市域适宜人口容量估算的结果分析

将广东省主体功能区规划按地市分类，计算各地市的适宜人口容量，如表 7－23 所示。

表 7－23　广东省 21 市的适宜人口容量估算结果

地市	功能分区	宜居区面积（平方千米）	宜居区土地功能定位	适宜人口密度（人/平方千米）	适宜人口容量（人）	各市合计（人）
广州	优化发展区	2981.88	人文发展	4000	11927520	11927520
韶关	重点开发区	400.41	人文发展	4000	1601640	7940880
	重点生态功能区	1584.81	人文发展	4000	6339240	
深圳	优化发展区	860.00	人文发展	4000	3440000	3440000
珠海	优化发展区	698.27	人文发展	4000	2793080	2793080
汕头	重点开发区	1070.87	人文发展	4000	4283480	4285235
	水产品主产区	3.51	生物生产	500	1755	
佛山	优化发展区	2590.65	人文发展	4000	10362600	10362600
江门	优化发展区	913.41	人文发展	4000	3653640	5600152
	重点开发区	358.11	人文发展	4000	1432440	
	粮食主产区	2570.36	生物生产	200	514072	
湛江	重点开发区	3690.81	人文发展	4000	14763240	15552769
	粮食主产区	2540.16	生物生产	200	508032	
	甘蔗主产区	2680.92	生物生产	105	281497	
茂名	重点开发区	1235.99	人文发展	4000	4943960	5563804
	粮食主产区	574.83	生物生产	200	114966	
	甘蔗主产区	1054.08	生物生产	105	110678	
	重点生态功能区	98.55	人文发展	4000	394200	

续表

地市	功能分区	宜居区面积（平方千米）	宜居区土地功能定位	适宜人口密度（人/平方千米）	适宜人口容量（人）	各市合计（人）
肇庆	优化发展区	219.96	人文发展	4000	879840	6161454
	重点开发区	952.92	人文发展	4000	3811680	
	粮食主产区	495.27	生物生产	200	99054	
	重点生态功能区	342.72	人文发展	4000	1370880	
惠州	优化发展区	1035.58	人文发展	4000	4142320	10469518
	重点开发区	1511.91	人文发展	4000	6047640	
	粮食主产区	251.19	生物生产	200	50238	
	重点生态功能区	57.33	人文发展	4000	229320	
梅州	重点开发区	175.05	人文发展	4000	700200	4238461
	粮食主产区	360.09	生物生产	200	72018	
	重点生态功能区	629.01	人文发展	4000	2516040	
汕尾	重点开发区	1048.95	人文发展	4000	4195800	2935469
	粮食主产区	575.46	生物生产	200	115092	
	重点生态功能区	81.09	人文发展	4000	324360	
河源	重点开发区	142.47	人文发展	4000	569880	2950195
	粮食主产区	657.18	生物生产	200	131436	
	重点生态功能区	428.13	人文发展	4000	1712520	
阳江	重点开发区	975.78	人文发展	4000	3903120	2421748
	粮食主产区	727.38	生物生产	200	145476	
	水产品主产区	604.62	生物生产	500	302310	
清远	重点开发区	653.76	人文发展	4000	2615040	3698412
	粮食主产区	938.25	生物生产	200	187650	
	重点生态功能区	778.95	人文发展	4000	3115800	
东莞	优化发展区	1512.09	人文发展	4000	6048360	6048360
中山	优化发展区	1101.51	人文发展	4000	4406040	4406040
潮州	重点开发区	389.61	人文发展	4000	1558440	2669466
	水产品主产区	290.61	生物生产	500	145305	
	重点生态功能区	25.56	人文发展	4000	102240	

续表

地市	功能分区	宜居区面积（平方千米）	宜居区土地功能定位	适宜人口密度（人/平方千米）	适宜人口容量（人）	各市合计（人）
揭阳	重点开发区	1289.97	人文发展	4000	5159880	5884347
	重点生态功能区	794.79	人文发展	4000	3179160	
云浮	重点开发区	268.11	人文发展	4000	1072440	2367154
	粮食主产区	681.12	生物生产	200	136224	
	重点生态功能区	33.39	人文发展	4000	133560	
全省	45554.13				126645403	126645403

表7－23对各地市不同功能区中的宜居区部分的土地功能进行了界定，并以宜居区的面积和适宜人口密度为基础，计算了广东省各市的适宜人口容量。从表中可以看出，在广东省主体功能区规划约束下，达到发达国家收入标准和生活水平后，广东省的适宜人口容量约为1.27亿人。其中，适宜人口容量在1000万人以上的地市有4个，分别是广州、佛山、湛江和惠州，其中湛江的适宜人口容量最大，达到1500万人以上。适宜人口容量在500万人以下的地市有11个，分别是深圳、珠海、汕头、梅州、汕尾、河源、阳江、清远、中山、潮州和云浮，其中适宜人口容量最小的是云浮，为236万人。

为了解广东省21个地市的人口状况与适宜人口容量的差距，将21个地市的适宜人口容量估算值与2010年第六次人口普查的各地市人口数据进行对比，结果如表7－24所示。

表7－24　广东省21市的人口容量估算值与普查人口的比较　单位：人

地市	功能分区	适宜人口容量 a	2010年普查人口 b	二者差距 $a-b$	各市合计
广州	优化发展区	11927520	12701948	－774428	－774428
深圳	优化发展区	3440000	10358381	－6918381	－6918381
佛山	优化发展区	10362600	7197394	3165206	3165206
珠海	优化发展区	2793080	1562530	1230550	1230550
东莞	优化发展区	6048360	8220207	－2171847	－2171847

续表

地市	功能分区	适宜人口容量 *a*	2010 年普查人口 *b*	二者差距 *a* – *b*	各市合计
中山	优化发展区	4406040	3121275	1284765	1284765
惠州	优化发展区	4142320	2344634	1797686	5871116
	重点开发区	6047640	1882990	4164650	
	粮食主产区	50238	307180	–256942	
	重点生态功能区	229320	63598	165722	
江门	优化发展区	3653640	1822614	1831026	1149449
	重点开发区	1432440	494938	937502	
	粮食主产区	514072	2133151	–1619079	
肇庆	优化发展区	879840	644032	235808	2244987
	重点开发区	3811680	1187653	2624027	
	粮食主产区	99054	813032	–713978	
	重点生态功能区	1370880	1271750	99130	
珠三角		61208724	56127307	5081417	
汕头	重点开发区	4283480	5329024	–1045544	–1104093
	水产品主产区	1755	60304	–58549	
潮州	重点开发区	1558440	1708078	–149638	–863481
	水产品主产区	145305	882201	–736896	
	重点生态功能区	102240	79187	23053	
揭阳	重点开发区	5159880	4912611	247269	2454693
	重点生态功能区	3179160	971736	2207424	
汕尾	重点开发区	4195800	1850527	2345273	1699783
	粮食主产区	115092	793408	–678316	
	重点生态功能区	324360	291534	32826	
东翼		19065512	16878610	2186902	
湛江	重点开发区	14763240	3982242	10780998	8557937
	粮食主产区	508032	1427664	–919632	
	甘蔗主产区	281497	1584926	–1303429	

续表

地市	功能分区	适宜人口容量 a	2010 年普查人口 b	二者差距 a − b	各市合计
茂名	重点开发区	4943960	2436312	2507648	−253690
	粮食主产区	114966	1288665	−1173699	
	甘蔗主产区	110678	1178809	−1068131	
	生态功能区	394200	913708	−519508	
阳江	重点开发区	3903120	1119619	2783501	1929158
	粮食主产区	145476	849504	−704028	
	水产品主产区	302310	452625	−150315	
西翼		25467479	15234074	10233405	
韶关	重点开发区	1601640	991600	610040	5114634
	重点生态功能区	6339240	1834646	4504594	
梅州	重点开发区	700200	825996	−125796	−950203
	粮食主产区	72018	1050528	−978510	
	重点生态功能区	2516040	2361937	154103	
清远	重点开发区	2615040	1073517	1541523	2220078
	粮食主产区	187650	941952	−754302	
	重点生态功能区	3115800	1682943	1432857	
河源	重点开发区	569880	463907	105973	−536359
	粮食主产区	131436	1080097	−948661	
	重点生态功能区	1712520	1406191	306329	
云浮	重点开发区	1072440	664657	407783	−1024930
	粮食主产区	136224	1617374	−1481150	
	重点生态功能区	133560	85123	48437	
粤北山区		20903688	16080468	4823220	
全省		126645403	104320459	22324944	

从表 7 −24 可以看出，广东省 2010 年普查人口为 104320459 人，与适宜人口容量相比还有 2200 多万人的增长空间。

珠三角 9 市作为一个整体，其适宜人口容量略高于 2010 年普查人口，其中惠州、佛山和肇庆分别还能增加的人口数为 587 万人、316 万人和

224 万人，中山、珠海和江门的人口已基本接近适宜人口容量，但仍分别有 128 万人、123 万人和 115 万人的人口增长空间，6 市总共可增加约 1500 万人；需要控制人口的地区包括广州、深圳和东莞 3 市，分别需要疏散的人口数为 77 万人、690 万人和 217 万人，总共需控制的人口数为 980 万人；珠三角整体上还有约 520 万人口的增长空间。

位于广东省东翼的 4 市中，揭阳和汕尾仍分别有 245 万人和 170 万人的人口增长空间，而汕头和潮州则分别需要疏散的人口数为 110 万人和 86 万人。整体来看，东翼地区的仍有较大的人口增长空间，总体可增加的人口数约为 220 万人。

广东省的西翼包含了湛江、阳江和茂名 3 市，这个区域的宜居区面积相对较大，因此整体上承载的人口也较多。与 2010 年的人口数据比较，这一区域总体可增加的人口数达 1023 万人，其中湛江和阳江还可分别增加 856 万人和 193 万人，而茂名则需要疏散约 25 万人。

粤北山区是广东省地形条件最为复杂的区域，尽管该区域宜居区比例较小，但因总面积较大，宜居区的绝对数量并不低。该区域达到发达水平时的人口容量约为 2100 万人，与 2010 年数据相比，还有约 480 万人的增长空间。但其中只有韶关和清远可以吸纳更多人口，2 市可增加的人口数分别为 511 万人和 222 万人；而梅州、河源和云浮的人口已经超过了适宜人口的容量，分别需要疏散的人口为 95 万人、54 万人和 102 万人。

第八章

山西省适宜人口容量估算的实证研究

本章将按照前面确定的适宜人口容量估算模型，选取山西省为研究区，估算其省级层面的适宜人口容量，在测算和设定模型参数后，对不同条件下的山西省适宜人口容量进行估算，以了解中部地区适宜人口容量的特征。

一、模型参数的测量与设定

（一）基于栅格的山西省宜居区面积 S_h 的测算

参照对广东省宜居区的确定方法，仍按两个阶段进行，第一阶段，确定平地面积，将其作为计算宜居区面积的基础因素；第二阶段，考虑水文和地被因素，本书将水域、林地、冰川、冻原和裸地、戈壁作为非宜居区。运用 GlobCover2009 全球陆地覆盖数据，析取平地中的水域、林地、冰川、冻原和戈壁、裸地部分，将其与平地图层进行叠合后，将平地中的水域、林地、冻原、冰川和戈壁、裸地部分去除，即可获得宜居区栅格。

1. 平地栅格的获取

按照将一定区域内最高海拔与最低海拔差异较小的区域界定为平地的方法来获取平地。

采用窗口分析法提取平地栅格。数据源为 SRTM DEM 数据，分辨率为 100 米 ×100 米。分析的窗口大小采用 500 米 ×500 米。具体步骤与第六章的方法一致。

山西省的平地呈串珠式分布。山西省境内重峦叠嶂，丘陵起伏，沟壑纵横，总的地势是“两山夹一川”，东西两侧为山地和丘陵隆起，中部为一列串珠式盆地沉陷，平原分布其间。中部由北而南珠串着彼此相隔的大同、忻州、太原、临汾、运城等“多”字形断陷盆地，东南部还有较为独特的长治高原断陷盆地。全省主体轮廓很像一个“凹”字形。

2. 水域栅格的获取

山西省位于海河流域和入黄支流的上游，除北部有汇水面积不大的少数支流自内蒙古流入外，河流均呈辐射状自省内向四周发散，汇入省外河流。在河流形态和河道特征方面表现为：沟壑密度大，水系发育；河流坡陡流急，侵蚀切割严重；年径流集中于汛期，枯水径流小而不稳。

为了便于计算宜居区面积，需要构建水域分布的栅格图层。采用 Landsat 中国内陆水体数据集，分辨率为 30 米。数据来自中国科学院数据云平台。通过对 19 幅元数据图像的拼接和裁剪得到山西省水域栅格图。在水域栅格的基础上通过重分类，将水域区的栅格值定为 0，表示这些区域是不能供人类居住的。

山西省的水域分布呈零散的点状或条状分布，水域面积占总面积比例较小。这主要是由于山西省多数水系合流较窄，水面面积小，在栅格构建过程中不能完全体现出来，仅有少数面积较大的水系能够在栅格图层中显示。对于宜居区面积的计算，部分水系未被识别可能导致区域内水域面积被低估，从而使最终的宜居区面积被高估。当然，这种误差的影响是有限的。一方面，这些未被识别水体的宽度或水面面积都较小，其对总体结果的影响不大；另一方面，较小的水体面积往往位于山间或林间等地势起伏较大的地形，与非平地区域重合，使得结果误差进一步变小。

3. 林地、保护区栅格的获取

林地栅格是从 GlobCover 全球陆地覆盖数据中提取的，提取的方法与第六章中对广东省林地提取的方法相同。荒漠和冰川部分也归入林地栅格中进行重分类，生成独立的林地栅格，属于林地的栅格，其栅格属性值被界定为 0。

对于保护区的提取，采用手绘的方式对山西省面积较大的保护区进行绘图。根据《山西省主体功能区规划》中的禁止开发区名录（山西省人民政府，2014），结合中国自然保护区网（2018）发布的保护区地图获取手绘参照模板。手绘完成后，利用ArcGIS转换工具将其转换为300米分辨率的栅格数据，并通过重分类将属于保护区的栅格的属性值界定为0。

将林地栅格与保护区栅格的栅格值相乘，即可得到林地与保护区栅格图，根据2010年全国第八次森林资源连续普查，山西省森林面积约为4236万亩，森林覆盖率为18.03，比全国平均水平低2.33个百分点，比周边各省都低，但山西省的造林潜力较大，全省80%以上的土地是山区丘陵，有大量的荒山和沙化地可以造林。在自然保护区方面，《山西省主体功能区规划》中共列出国家级自然保护区7处，国家级森林公园18处，省级自然保护区39处，省级湿地公园38处，省级森林公园37处。其中多数位于林区，与林地重合面积较多。

4. 宜居区栅格的确定

应用ArcGIS软件平台中的数学工具将分别获取的平地、水域、林地与保护区栅格图层依次相乘，即可获得宜居区的栅格图。

山西省的宜居区域主要分布在南北两端，中部呈串珠式分布。运用区域统计工具进行计算，得出山西省全省的宜居区面积 S_h 为45981.46平方千米，约占全省总面积的35.67%。

（二）粮食单产水平 *Y* 的确定

山西省是农业大省，城市化水平比东南沿海发达省份低，农业从业人口占总人口的比例也高。随着城镇化的发展，山西省农业人口逐年下降，农作物的播种面积的也逐年下降，越来越多的土地撂荒。2000年开始，山西省农作物播种面积逐年下降，2017年下降至3568.28千公顷，比2000年4042.42千公顷下降了将近12%，占全省耕地面积的74.28%。

从农业劳动力的状况看，年轻人外出务工和读书是人口外流的主要部分。一部分高学历人员和部分外出务工人员在外立足，逐渐转为城市居民，农村的土地转让给他人种植或撂荒；一部分外出务工人员在农忙时回乡务农，农闲时外出；长期留在农村的往往是年老体弱者。值得注意的是，越来越少的农村青年选择继承家业继续务农，更多的农村青年不掌握务农的技能。尽管上述现象是我国城镇化发展中必然的和普遍的现象，但在中部地区表现得尤为明显，且农业人口流向省外的比例较大。

农业人口转移给农业发展带来了挑战。一方面，农业从业人员老龄化，体力和精力的下降伴随着各种疾病或亚健康问题，使得农业劳动群体在务农上的人力投入受限，农业技术推广和农业生产水平的提升也必然受到限制；另一方面，在市场化程度越来越高的背景下，农业收益越来越不稳定，农业收入相比外出务工的收入越来越少，降低了农民务农的积极性。

同时，农业人口变动也给农业发展带来了机遇。一方面，外出务工群体在城市生活，拓宽了眼界和视野，市场意识增强，对现代科学技术发展的感受和体会更深，提升了他们对科学技术的重视程度，有利于农业科技的推广；另一方面，外出务工人员经济水平和能力提升，为其反哺农业提供了可能。一些来自农村的学生学习农业科技或从事农业科技研究，这些都成为农村科技发展的人力资源。

在政策层面，党的十九大后，国家提出了乡村振兴战略，为农村和农业发展提供了机遇。乡村振兴战略从政府层面动员全社会的力量促进农村发展和产业升级；鼓励高技术人才回乡支持农业发展，这都为农业增产增收提供了机遇。尤其是对于农业占比较高的中西部地区，是一次发展机遇。

具体从山西省的粮食单产的情况来看（见图 8 - 1），1978 年以来，山西省粮食单产经历了 2 次提升过程，第一次提升是 1980 ~ 1990 年，山西省的粮食单产由 130 千克/亩增加到 196 千克/亩，基本完成了由 100 千克级向 200 千克级的跃升；第二次提升是 2000 ~ 2014 年，由 179 千克/亩提升到了 284 千克/亩，提高了 58.7%。然而，从全国的比较来看，山西省的粮食亩产仍处于较低水平，2014 年，山西省的粮食亩产在全国排第 28 位，仅排在陕西、青海和贵州三省之前，在中部 6 省中亩产最低（国家统计局）。这与山西省耕地的自然条件限制有关，尤其是北部地区的忻州、吕梁等地土地旱作率高，水资源严重不足，灌溉条件差（陈亮、解晓悦，2016），极大地限制了当地的农业发展。

从图 8 - 1 可以看出，2005 年以来，山西省的粮食产量持续上升，直到 2015 年才出现小幅波动，2018 年，粮食产量更是达到 293 千克/亩的历史新高，逼近 300 千克。这种持续上升的原因，与全球气候变化的大背景紧密相关。已有研究表明，气候变化带来的温湿变化对粮食产量有显著影响，并呈现出地理上的南北差异。即气温升高会在南方地区导致作物减产，而在北方地区带来了作物增产。尽管不同研究者给出的具体数据有差异，但都支持了这一结论（何为等，2015；尹朝静等，2016）。可见，全球升温为山西省作物产量提升提供了良好的气候条件。当然，政府、社会在粮食补贴、灌溉设施建设、农机技术提升等方面的努力也起到了正面作用。

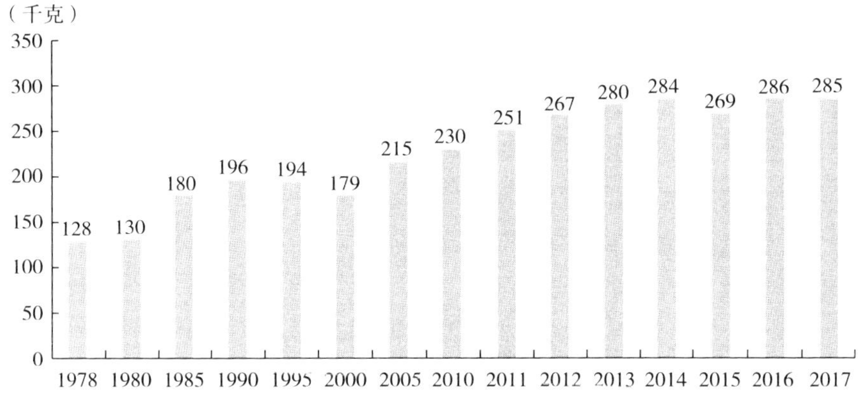

图 8－1　1978 ~ 2017 年山西省粮食亩产水平变化

资料来源：《山西省统计年鉴》。

总体来看，山西省农业发展面临着劳动人口外流的社会经济问题和自然条件较差的限制，未来粮食亩产提升的阻力较大。同时，从与全国的差异来看，山西省的粮食亩产还有较大的提升空间，乡村振兴战略带来的政策红利给山西农业发展带来机遇。山西省的粮食亩产会在一段时间内保持不变甚至略有下降，但随着农业科技水平的提升，特别是对水资源在农业上的高效利用的进步，将为山西省粮食亩产带来再次提升的动力。基于此，本书将未来一段时间的粮食单产水平的最大值设定为 350 千克/亩，即 Y 值设定为 350。

（三）人均粮食消费量 X 的确定

2017 年山西省粮食总产量 1299.9 万吨，实际人均粮食消费水平为 114.3 千克。《国家粮食安全需求中长期规划纲要（2008 ~ 2020 年）》预测 2020 年人均粮食消费量为 395 千克（国家发展和改革委员会，2008），国务院粮食白皮书《中国的粮食问题》提出 2030 年人均粮食消费量为 400 千克。

封志明等（2007）考虑到中国粮食生产与食物消费的现状与趋势，确立中国未来人口的食物消费结构和膳食营养水平，综合推算人均粮食需求，其研究认为，未来人口发展的人均粮食需求在2010年为400～410千克、2020年为420～435千克、2030年人口高峰时期应在450～470千克的水平。陈玲玲等（2009）应用经验模态（EMD）方法进行分析，根据阶段性目标以及中国粮食生产与食物消费的现状与趋势，综合推算基于未来人口发展的人均粮食需求，其推算结果与封志明的研究结果基本相同。

鉴于前人关于我国国民粮食消费水平的相关研究，将山西省2020年人均粮食消费水平设定为420千克，2030年设定为450千克。

（四）各功能区人口密度标准的设定

根据第四章对各功能区人口密度标准的比较研究，按现代高收入国家或地区的人居标准，人文发展功能区的适宜人口密度 d_3 为4000人/平方千米。

对于生物生产功能区，山西省是典型的黄土覆盖的山地高原，高原内部起伏不平，河谷纵横，地貌有山地、丘陵、台地、平原，山区面积占总面积的80.1%。整体上看，山西的土地资源非常稀缺和零散，不适合进行规模经营。因此，在确定山西省生物生产功能区的适宜人口密度时，主要考虑集约农业和设施农业两种条件，即在农业发展达到发达水平时，以集约农业的适宜人口密度为标准，当农业进一步发展达到高度发达水平时，因为土地产出率更高，设施农业将成为山西省农业发展的选择，这时应以设施农业下的适宜人口密度作为标准。因此生物生产功能区的适宜人口密度 d_2 在发达农业水平下应为750人/平方千米，在高度发达农业水平下应为220人/平方千米。

二、不同发展情景下山西省适宜人口容量估算

本节运用基于土地功能定位的人口容量模型对山西省的人口容量进行估算。结合山西省的实际情况，在估算时，对模型中的一些参数设置了不同的情景，如表8－1所示。对生物生产功能区的人口密度标准设置了农业发达水平和农业高度发达水平两种条件下的人口密度标准；对人均粮食消费水平设置了2020年的预期水平和2030年的预期水平。

表 8－1　山西省人口容量估算的情景设置

指标	年份	农业发展水平	
		发达	高度发达
人均粮食消费水平	2020	情景 1：$d_2=750$，$X=420$	情景 2：$d_2=220$，$X=420$
	2030	情景 3：$d_2=750$，$X=450$	情景 4：$d_2=220$，$X=450$

（一）情景 1

在情景 1 模式下，山西省人口密度估算模型的各项参数情况如下：

总面积 $S=156476.33$ 平方千米。

宜居区面积 $S_h=45981.46$ 平方千米。

生物生产功能区适宜人口密度 $d_2=750$ 人/平方千米。

人文发展功能区适宜人口密度 $d_3=4000$ 人/平方千米。

人均粮食消费量 $X=420$ 千克。

生物生产功能区粮食单产水平 $Y=350$ 千克/亩。

先将上述参数代入自给自足条件下的人口密度估算模型中：

$$\begin{cases} C = S_2 d_2 + S_3 d_3 \\ S_2 = \dfrac{S_h}{1 + \dfrac{\dfrac{Y}{X} - d_2}{d_3}} \\ S_3 = S_h - S_2 \end{cases}$$

得到 $S_2=40872.41$ 平方千米，$S_3=5109.05$ 平方千米，$C=51090511$ 人。

可见，在粮食自给自足条件下，以情景 1 的参数模式估算，山西省生物生产功能区与人文发展功能区的最佳比例为 8∶1，可容纳的总人口约为 5109 万人。

在开放模式下，考虑粮食自给率的情况，用上述参数估算人口容量：

$$\begin{cases} C = S_2 d_2 + S_3 d_3 \\ S_2 = \dfrac{S_h}{1 + \dfrac{\dfrac{Y}{X \times k} - d_2}{d_3}} \\ S_3 = S_h - S_2 \end{cases}$$

基于不同的粮食自给率，测算情景1模式下的人口容量如表8－2所示：

表8－2　情景1模式下不同粮食自给率对应的功能分区及人口容量

k	S_2（平方千米）	S_2/S_h（%）	S_3（平方千米）	S_3/S_h（%）	C（人）
0.1	11677.83	25	34303.63	75	145972889
0.2	19360.61	42	26620.85	58	121003842
0.3	24798.99	54	21182.47	46	103329124
0.4	28851.11	63	17130.35	37	90159725
0.5	31987.10	70	13994.36	30	79967757
0.6	34486.10	75	11495.37	25	71846031
0.7	36524.28	79	9457.18	21	65221929
0.8	38218.36	83	7763.10	17	59716182
0.9	39648.68	86	6332.78	14	55067617
1.0	40872.41	89	5109.05	11	51090511

注：k为粮食自给率；S_2为生物生产功能区面积；S_3为人文发展功能区面积；S_2/S_h为生物生产功能区面积占宜居区总面积的比例；S_3/S_h为人文发展功能区面积占宜居区总面积的比例；C为人口容量。下同。

（二）情景2

在情景2模式下，山西省人口密度估算模型的各项参数情况如下：

总面积$S = 156476.33$平方千米。

宜居区面积$S_h = 45981.46$平方千米。

生物生产功能区适宜人口密度$d_2 = 220$人/平方千米。

人文发展功能区适宜人口密度$d_3 = 4000$人/平方千米。

人均粮食消费量$X = 420$千克。

生物生产功能区粮食单产水平$Y = 350$千克/亩。

将上述参数代入人口密度估算模型中，得到不同粮食自给率水平下的人口容量如表 8 - 3 所示：

表 8 - 3　情景 2 模式下不同粮食自给率对应的功能分区及人口容量

k	S_2（平方千米）	S_2/S_h（%）	S_3（平方千米）	S_3/S_h（%）	C（人）
0.1	11297.66	25	34683.80	75	141220700
0.2	18337.57	40	27643.89	60	114609821
0.3	23145.03	50	22836.43	50	96437626
0.4	26636.62	58	19344.84	42	83239428
0.5	29287.55	64	16693.91	36	73218885
0.6	31368.82	68	14612.64	32	65351706
0.7	33046.22	72	12935.24	28	59011114
0.8	34426.92	75	11554.54	25	53792068
0.9	35583.25	77	10398.21	23	49421174
1.0	36565.77	80	9415.69	20	45707217

（三）情景 3

在情景 3 模式下，山西省人口密度估算模型的各项参数情况如下：

总面积 S = 156476.33 平方千米。

宜居区面积 S_h = 45981.46 平方千米。

生物生产功能区适宜人口密度 d_2 = 750 人/平方千米。

人文发展功能区适宜人口密度 d_3 = 4000 人/平方千米。

人均粮食消费量 X = 450 千克。

生物生产功能区粮食单产水平 Y = 350 千克/亩。

将上述参数代入人口密度估算模型中，得到不同粮食自给率水平下的人口容量如表 8 - 4 所示：

表8－4　情景3模式下不同粮食自给率对应的功能分区及人口容量

k	S_2（平方千米）	S_2/S_h（%）	S_3（平方千米）	S_3/S_h（%）	C（人）
0.1	12330.22	27	33651.24	73	143852612
0.2	20248.72	44	25732.74	56	118117512
0.3	25763.93	56	20217.53	44	100193065
0.4	29825.81	65	16155.65	35	86991951
0.5	32941.94	72	13039.52	28	76864530
0.6	35408.18	77	10573.28	23	68849245
0.7	37408.65	81	8572.81	19	62347742
0.8	39063.90	85	6917.56	15	56968181
0.9	40456.19	88	5525.27	12	52443213
1.0	41643.59	91	4337.87	9	48584184

（四）情景4

在情景4模式下，山西省人口密度估算模型的各项参数情况如下：

总面积 $S = 156476.33$ 平方千米。

宜居区面积 $S_h = 45981.46$ 平方千米。

生物生产功能区适宜人口密度 $d_2 = 220$ 人/平方千米。

人文发展功能区适宜人口密度 $d_3 = 4000$ 人/平方千米。

人均粮食消费量 $X = 450$ 千克。

生物生产功能区粮食单产水平 $Y = 350$ 千克/亩。

将上述参数代入人口密度估算模型中，得到不同粮食自给率水平下的人口容量如表8－5所示：

表8－5　情景4模式下不同粮食自给率对应的功能分区及人口容量

k	S_2（平方千米）	S_2/S_h（%）	S_3（平方千米）	S_3/S_h（%）	C（人）
0.1	11907.15	26	34074.31	74	138916798
0.2	19132.37	42	26849.09	58	111605485

续表

k	S_2（平方千米）	S_2/S_h（%）	S_3（平方千米）	S_3/S_h（%）	C（人）
0.3	23983.38	52	21998.08	48	93268682
0.4	27465.28	60	18516.18	40	80107073
0.5	30086.02	65	15895.44	35	70200702
0.6	32129.90	70	13851.56	30	62474810
0.7	33768.51	73	12212.95	27	56280857
0.8	35111.52	76	10869.94	24	51204298
0.9	36232.29	79	9749.17	21	46967783
1.0	37181.77	81	8799.69	19	43378736

三、基于主体功能区划的山西省适宜人口容量估算

山西省国土总面积为156476.33平方千米，其中可居住区域总面积为45981.46平方千米。2018年实际常住人口为3718.34万人。人口尚在本地粮食可支撑的范围，并留有部分人口上升空间。

按照国家发展和改革委员会的《省级主体功能区划分技术规程》，山西省将区域内主体功能区划分为国家级和省级两个层级，分别包括重点开发区域、限制开发的农产品主产区、限制开发的重点生态功能区和禁止开发区域四类区域。

根据《山西省主体功能区规划》，山西省划定的农产品主产区的面积是44830.47平方千米的，其中包含的可居住区域面积为36808.58平方千米，如果其他可居住区域全部规划为人文发展区，则山西省的最大人口容量为：

（一）在发达农业条件下

即生物生产功能区人口密度为 750 人/平方千米时，

$C \approx S_2 \times d_2 + S_3 \times d_3 = 36808.58 \times 750 + (45981.46 - 36808.58) \times 4000 = 6429.8$（万人）

也就是说，在《山西省主体功能区规划》框架约束下，山西省农业达到发达水平时的适宜人口容量为 6429.8 万人，在人均粮食消费量为 420 千克的消费水平时（情景 1），粮食自给率最多可达 71.56%；在人均粮食消费量为 450 千克的消费水平时（情景 3），粮食自给率最多可达 66.79%。

（二）在高度发达农业条件下

即生物生产功能区人口密度为 220 人/平方千米时，

$C \approx S_2 \times d_2 + S_3 \times d_3 = 36808.58 \times 220 + (45981.46 - 36808.58) \times 4000 = 4478.94$（万人）

也就是说在《山西省主体功能区规划》框架约束下，山西省农业发展达到高度发达水平时的适宜人口容量约为 4478.94 万人，在人均粮食消费量为 420 千克的消费水平时（情景 2），粮食自给率最多可达 100%；在人均粮食消费量为 450 千克的消费水平时（情景 4），粮食自给率最多可达 95.88%。

四、本章小结

本章在第三章和第四章对适宜人口密度分析的基础上，运用第五章构建的基于土地功能定位的人口容量估算模型，进一步选取中部地区的山西省为案例研究区，通过对宜居区面积、人均粮食消费量、粮食自给率及各功能区人口密度标准等参数的设定，得出不同粮食自给率条件下区域内生物生产功能区与人文发展功能区的面积比例，进而估算出山西省达到高收入国家或地区的人居标准时的适宜人口容量。

为了解我国不同地域适宜人口容量的特点，将模型用于对山西省省域人口容量的估算。估算了4种情景下山西省在不同粮食自给率条件下的适宜人口容量，然后将山西省主体功能区划下生物生产功能区与人文发展功能区的面积比例代入模型进行运算。

结果表明，在山西省主体功能区划规定的生物生产功能区与人文发展功能区的比例条件下，当山西省农业发展达到发达水平时，山西省的适宜人口容量约为6429.8万人，在人均粮食消费量为430千克的消费水平，粮食自给率最多可达71.56%；在人均粮食消费量为450千克的消费水平时，粮食自给率最多可达66.79%。

当山西省农业发展达到高度发达农业水平时，山西省的适宜人口容量为4478.94万人，在人均粮食消费量为430千克的消费水平时，粮食自给率最多可达100%；在人均粮食消费量为450千克的消费水平时，粮食自给率最多可达95.88%。

第九章

山西省市域适宜人口容量估算的实证研究

本章利用第五章的适宜人口容量估算模型进一步对山西省11市的适宜人口容量进行估算，以期得出符合各地市地域功能的人口容量，为山西省各地市的人口发展规划及研究提供参考。

一、基于适宜人口容量估算模型的山西省市域人口容量

（一）山西省市域适宜人口容量估算的参数设定

1. 山西省11市宜居区面积的测算

结合山西省宜居区栅格图和山西省11市矢量边界图，运用ArcGIS区域统计分析模块，量算11市的宜居区面积。

根据量算结果，最终确定的山西省11市的宜居区面积，如表9-1所示。

2. 山西省各地市粮食单产水平的确定

结合山西省各地市历年的粮食亩产，对山西省11市的粮食单产水平进行预测，设定山西省各地市未来一段时间的粮食最大单产水平。山西省各地市粮食亩产水平的变化趋势如图9-1所示。

表9-1　山西省11市宜居区面积及比例

编号	地市	总面积		宜居区面积		宜居区面积占比	
		数值（平方千米）	排序	数值（平方千米）	排序	数值（%）	排序
1	太原	6894.81	10	1765.21	10	25.60	6
2	大同	13763.61	7	6363.24	2	46.23	3
3	阳泉	4507.47	11	856.22	11	19.00	10
4	长治	13857.12	6	4273.77	5	30.84	4
5	晋城	9388.35	9	2138.87	9	22.78	8
6	朔州	10485.81	8	5954.51	4	56.79	1
7	晋中	16176.06	4	4203.08	7	25.98	5
8	运城	14017.14	5	7117.45	1	50.78	2
9	忻州	24735.51	1	6045.88	3	24.44	7
10	临汾	19940.49	3	4264.70	6	21.39	9
11	吕梁	20670.66	2	2888.36	8	13.97	11

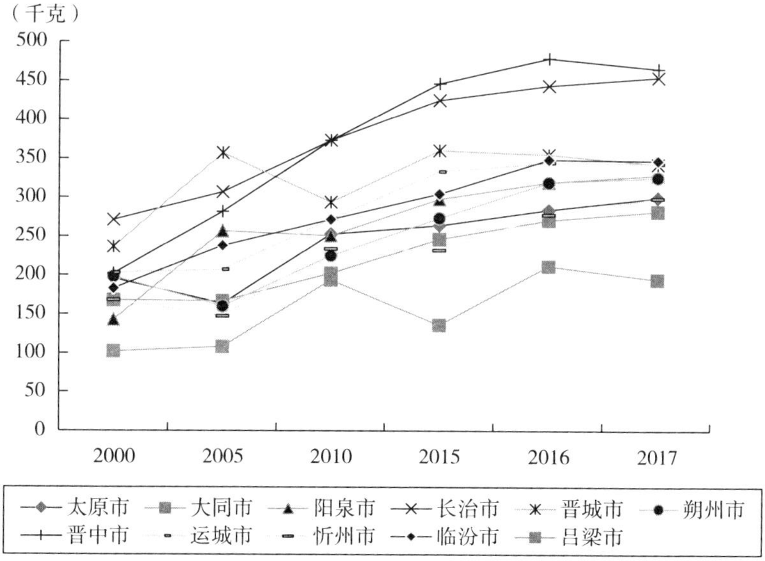

图9-1　2000~2017年山西省11市粮食亩产变化趋势

从图9－1可以看出，山西省11市粮食产量变化的趋势具有地理相似性，晋北地区的大同市和朔州市的变化趋势基本相同；吕梁市、忻州市和阳泉市的变化趋势基本相同，产量波动较大；太原市、晋中市和长治市的变化趋势基本相同；运城市与临汾市的变化趋势基本相同；晋城市的粮食亩产处于较大的波动变化中。山西省粮食产量的地理相似性与其地域范围内不同地区的地形条件气候类型不同有关。山西省总体处于温带大陆性季风气候，但南北差异显著，北部地区平均气温低，温差大，更为干旱，对作物生长条件不利，导致山西北部地区农作物产量总体不高。同时，北部的吕梁市和忻州市因多山地和丘陵，不利于灌溉，粮食产量更低。晋中市和长治市在气候和灌溉条件上都比较有利，亩产较高。临汾市和运城市的气候条件和灌溉条件也相对较好，土地较为平整，产量稳步上升。

结合各地市的粮食单产数据及其变化趋势，设定各地市未来一段时间粮食亩产的适宜值，如表9－2所示。

表9－2　山西省11市粮食亩产设定值　　单位：千克

地市	亩产	地市	亩产
太原	350	晋中	480
大同	320	运城	400
阳泉	350	忻州	350
长治	480	临汾	400
晋城	400	吕梁	260
朔州	380		

3. 人均粮食消费量的确定

在对山西省的人均粮食消费水平进行确定时，设定了两个水平，分别是2020年为420千克、2030年是450千克。鉴于各地市经济发展水平及区位优势的不同，对各地市的人均粮食消费量进行差别化的设定。由于人均粮食消费量是经济发展水平和人们生活水平的重要表征，因此可根据各地市的经济发展水平，即人均GDP水平，来确定各地市在未来一段时间的人均粮食消费量。

山西省晋北、晋中、晋南人均GDP变化，如图9－2所示：

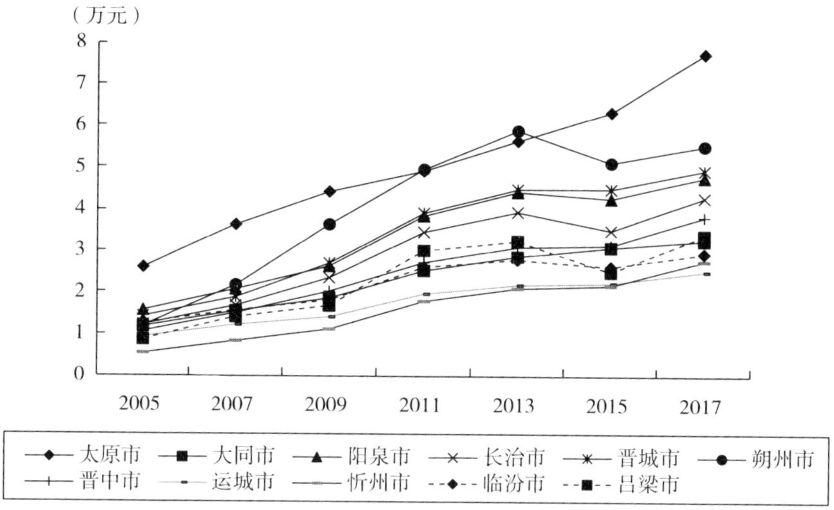

图 9-2 2005~2017 年山西省晋北、晋中、晋南人均 GDP 变化

从图 9-2 可以看出，太原市的经济发展水平明显高于其他地市，且差距呈扩大趋势。其他 10 市的差距在 2013 年达到最大，之后开始缩小，总体上差距并没有拉开。

基于以上分析，将山西省的 11 市分成两个部分来确定人均粮食消费量。将太原市的人均粮食消费量确定为 450 千克；将其他 10 市的人均粮食消费量确定为 430 千克。

4. 各功能区人口密度标准的设定

根据第四章对各功能区人口密度标准的比较研究，按现代高收入国家或地区的人居标准，人文发展功能区的适宜人口密度 d_3 为 4000 人/平方千米。

对于生物生产功能区，根据上一章的分析（见第八章），在农业发展达到发达水平时，以集约农业的适宜人口密度为标准，当农业进一步发展达到高度发达水平时，应以设施农业下的适宜人口密度作为标准。因此生物生产功能区的适宜人口密度 d_2 在农业发达水平下应为 750 人/平方千米，在农业高度发达水平下应为 220 人/平方千米。

（二）山西省市域适宜人口容量的估算结果及分析

本节将各地市设定的参数代入人口密度模型中，对山西省 11 市的人口密度模型进行估算。

1. 太原市

太原人口密度模型的各参数值如下：

总面积 $S=6894.81$ 平方千米。

宜居区面积 $S_h=1765.21$ 平方千米。

生物生产功能区适宜人口密度：

农业发达水平下：$d_2=750$ 人/平方千米。

农业高度发达水平下：$d_2=220$ 人/平方千米。

人文发展功能区适宜人口密度 $d_3=4000$ 人/平方千米。

人均粮食消费量 $X=450$ 千克。

生物生产功能区粮食单产水平 $Y=350$ 千克/亩。

将上述值代入人口密度模型中，得到的结果如表 9－3 所示。

表 9－3 太原市人口容量估算结果

k	农业发达水平					农业高度发达水平				
	S_2（平方千米）	S_2/S_h（%）	S_3（平方千米）	S_3/S_h（%）	C（人）	S_2（平方千米）	S_2/S_h（%）	S_3（平方千米）	S_3/S_h（%）	C（人）
0	0	0	1765	100	7060840	0	0	1765	100	7060840
0.1	457	26	1308	74	5332961	473	27	1292	73	5522445
0.2	734	42	1031	58	4284490	777	44	988	56	4534484
0.3	921	52	844	48	3580548	989	56	776	44	3846372
0.4	1054	60	711	40	3075279	1145	65	620	35	3339586
0.5	1155	65	610	35	2694977	1265	72	501	28	2950799
0.6	1233	70	532	30	2398383	1359	77	406	23	2643095
0.7	1296	73	469	27	2160600	1436	81	329	19	2393505
0.8	1348	76	417	24	1965713	1500	85	266	15	2186986
0.9	1391	79	374	21	1803075	1553	88	212	12	2013274
1.0	1427	81	338	19	1665292	1599	91	167	9	1865128

注：k 为粮食自给率；S_2 为生物生产功能区面积；S_3 为人文发展功能区面积；S_2/S_h 为生物生产功能区面积占宜居区总面积的比例；S_3/S_h 为人文发展功能区面积占宜居区总面积的比例；C 为人口容量。下同。

从表 9 – 3 可以看出，在农业发达水平下，太原市若要粮食自给自足，则生物生产功能区的面积占宜居区面积的比例应该不少于 81%，此时的适宜人口容量为 1665292 人；在农业高度发达水平下，太原市若要粮食自给自足，则生物生产功能区的面积占宜居区面积的比例应该不少于 91%，此时的适宜人口容量为 1865128 人。

若粮食自给率为 0，宜居区全部用于人文发展功能，此时的适宜人口容量为 7060840 人，也是太原市适宜人口容量的最大值。

2018 年太原市人口数已达 442.14 万人，若对应农业发达水平，则其粮食自给率为 21.43%，若对应农业高度发达水平，则其粮食自给率为 18.43%。

2. 大同市

大同市人口密度模型的各参数值如下：

总面积 $S = 13763.61$ 平方千米。

宜居区面积 $S_h = 6363.24$ 平方千米。

生物生产功能区适宜人口密度：

农业发达水平下：$d_2 = 750$ 人/平方千米。

农业高度发达水平下：$d_2 = 220$ 人/平方千米。

人文发展功能区适宜人口密度 $d_3 = 4000$ 人/平方千米。

人均粮食消费量 $X = 430$ 千克。

生物生产功能区粮食单产水平 $Y = 320$ 千克/亩。

将上述值代入人口密度模型中，得到的结果如表 9 – 4 所示。

表 9 – 4　大同市人口容量估算结果

k	农业发达水平					农业高度发达水平				
	S_2（平方千米）	S_2/S_h（%）	S_3（平方千米）	S_3/S_h（%）	C（人）	S_2（平方千米）	S_2/S_h（%）	S_3（平方千米）	S_3/S_h（%）	C（人）
0	0	0	6363	100	25452960	0	0	6363	100	25452960
0.1	1766	28	4597	72	19713466	1703	27	4660	73	19014257
0.2	2882	45	3481	55	16086137	2719	43	3644	57	15175412
0.3	3651	57	2712	43	13586234	3393	53	2970	47	12626259

续表

k	农业发达水平					农业高度发达水平				
	S_2（平方千米）	S_2/S_h（%）	S_3（平方千米）	S_3/S_h（%）	C（人）	S_2（平方千米）	S_2/S_h（%）	S_3（平方千米）	S_3/S_h（%）	C（人）
0.4	4214	66	2150	34	11758827	3874	61	2490	39	10810346
0.5	4643	73	1721	27	10364726	4233	67	2130	33	9451087
0.6	4981	78	1383	22	9266152	4513	71	1851	29	8395468
0.7	5254	83	1109	17	8378139	4736	74	1628	26	7551967
0.8	5479	86	884	14	7645445	4918	77	1445	23	6862486
0.9	5668	89	695	11	7030597	5070	80	1293	20	6288369
1.0	5829	92	534	8	6507281	5198	82	1165	18	5802898

从表9－4可以看出，在农业发达水平下，大同市若要粮食自给自足，则生物生产功能区的面积占宜居区面积的比例应该不少于92%，此时的适宜人口容量为6507281人；在农业高度发达水平下，大同市若要粮食自给自足，则生物生产功能区的面积占宜居区面积的比例应该不少于82%，此时的适宜人口容量为5802898人。

若粮食自给率为0，宜居区全部用于人文发展功能，此时的适宜人口容量为25452960人，也是大同市适宜人口容量的最大值。

2018年大同市人口数已达345.6万人，若对应农业发达水平，则其粮食自给率可达139%，若对应农业高度发达水平，则其粮食自给率可达222%。可见，大同市还有较为充足的人口增长空间。

3. 阳泉市

阳泉市人口密度模型的各参数值如下：

总面积 $S=4507.47$ 平方千米。

宜居区面积 $S_h=856.22$ 平方千米。

生物生产功能区适宜人口密度：

农业发达水平下：$d_2=750$ 人/平方千米。

农业高度发达水平下：$d_2=220$ 人/平方千米。

人文发展功能区适宜人口密度 $d_3=4000$ 人/平方千米。

人均粮食消费量 $X=430$ 千克。

生物生产功能区粮食单产水平 $Y=350$ 千克/亩。

将上述值代入人口密度模型中，得到的结果如表 9－5 所示。

表 9－5　阳泉市人口容量估算结果

k	农业发达水平					农业高度发达水平				
	S_2（平方千米）	S_2/S_h（%）	S_3（平方千米）	S_3/S_h（%）	C（人）	S_2（平方千米）	S_2/S_h（%）	S_3（平方千米）	S_3/S_h（%）	C（人）
0	0	0	856	100	3424880	0	0	856	100	3424880
0.1	222	26	635	74	2704869	214	25	642	75	2615211
0.2	366	43	490	57	2235006	346	40	510	60	2115168
0.3	468	55	388	45	1904222	436	51	420	49	1775653
0.4	543	63	313	37	1658729	501	59	355	41	1530057
0.5	602	70	255	30	1469305	550	64	306	36	1344144
0.6	648	76	208	24	1318711	589	69	267	31	1198516
0.7	686	80	170	20	1196116	620	72	236	28	1081359
0.8	717	84	139	16	1094377	645	75	211	25	985067
0.9	743	87	113	13	1008589	667	78	189	22	904521
1.0	766	89	90	11	935273	685	80	171	20	836152

从表 9－5 可以看出，在农业发达水平下，阳泉市若要粮食自给自足，则生物生产功能区的面积占宜居区面积的比例应该不少于 89%，此时的适宜人口容量为 935273 人；在农业高度发达水平下，阳泉市若要粮食自给自足，则生物生产功能区的面积占宜居区面积的比例应该不少于 80%，此时的适宜人口容量为 836152 人。

若粮食自给率为 0，宜居区全部用于人文发展功能，此时的适宜人口容量为 3424880 人，也是阳泉市适宜人口容量的最大值。

2018 年阳泉市人口数已达 140.88 万人，若对应农业发达水平，则其粮食自给率可达 53.76%，若对应农业高度发达水平，则其粮食自给率可达 46.22%。

4. 长治市

长治市人口密度模型的各参数值如下：

总面积 $S = 13857.12$ 平方千米。

宜居区面积 $S_h = 4273.77$ 平方千米。

生物生产功能区适宜人口密度：

农业发达水平下：$d_2 = 750$ 人/平方千米。

农业高度发达水平下：$d_2 = 220$ 人/平方千米。

人文发展功能区适宜人口密度 $d_3 = 4000$ 人/平方千米。

人均粮食消费量 $X = 430$ 千克。

生物生产功能区粮食单产水平 $Y = 480$ 千克/亩。

将上述值代入人口密度模型中，得到的结果如表 9－6 所示。

表 9－6　长治市人口容量估算结果

k	农业发达水平					农业高度发达水平				
	S_2（平方千米）	S_2/S_h（%）	S_3（平方千米）	S_3/S_h（%）	C（人）	S_2（平方千米）	S_2/S_h（%）	S_3（平方千米）	S_3/S_h（%）	C（人）
0	0	0	4274	100	17095080	0	0	4274	100	17095080
0.1	855	20	3419	80	14316322	833	19	3441	81	13946629
0.2	1471	34	2803	66	12314615	1407	33	2867	67	11777527
0.3	1936	45	2338	55	10804001	1826	43	2448	57	10192327
0.4	2299	54	1975	46	9623501	2146	50	2128	50	8983226
0.5	2591	61	1683	39	8675565	2398	56	1876	44	8030572
0.6	2830	66	1444	34	7897631	2602	61	1672	39	7260599
0.7	3030	71	1244	29	7247730	2770	65	1504	35	6625358
0.8	3200	75	1074	25	6696658	2911	68	1363	32	6092331
0.9	3345	78	929	22	6223465	3031	71	1243	29	5638684
1.0	3471	81	802	19	5812731	3134	73	1140	27	5247914

从表 9－6 可以看出，在农业发达水平下，长治市若要粮食自给自足，则生物生产功能区的面积占宜居区面积的比例应该不少于 81%，此时的适

宜人口容量为 5812731 人；在农业高度发达水平下，长治市若要粮食自给自足，则生物生产功能区的面积占宜居区面积的比例应该不少于 73%，此时的适宜人口容量为 5247914 人。

若粮食自给率为 0，宜居区全部用于人文发展功能，此时的适宜人口容量为 17095080 人，也是长治市适宜人口容量的最大值。

2017 年长治市人口数为 345.5 万人，若对应农业发达水平，则其粮食自给率为 191%，若对应农业高度发达水平，则其粮食自给率为 182%。表明该区域未来还可容纳更多人口。

5. 晋城市

晋城市人口密度模型的各参数值如下：

总面积 $S = 9388.35$ 平方千米。

宜居区面积 $S_h = 2138.87$ 平方千米。

生物生产功能区适宜人口密度：

农业发达水平下：$d_2 = 750$ 人/平方千米。

农业高度发达水平下：$d_2 = 220$ 人/平方千米。

人文发展功能区适宜人口密度 $d_3 = 4000$ 人/平方千米。

人均粮食消费量 $X = 430$ 千克。

生物生产功能区粮食单产水平 $Y = 400$ 千克/亩。

将上述值代入人口密度模型中，得到的结果如表 9－7 所示。

表 9－7　晋城市人口容量估算结果

k	农业发达水平					农业高度发达水平				
	S_2（平方千米）	S_2/S_h（%）	S_3（平方千米）	S_3/S_h（%）	C（人）	S_2（平方千米）	S_2/S_h（%）	S_3（平方千米）	S_3/S_h（%）	C（人）
0	0	0	2139	100	8555480	0	0	2139	100	8555480
0.1	497	23	1642	77	6939220	482	23	1656	77	6731828
0.2	837	39	1302	61	5836598	795	37	1344	63	5549021
0.3	1083	51	1056	49	5036338	1015	47	1124	53	4719744
0.4	1270	59	869	41	4429066	1177	55	962	45	4106105
0.5	1416	66	723	34	3952484	1302	61	837	39	3633672

续表

k	农业发达水平					农业高度发达水平				
	S_2（平方千米）	S_2/S_h（%）	S_3（平方千米）	S_3/S_h（%）	C（人）	S_2（平方千米）	S_2/S_h（%）	S_3（平方千米）	S_3/S_h（%）	C（人）
0.6	1534	72	604	28	3568501	1401	66	738	34	3258734
0.7	1632	76	507	24	3252519	1482	69	657	31	2953934
0.8	1713	80	426	20	2987944	1549	72	590	28	2701276
0.9	1782	83	357	17	2763175	1605	75	534	25	2488433
1.0	1842	86	297	14	2569856	1653	77	486	23	2306681

从表9－7可以看出，在农业发达水平下，晋城市若要粮食自给自足，则生物生产功能区的面积占宜居区面积的比例应该不少于86%，此时的适宜人口容量为2569856人；在农业高度发达水平下，晋城市若要粮食自给自足，则生物生产功能区的面积占宜居区面积的比例应该不少于77%，此时的适宜人口容量为2306681人。

若粮食自给率为0，宜居区全部用于人文发展功能，此时的适宜人口容量为8555480人，也是晋城市适宜人口容量的最大值。

2017年晋城市人口数为233.3万人，若对应农业发达水平，则其粮食自给率为84.3%，若对应农业高度发达水平，则其粮食自给率为57.85%。

6. 朔州市

朔州市人口密度模型的各参数值如下：

总面积 $S=10485.81$ 平方千米。

宜居区面积 $S_h=5954.51$ 平方千米。

生物生产功能区适宜人口密度：

农业发达水平下：$d_2=750$ 人/平方千米。

农业高度发达水平下：$d_2=220$ 人/平方千米。

人文发展功能区适宜人口密度 $d_3=4000$ 人/平方千米。

人均粮食消费量 $X=430$ 千克。

生物生产功能区粮食单产水平 $Y=380$ 千克/亩。

将上述值代入人口密度模型中，得到的结果如表 9－8 所示。

表 9－8　朔州市人口容量估算结果

k	农业发达水平					农业高度发达水平				
	S_2（平方千米）	S_2/S_h（%）	S_3（平方千米）	S_3/S_h（%）	C（人）	S_2（平方千米）	S_2/S_h（%）	S_3（平方千米）	S_3/S_h（%）	C（人）
0	0	0	5955	100	23818040	0	0	5955	100	23818040
0.1	1443	24	4512	76	19128260	1398	23	4556	77	18533162
0.2	2411	40	3543	60	15981498	2288	38	3666	62	15167675
0.3	3106	52	2849	48	13723814	2905	49	3049	51	12836636
0.4	3629	61%	2326	39	12025051	3358	56	2597	44	11126641
0.5	4036	68	1918	32	10700518	3704	62	2251	38	9818676
0.6	4363	73	1592	27	9638823	3977	67	1978	33	8785873
0.7	4631	78	1324	22	8768792	4198	71	1757	29	7949667
0.8	4854	82	1101	18	8042822	4381	74	1574	26	7258802
0.9	5043	85	911	15	7427866	4534	76	1420	24	6678415
1.0	5205	87	749	13	6900271	4665	78	1289	22	6183968

从表 9－8 可以看出，在农业发达水平下，朔州市若要粮食自给自足，则生物生产功能区的面积占宜居区面积的比例应该不少于 87%，此时的适宜人口容量为 6900271 人；在农业高度发达水平下，朔州市若要粮食自给自足，则生物生产功能区的面积占宜居区面积的比例应该不少于 78%，此时的适宜人口容量为 6183968 人。

若粮食自给率为 0，宜居区全部用于人文发展功能，此时的适宜人口容量为 23818040 人，也是朔州市适宜人口容量的最大值。

2017 年朔州市人口数为 177.6 万人，若对应农业发达水平，则其粮食自给率可达 222%，若对应农业高度发达水平，则其粮食自给率可达 404%。表明这个区域未来还可容纳更多人口。

7. 晋中市

晋中市人口密度模型的各参数值如下：

总面积 $S=16176.06$ 平方千米。

宜居区面积 $S_h=4203.08$ 平方千米。

生物生产功能区适宜人口密度：

农业发达水平下：$d_2=750$ 人/平方千米。

农业高度发达水平下：$d_2=220$ 人/平方千米。

人文发展功能区适宜人口密度 $d_3=4000$ 人/平方千米。

人均粮食消费量 $X=430$ 千克。

生物生产功能区粮食单产水平 $Y=480$ 千克/亩。

将上述值代入人口密度模型中，得到的结果如表 9－9 所示。

表 9－9　晋中市人口容量估算结果

k	农业发达水平					农业高度发达水平				
	S_2（平方千米）	S_2/S_h（%）	S_3（平方千米）	S_3/S_h（%）	C（人）	S_2（平方千米）	S_2/S_h（%）	S_3（平方千米）	S_3/S_h（%）	C（人）
0	0	0	4203	100	16812320	0	0	4203	100	16812320
0.1	841	20	3362	80	14079524	819	19	3384	81	13715945
0.2	1447	34	2756	66	12110926	1383	33	2820	67	11582721
0.3	1904	45	2299	55	10625298	1796	43	2407	57	10023741
0.4	2261	54	1942	46	9464324	2110	50	2093	50	8834640
0.5	2548	61	1655	39	8532067	2358	56	1845	44	7897743
0.6	2783	66	1420	34	7767001	2559	61	1644	39	7140505
0.7	2980	71	1223	29	7127849	2724	65	1479	35	6515772
0.8	3147	75	1056	25	6585892	2863	68	1340	32	5991561
0.9	3290	78	913	22	6120526	2981	71	1222	29	5545418
1.0	3414	81	789	19	5716586	3082	73	1121	27	5161111

从表 9－9 可以看出，在农业发达水平下，晋中市若要粮食自给自足，则生物生产功能区的面积占宜居区面积的比例应该不少于 81%，此时的适宜人口容量为 5716586 人；在农业高度发达水平下，晋中市若要粮食自给自足，则生物生产功能区的面积占宜居区面积的比例应该不少于 73%，此时的适宜人口容量为 5161111 人。

若粮食自给率为0，宜居区全部用于人文发展功能，此时的适宜人口容量为16812320人，也是晋中市适宜人口容量的最大值。

2018年晋中市的人口为338.16万人，若对应农业发达水平，则其粮食自给率可达195%，若对应农业高度发达水平，则其粮食自给率可达181%。表明该区域未来还可容纳更多人口。

8. 运城市

运城市人口密度模型的各参数值如下：

总面积 $S = 14017.14$ 平方千米。

宜居区面积 $S_h = 7117.45$ 平方千米。

生物生产功能区适宜人口密度：

农业发达水平下：$d_2 = 750$ 人/平方千米。

农业高度发达水平下：$d_2 = 220$ 人/平方千米。

人文发展功能区适宜人口密度 $d_3 = 4000$ 人/平方千米。

人均粮食消费量 $X = 430$ 千克。

生物生产功能区粮食单产水平 $Y = 400$ 千克/亩。

将上述值代入人口密度模型中，得到的结果如表9-10所示。

表9-10　运城市人口容量估算结果

k	农业发达水平					农业高度发达水平				
	S_2（平方千米）	S_2/S_h（%）	S_3（平方千米）	S_3/S_h（%）	C（人）	S_2（平方千米）	S_2/S_h（%）	S_3（平方千米）	S_3/S_h（%）	C（人）
0	0	0	7117	100	28469800	0	0	7117	100	28469800
0.1	1655	23	5463	77	23091423	1605	23	5512	77	22401290
0.2	2784	39	4334	61	19422263	2647	37	4471	63	18465300
0.3	3603	51	3514	49	16759264	3377	47	3741	53	15705743
0.4	4225	59	2892	41	14738464	3917	55	3201	45	13663755
0.5	4713	66	2404	34	13152554	4333	61	2785	39	12091654
0.6	5106	72	2011	28	11874786	4663	66	2455	34	10843986
0.7	5430	76	1688	24	10823304	4931	69	2186	31	9829714
0.8	5701	80	1417	20	9942887	5154	72	1964	28	8988949
0.9	5931	83	1187	17	9194929	5341	75	1776	25	8280678
1.0	6129	86	989	14	8551630	5501	77	1616	23	7675870

从表 9－10 可以看出，在农业发达水平下，运城市若要粮食自给自足，则生物生产功能区的面积占宜居区面积的比例应该不少于 86%，此时的适宜人口容量为 8551630 人；在农业高度发达水平下，运城市若要粮食自给自足，则生物生产功能区的面积占宜居区面积的比例应该不少于 77%，此时的适宜人口容量为 7675870 人。

若粮食自给率为 0，宜居区全部用于人文发展功能，此时的适宜人口容量为 28469800 人，也是运城市适宜人口容量的最大值。

2018 年运城市的人口为 535.97 万人，若对应农业发达水平，则其粮食自给率可达 144%，若对应农业高度发达水平，则其粮食自给率可达 224%。表明该区域未来还可容纳更多人口。

9. 忻州市

忻州市人口密度模型的各参数值如下：

总面积 $S=24735.51$ 平方千米。

宜居区面积 $S_h=6045.88$ 平方千米。

生物生产功能区适宜人口密度：

农业发达水平下：$d_2=750$ 人/平方千米。

农业高度发达水平下：$d_2=220$ 人/平方千米。

人文发展功能区适宜人口密度 $d_3=4000$ 人/平方千米。

人均粮食消费量 $X=430$ 千克。

生物生产功能区粮食单产水平 $Y=350$ 千克/亩。

将上述值代入人口密度模型中，得到的结果如表 9－11 所示。

表 9－11　忻州市人口容量估算结果

k	农业发达水平					农业高度发达水平				
	S_2（平方千米）	S_2/S_h（%）	S_3（平方千米）	S_3/S_h（%）	C（人）	S_2（平方千米）	S_2/S_h（%）	S_3（平方千米）	S_3/S_h（%）	C（人）
0	0	0	6046	100	24183520	0	0	6046	100	24183520
0.1	1564	26	4482	74	19099433	1512	25	4533	75	18466341
0.2	2585	43	3461	57	15781663	2447	40	3599	60	14935474
0.3	3304	55	2742	45	13445960	3081	51	2965	49	12538117

续表

k	农业发达水平					农业高度发达水平				
	S_2（平方千米）	S_2/S_h（%）	S_3（平方千米）	S_3/S_h（%）	C（人）	S_2（平方千米）	S_2/S_h（%）	S_3（平方千米）	S_3/S_h（%）	C（人）
0.4	3837	63	2209	37	11712498	3540	59	2506	41	10803931
0.5	4249	70	1797	30	10374952	3887	64	2159	36	9491177
0.6	4576	76	1470	24	9311586	4159	69	1887	31	8462878
0.7	4842	80	1204	20	8445932	4378	72	1668	28	7635615
0.8	5063	84	983	16	7727540	4558	75	1488	25	6955683
0.9	5250	87	796	13	7121777	4708	78	1338	22	6386943
1.0	5409	89	637	11	6604082	4836	80	1210	20	5904180

从表9－11可以看出，在农业发达水平下，忻州市若要粮食自给自足，则生物生产功能区的面积占宜居区面积的比例应该不少于89%，此时的适宜人口容量为6604082人；在农业高度发达水平下，忻州市若要粮食自给自足，则生物生产功能区的面积占宜居区面积的比例应该不少于80%，此时的适宜人口容量为5904180人。

若粮食自给率为0，宜居区全部用于人文发展功能，此时的适宜人口容量为24183520人，也是忻州市适宜人口容量的最大值。

2018年忻州市的人口为317.2万人，若对应农业发达水平，则其粮食自给率可达158%，若对应农业高度发达水平，则其粮食自给率可达245%。表明这个区域未来还可容纳更多人口。

10. 临汾市

临汾市人口密度模型的各参数值如下：

总面积 $S=19940.49$ 平方千米。

宜居区面积 $S_h=4264.7$ 平方千米。

生物生产功能区适宜人口密度：

农业发达水平下：$d_2=750$ 人/平方千米。

农业高度发达水平下：$d_2=220$ 人/平方千米。

人文发展功能区适宜人口密度 $d_3=4000$ 人/平方千米。

人均粮食消费量 $X=430$ 千克。

生物生产功能区粮食单产水平 $Y=400$ 千克/亩。

将上述值代入人口密度模型中，得到的结果如表9－12所示。

表9－12　临汾市人口容量估算结果

k	农业发达水平					农业高度发达水平				
	S_2（平方千米）	S_2/S_h（%）	S_3（平方千米）	S_3/S_h（%）	C（人）	S_2（平方千米）	S_2/S_h（%）	S_3（平方千米）	S_3/S_h（%）	C（人）
0	0	0	4265	100	17058800	0	0	4265	100	17058800
0.1	992	23	3273	77	13836134	962	23	3303	77	13422614
0.2	1668	39	2597	61	11637612	1586	37	2679	63	11064211
0.3	2159	51	2106	49	10041972	2023	47	2241	53	9410713
0.4	2532	59	1733	41	8831130	2347	55	1918	45	8187176
0.5	2824	66	1441	34	7880870	2596	61	1669	39	7245190
0.6	3060	72	1205	28	7115245	2794	66	1471	34	6497600
0.7	3253	76	1011	24	6485208	2955	69	1310	31	5889859
0.8	3416	80	849	20	5957672	3088	72	1177	28	5386082
0.9	3554	83	711	17	5509503	3200	75	1064	25	4961694
1.0	3672	86	592	14	5124045	3296	77	969	23	4599299

从表9－12可以看出，在农业发达水平下，临汾市若要粮食自给自足，则生物生产功能区的面积占宜居区面积的比例应该不少于86%，此时的适宜人口容量为5124045人；在农业高度发达水平下，临汾市若要粮食自给自足，则生物生产功能区的面积占宜居区面积的比例应该不少于77%，此时的适宜人口容量为4599299人。

若粮食自给率为0，宜居区全部用于人文发展功能，此时的适宜人口容量为17058800人，也是临汾市适宜人口容量的最大值。

2017年临汾市的人口为448.15万人，若对应农业发达水平，则其粮食自给率为117%，若对应农业高度发达水平，则其粮食自给率可达109%。表明该区域未来还可容纳更多人口。

11. 吕梁市

吕梁市人口密度模型的各参数值如下：

总面积 S = 20670.66 平方千米。

宜居区面积 S_h = 2888.36 平方千米。

生物生产功能区适宜人口密度：

农业发达水平下：d_2 = 750 人/平方千米。

农业高度发达水平下：d_2 = 220 人/平方千米。

人文发展功能区适宜人口密度 d_3 = 4000 人/平方千米。

人均粮食消费量 X = 430 千克。

生物生产功能区粮食单产水平 Y = 260 千克/亩。

将上述值代入人口密度模型中，得到的结果如表 9－13 所示。

表 9－13　吕梁市人口容量估算结果

k	农业发达水平					农业高度发达水平				
	S_2（平方千米）	S_2/S_h（%）	S_3（平方千米）	S_3/S_h（%）	C（人）	S_2（平方千米）	S_2/S_h（%）	S_3（平方千米）	S_3/S_h（%）	C（人）
0	0	0	2888	100	11553440	0	0	2888	100	11553440
0.1	938	32	1951	68	8505600	899	31	1989	69	8154779
0.2	1484	51	1404	49	6730159	1389	48	1499	52	6301171
0.3	1842	64	1047	36	5567923	1698	59	1190	41	5134160
0.4	2094	72	794	28	4747989	1910	66	978	34	4331874
0.5	2282	79	607	21	4138546	2065	72	823	28	3746439
0.6	2426	84	462	16	3667759	2183	76	705	24	3300403
0.7	2542	88	347	12	3293142	2276	79	612	21	2949274
0.8	2636	91	253	9	2987959	2351	81	537	19	2665674
0.9	2714	94	175	6	2734542	2413	84	475	16	2431831
1.0	2779	96	109	4	2520751	2465	85	423	15	2235706

从表 9－13 可以看出，在农业发达水平下，吕梁市若要粮食自给自足，则生物生产功能区的面积占宜居区面积的比例应该不少于 96%，此时的适宜人口容量为 2520751 人；在农业高度发达水平下，吕梁市若要粮食自给自足，则生物生产功能区的面积占宜居区面积的比例应该不少于 85%，此时的适宜人口容量为 2235706 人。

若粮食自给率为0，宜居区全部用于人文发展功能，此时的适宜人口容量为11553440人，也是吕梁市适宜人口容量的最大值。

2017年吕梁市的人口为387.89万人，若对应农业发达水平，则其粮食自给率为64.16%，若对应农业高度发达水平，则其粮食自给率可达32.77%。

二、基于主体功能区划的山西省各市适宜人口容量估算

正如上一节所展示的，在不确定一个区域内生物生产功能区与人文发展功能区的面积比例时，可以在设置一定参数的前提下，运用第五章所提出的人口密度模型来估算区域的适宜人口容量。

本节将以山西省主体功能区规划中对各地市土地功能的定位为依据，来确定各地市生物生产功能区和人文发展功能区的面积，再结合第四章对各土地功能区人口容量标准的界定，估算山西省各地市的适宜人口容量。

（一）山西省主体功能区划对各地市土地功能的界定

山西省主体功能区划将全省分为6种功能区类型，分别为国家重点开发区、省级重点开发区、国家农产品主产区、省级农产品主产区、国家重点生态功能区、省级重点生态功能区。

山西省的国家级重点开发区位于山西省中部的太原城市群，包括17个县（市、区），主体部分为太原的六区一市两县，晋中市的榆次区、介林市、平遥县；忻州市的忻府区以及吕梁市的孝义市、汾阳市、文水县、交城县。2013年，该区域总面积为1.59万平方千米，占全省面积的10.15%，其中包括耕地面积0.41万平方千米，耕地中基本农田0.34万平方千米。

山西省的省级重点开发区主要包括太原都市圈、晋北城镇群、晋南城镇群和晋东南城镇群的部分地区。该区域的定位是在省级层面以提供工业品和服务产品为主体功能的城镇化地区。省级重点开发区辖22个县（市、

区），自北向南依次为大同市的城区、矿区、南郊区、新荣区、大同县，朔州市的朔城区，吕梁市的离石区，阳泉市的城区、矿区、郊区，长治市的城区、郊区、潞城市、长治县，晋城市城区，临汾市的尧都区、侯马市、襄汾县，运城市的盐湖区、闻喜县、河津市、永济市。该区域面积约为1.57万平方千米，占全省总面积的10%，其中包括耕地面积0.51万平方千米，耕地中基本农田0.44万平方千米（见表9－14）。

表9－14　山西省主体功能区划分总表（山西省人民政府，2014）

一级分区	二级分区	范围
重点开发区	国家级重点开发区域	太原市：杏花岭区、小店区、迎泽区、尖草坪区、万柏林区、晋源区、古交市、清徐县、阳曲县 晋中市：榆次区、介休市、平遥县 忻州市：忻府区 吕梁市：孝义市、汾阳市、文水县、交城县
	省级重点开发区域	大同市：城区、矿区、南郊区、新荣区、大同县 阳泉市：城区、矿区、郊区 朔州市：朔城区 运城市：盐湖区、闻喜县、河津市、永济市 临汾市：尧都区、侯马市、襄汾县 长治市：城区、郊区、潞城市、长治县 晋城市：城区 吕梁市：离石区
限制开发区（农产品主产区）	国家级限制开发的农产品主产区	长治市：屯留县、长子县、襄垣县、沁县 晋城市：高平市、泽州县 晋中市：太谷县、昔阳县、寿阳县、祁县 运城市：芮城县、临猗县、万荣县、新绛县、稷山县、夏县、绛县 临汾市：霍州市、曲沃县、翼城县、洪洞县、浮山县
	省级限制开发的农产品主产区	大同市：阳高县、天镇县、广灵县、浑源县 阳泉市：平定县；长治市：武乡县 朔州市：山阴县、应县、怀仁县 忻州市：原平市、定襄县、代县

续表

一级分区	二级分区	范围
限制开发区（重点生态功能区）	国家级限制开发的重点生态功能区	忻州市：神池县、五寨县、岢岚县、河曲县、保德县、偏关县 临汾市：吉县、乡宁县、蒲县、大宁县、永和县、隰县、汾西县 吕梁市：兴县、临县、柳林县、石楼县、中阳县
	省级限制开发的重点生态功能区	太原市：娄烦县；大同市：灵丘县、左云县 阳泉市：盂县；晋城市：沁水县、阳城县、陵川县 长治市：平顺县、黎城县、壶关县、沁源县 朔州市：平鲁区、右玉县；运城市：平陆县、垣曲县 晋中市：左权县、和顺县、灵石县、榆社县 忻州市：五台县、繁峙县、宁武县、静乐县 临汾市：古县、安泽县 吕梁市：岚县、方山县、交口县
禁止开发区	国家级禁止开发区	实际面积 2.22 万平方千米，占全省面积的 14.20%
	省级禁止开发区	

山西省的国家级农产品主产区位于山西省中部和南部区域，主体部分为汾河平原农产品主产区（汾渭平原主产区中的山西省部分），该区域定位是在全国层面以提供农产品为主体功能。该区域包括 22 个县（市），从北向南依次是晋中市的太谷县、昔阳县、寿阳县、祁县，长治市的屯留县、长子县、襄垣县、沁县，晋城市的高平市、泽州县，临汾市的霍州市、曲沃县、翼城县、洪洞县、浮山县，运城市的芮城县、临猗县、万荣县、新绛县、稷山县、夏县、绛县。该区域面积 2.57 万平方千米，占全省总面积的 16.4%，其中耕地面积 1.04 万平方千米，耕地中基本农田 0.87 万平方千米。

山西省的省级农产品主产区主要分布在北部和东部地区，包括桑干河河谷盆地、滹沱河河谷盆地、寿（阳）—昔（阳）—平（定）、漳河—沁河河谷盆地等农产品主产区，该区域定位是在省级层面以提供食物安全保障和农产品供给为主体功能。该区域包括 12 个县（市），从北向南依次是大同市的阳高县、天镇县、广灵县、浑源县，朔州市的山阴县、应县、怀仁县，忻州市的原平市、定襄县、代县，阳泉市的平定县，长治市的武乡县。该区域面积 1.92 万平方千米，占全省总面积的 12.25%，其中耕地面积 0.56 万平方千米，耕地中基本农田 0.47 万平方千米。

山西省的国家级重点生态功能区主体部分为《全国主体功能区规划》确定的黄土高原丘陵沟壑水土保持生态功能区（山西省部分），该区域关系全国或跨省范围的生态安全，是需要国家统筹规划和保护的地区。该区域包括 18 个县，从北向南依次是忻州市的神池县、五寨县、岢岚县、河曲县、保德县、偏关县，吕梁市的兴县、临县、柳林县、石楼县、中阳县，临汾市的吉县、乡宁县、蒲县、大宁县、永和县、隰县、汾西县。该区域面积 2.92 万平方千米，占全省总面积的 18.64%，其中耕地面积 0.7 万平方千米，耕地中基本农田 0.58 万平方千米。

山西省的省级重点生态功能区主要包括京津风沙源治理生态功能区、吕梁山水源涵养及水土保持生态功能区、中条山水源涵养及水土保持生态功能区、五台山水源涵养生态功能区、太行山南部水源涵养与生物多样性保护生态功能区和太岳山水源涵养与生物多样性保护生态功能区 6 大重点功能区。该区域定位是在省级或更大层面以提供生态服务为主体功能。该区域包括 28 个县（市），从北向南依次是大同市的灵丘县、左云县，朔州市的平鲁区、右玉县，忻州市的五台县、繁峙县、宁武县、静乐县，太原市的娄烦县，吕梁市的岚县、方山县、交口县，阳泉市的盂县，晋中市的左权县、和顺县、灵石县、榆社县，长治市的平顺县、黎城县、壶关县、沁源县，晋城市的沁水县、阳城县、陵川县，临汾市的古县、安泽县，运城市的平陆县、垣曲县。该区域面积 5.1 万平方千米，占全省总面积的 32.56%，其中耕地面积 0.83 万平方千米，耕地中基本农田 0.69 万平方千米。

在以上 6 种主体功能区中，还分布着约 2.22 万平方千米的禁止开发区。禁止开发区分为国家级禁止开发区和省级禁止开发区。国家级禁止开发区是依法设立的各类国家自然文化重点保护区域。包括省域内国家自然保护区、世界文化自然遗产、国家级风景名胜区、国家森林公园、国家地质公园 5 种类型；省级禁止开发区是依法设立的省级自然保护区、风景名胜区、森林公园、地质公园等各类自然和文化资源保护区域，以及重要湿地、湿地公园、重要水源地、水产种质资源保护区（含国家级）、重点文物（含国家级）等点状分布的地区。

各功能区人口容量标准界定。根据第四章对各功能区适宜人口密度的界定，确定各功能区的适宜密度标准如下：人文发展功能区：4000 人/平方千米，粮食主产区：200 人/平方千米。

（二）山西省市域适宜人口容量估算的结果分析

将山西省主体功能区划按地市分类，计算各地市的适宜人口容量，如表 9 - 15 所示。

表 9 - 15　山西省 11 市的适宜人口容量估算结果

地市	功能分区	宜居区面积（平方千米）	宜居区土地功能定位	适宜人口密度（人/平方千米）	适宜人口容量（人）	各市合计（人）
太原	重点开发区	1600. 69	人文发展	4000	6402760	6417699
	生态功能区	149. 39	生态调节	100	14939	
大同	重点开发区	2284. 58	人文发展	4000	9138320	9543802
	养殖业区	2744. 06	生物生产	100	274406	
	生态功能区	1310. 76	生态调节	100	131076	
阳泉	重点开发区	176. 9	人文发展	4000	707600	798296
	粮食主产区	231. 61	生物生产	200	46322	
	生态功能区	443. 74	生态调节	100	44374	
长治	重点开发区	817. 1	人文发展	4000	3268400	3882898
	粮食主产区	2689. 8	生物生产	200	537960	
	生态功能区	765. 38	生态调节	100	76538	
晋城	重点开发区	102. 39	人文发展	4000	409560	726279
	粮食主产区	1132. 96	生物生产	200	226592	
	生态功能区	901. 27	生态调节	100	90127	
朔州	重点开发区	1092. 18	人文发展	4000	4368720	5126952
	养殖业区	2719. 7	生物生产	200	543940	
	生态功能区	2142. 92	生态调节	100	214292	
晋中	重点开发区	1479. 56	人文发展	4000	5918240	6364925
	粮食主产区	1744. 3	生物生产	200	348860	
	生态功能区	978. 25	生态调节	100	97825	

续表

地市	功能分区	宜居区面积（平方千米）	宜居区土地功能定位	适宜人口密度（人/平方千米）	适宜人口容量（人）	各市合计（人）
运城	重点开发区	2429.85	人文发展	4000	9719400	10583912
	粮食主产区	4036.53	生物生产	200	807306	
	生态功能区	572.06	生态调节	100	57206	
忻州	重点开发区	797.68	人文发展	4000	3190720	3893710
	粮食主产区	1776.68	生物生产	200	355336	
	生态功能区	3476.54	生态调节	100	347654	
临汾	重点开发区	1382.34	人文发展	4000	5529360	5997160
	粮食主产区	1789.57	生物生产	200	357914	
	生态功能区	1098.86	生态调节	100	109886	
吕梁	重点开发区	1497.47	人文发展	4000	5989880	6131742
	生态功能区	1418.62	生态调节	100	141862	
全省		45783.74				59467375

表9－15对各地市不同功能区中的宜居区部分的土地功能进行了界定，并以宜居区的面积和适宜人口密度为基础，计算了山西省各市的适宜人口容量。与广东省不同的是，山西省的气候条件相对较差，尤其是水资源量上差距较大。广东省位于东南沿海地区，雨水充沛，而山西省则较为干旱，特别是忻州、吕梁等地干旱严重，这严重影响了山西省的粮食产量和承载能力。综合考虑水文、气候因素，将山西省限制开发的生态功能区中的宜居区的适宜人口密度设定为100人/平方千米。

山西省的农产品主产区多为粮食主产区，根据第四章的分析性，将其适宜人口密度设定为200人/平方千米。晋北地区的大同和朔州，属于桑干河河谷盆地农产品主产区，紧挨内蒙古，无论是地形地貌还是气候条件，都比较适合发展畜牧业。在山西省主体功能区划中，对桑干河河谷盆地地区的发展定位是重点发展优质粮饲兼用、青贮及特用玉米以及优质小杂粮种植，因地制宜扩大牧草种植面积，推动养殖业发展，提高畜牧业占农业经济的比重。这一定位决定了该区域未来将是以畜牧养殖为主，兼顾粮食种植和畜牧养殖加工的发展方向，为此，将该区域适宜人口容量确定为100人/平方千米。

从表9－15可以看出，在山西省主体功能区规划的约束下，达到发达国家收入标准和生活水平后，山西省的适宜人口容量约为5946万人。其中，运城市的适宜人口容量在1000万人以上；大同市的适宜人口容量接近1000万人，为954万人，有2个地市的适宜人口容量在100万人以下。

为进一步了解山西省11市当前的人口状况与适宜人口容量的差距，将11市的适宜人口容量估算值与2010年第六次人口普查时各地市人口数据进行对比，结果如表9－16所示。

表9－16 山西省11市的人口容量估算值与普查人口的比较 单位：人

地市	功能分区	适宜人口容量 a	2010年普查人口 b	二者差距 $a-b$	各市合计
太原	重点开发区	6402760	4095751	2307009	2216107
	生态功能区	14939	105841	－90902	
大同	重点开发区	9138320	1923291	7215029	6225748
	养殖业区	274406	1004596	－730190	
	生态功能区	131076	390167	－259091	
阳泉	重点开发区	707600	722155	－14555	－570206
	粮食主产区	46322	335265	－288943	
	生态功能区	44374	311082	－266708	
长治	重点开发区	3268400	1332678	1935722	548333
	粮食主产区	537960	1242080	－704120	
	生态功能区	76538	759807	－683269	
晋城	重点开发区	409560	476945	－67385	－1552867
	粮食主产区	226592	969036	－742444	
	生态功能区	90127	833165	－743038	
朔州	重点开发区	4368720	505294	3863426	3412095
	养殖业区	543940	893707	－349767	
	生态功能区	214292	315856	－101564	
晋中	重点开发区	5918240	1544880	4373360	3115500
	粮食主产区	348860	1003003	－654143	
	生态功能区	97825	701542	－603717	

续表

地市	功能分区	适宜人口容量 a	2010年普查人口 b	二者差距 $a-b$	各市合计
运城	重点开发区	9719400	1924437	7794963	5449133
	粮食主产区	807306	2721083	-1913777	
	生态功能区	57206	489259	-432053	
忻州	重点开发区	3190720	544683	2646037	826207
	粮食主产区	355336	922772	-567436	
	生态功能区	347654	1600048	-1252394	
临汾	重点开发区	5529360	1626669	3902691	680550
	粮食主产区	357914	1692660	-1334746	
	生态功能区	109886	997281	-887395	
吕梁	重点开发区	5989880	1856844	4133036	2404674
	生态功能区	141862	1870224	-1728362	
全省		59467375	35712101		23755274

从表9－16可以看出，山西省2010年普查人口为35712101人，与适宜人口容量相比还有将近2400万人的增长空间。

从各地市的情况来看，除阳泉市和晋城市外，其余9市的人口均有增长空间。其中，大同、运城2市的人口增长空间最大，均有500万人以上的增长空间。从地理空间的角度分析，未来大同市、太原市、运城市将分别成为晋北、晋中、晋南人口集聚的3个汇聚点。

从各主体功能区的比较情况来看，除阳泉市和晋城市外，其余9市的重点开发区均有一定的人口增长空间，而所有11市的粮食主产区和生态功能区都出现了人口超载现象。这反映出山西省人口分布在地理上比较平均，但结构上却不均衡。一方面，人口城镇化率仍比较低，中心城市的人口聚集能力不强；另一方面，农业区仍处于劳动密集型生产，劳动效率较低。此外，仍有大量人口聚集在生态功能区。

总体来看，未来山西省区域发展的人口空间仍比较充足，从地理平均向空间均衡转变是未来山西省人口发展的主要任务。具体来说：第一，应加快重点开发区第二、第三产业的发展，特别是加快服务业发展，增强城市的人口集聚能力，吸纳农产品主产区和重点生态功能区的富余人口；第二，应推进农产品主产区劳动生产率提升，通过提升农业机械化水平、普及农业科技等措施，提高农业劳动生产率，有力地促进农村繁荣发展和农民增收；第三，鼓励重点生态功能区人口有序向重点开发区迁移，通过开展技能培训，提供就业辅助等手段，引导他们到大城市就业；第四，开展生态功能区特色产业发展，积极发展生态旅游、药材种植、特色林木等产业，提升区域发展质量。

第十章

结论与展望

人类与自然的和谐相处是可持续发展的基本要求，具体体现为人口与经济、资源和环境的协调发展，土地的功能定位正是以人地协调的理念为依据进行的。本书在土地功能定位的基础上，结合对发达国家和地区人口密度的分析，以及各因素对人口容量的影响机制的分析，建立人口容量的估算模型，预测一个地域在人地关系协调的前提下，在农业生产力达到一定发达水平时的适宜人口容量，从而为区域规划和人口政策的制定提供科学基础。

一、研究结论

结合对土地功能相关研究的总结和分析，从土地生态功能及其与人类社会发展之间关系的角度，可将地球上土地的功能划分为三大类，即为人类生存发展提供适宜的气候与环境资源及生态安全保障的生态调节功能；为人类提供食品以及纤维等基本生活资料和生产原料的生物生产功能；为人类居住和社会经济活动的集聚提供空间与环境等基本要素的人文发展功能。人类社会的发展离不开土地的这三大功能。

按现代高收入国家或地区的人居标准，人文发展功能区的适宜人口密度应控制在4000人/平方千米以下。按农业发达国家或地区的标准，集约化生产方式下生物生产功能区的适宜人口密度应为750人/平方千米；设施农业条件下生物生产功能区的适宜人口密度应为220人/平方千米；规模经营条件下生物生产功能区的适宜人口密度应为20人/平方千米。按农业发达国家或地区的标准，粮食主产区的适宜人口密度应为200人/平方千米；甘蔗主产区的适宜人口密度应为105人/平方千米；放养式养殖区的适宜人口密度应为40人/平方千米；圈养式养殖区的适宜人口密度应为1000人/平方千米；水产养殖区的适宜人口密度应为500人/平方千米。

基于土地功能定位对人口容量的约束机理，以各功能区的适宜人口密度、粮食单产水平、粮食消费水平和粮食自给率为主要参数，构建了基于土地功能定位的适宜人口容量估算模型。

对广东省的适宜人口容量的实证分析表明：按照广东省主体功能区划规定的生物生产功能区与人文发展功能区的比例，当广东省农业达到发达水平时，广东省的适宜人口容量约为1.33亿人，当广东省农业达到高度发达水平时，广东省的适宜人口容量为1.25亿人。

对广东省21市的适宜人口容量的实证分析表明：广州市、深圳市、东莞市等以人文发展功能区为主的相对发达城市，其当前人口规模已经超出了适宜人口容量，城市发展已在超载状态下运行。以粮食自给自足为约束条件计算，在农业发达水平下，只有湛江市的适宜人口容量超过1000万人，江门、茂名和惠州3市的适宜人口容量介于500万~1000万人，珠海市的适宜人口容量仅100多万人。

在广东省主体功能区规划的限定下，计算了广东省21市的适宜人口容量，并与第六次全国人口普查的广东省人口数据进行比较。结果表明：珠三角9市整体上还有约520万人的增长空间；东翼地区总体可增加的人口数约为220万人；西翼地区总体可增加的人口数达1023万人；粤北山区还有约480万人口的增长空间。

对山西省的适宜人口容量的实证分析表明：按照山西省主体功能区划规定的生物生产功能区与人文发展功能区的比例，当山西省农业达到发达水平时，山西省的适宜人口容量约为6429.8万人，当山西省农业达到高度发达水平时，山西省的适宜人口容量为4478.94万人。

对山西省11市的适宜人口容量的实证分析表明：大同、长治、朔州、晋中、运城、忻州、临汾7市仍有较为充足的人口发展空间，能够进一步吸纳人口聚集。在山西省主体功能区规划的限定下，计算了山西省11市的适宜人口容量，并与第六次全国人口普查的山西人口数据进行比较。结果表明：与2010年的人口普查数据相比，山西省整体上还有约2400万人口的增长空间；大同市、太原市和运城市将分别成为晋北、晋中和晋南的人口聚集区。

二、研究创新点

基于对土地功能相关研究的总结和分析，从土地的生态功能及其与人类社会发展的关系，提出了新的土地功能分类，即为人类生存发展提供适宜的气候与环境资源及生态安全保障的生态调节功能；为人类提供食品以及纤维等基本生活资料和生产原料的生物生产功能；为人类居住和社会经济活动的集聚提供空间与环境等基本要素的人文发展功能。

在分析发达国家或地区人口密度的基础上，探讨了各功能区的适宜人口密度。对于人文发展功能区，通过对国际主要大都会区及高收入发达国家或地区的人口密度的比较分析，结合区域人口发展与自然生态相互作用关系的规律性，分析人文发展功能区的适宜人口密度。对于生物生产功能区，选择国际上的农业发达国家或地区，根据其自然地理条件，分为集约农业、设施农业和规模经营农业三种农业生产条件，分析了不同农业条件下，生物生产功能区农业达到发达水平时的适宜人口密度。此外，对生物生产功能区中的种植业区和养殖业区两个亚区的适宜人口密度进行了国际比较研究，分别分析了种植业区中的粮食主产区、甘蔗主产区和养殖业区中的放养式养殖区、圈养式养殖区及渔业养殖区的适宜人口密度。

探索了基于土地功能定位的适宜人口容量估算模型。在分析了地形、水文及土地利用类型等因素对区域人口分布影响的基础上，运用空间分析方法，在GIS工具的辅助下，确定和测算了生态调节功能区的面积。在分析了社会经济因素对人口容量的影响机制的基础上，采用经济地理学中常用的理想假设分析法，确定了在理想条件下生物生产功能区和人文发展功能区的范围界定所需要的参数为：粮食单产水平、人均粮食消费量和粮食自给率。基于上述参数和各功能区的适宜人口密度，借鉴经济学中的经济计量模型法，构建基于土地功能定位的人口容量模型，即以各影响因素对人口容量的影响机制为依据，确定估算区域适宜人口容量的一组联立方程。

三、建议与展望

(一)建议

世界发达国家和地区的发展经验表明，区域发展不应仅依靠特大城市的发展，人口集中在个别大城市不仅会造成资源紧张，还会对局部地区的环境和生态造成不可逆转的影响。本书基于对发达国家或地区人口密度的分析及对人口增长与生态协调性之间关系的分析，确定不同土地功能定位下的适宜人口密度，在建立了人口密度模型的基础上，结合主体功能区规划，对广东和山西两省的人口容量进行了实证研究。

1. 广东省进一步优化发展，促进人口合理布局的建议

(1)做优做强珠三角核心区，打造人才高地，促进区域经济高质量发展。从研究结果看，广东省人口主要聚集在珠三角地区，尤其是广州、深圳等特大城市，导致这些城市人口过度集中，超出了当地的适宜人口容量。未来，珠三角地区应尽快向优化发展、高质量发展转变。珠三角核心区产业、营商环境、生态环境、基本公共服务等深度一体化，加快跨珠江口通道建设，促进珠江口东西两岸融合互动发展，携手港澳建设世界级城市群。推动广州实现老城市新活力，在综合城市功能、城市文化综合实力、现代服务业和现代化国际化营商环境方面作出提升。深圳市应建设成为新时代改革开放尖兵、中国特色社会主义先行示范区、社会主义现代化强国的城市范例。加快珠海经济特区发展，打造珠江口西岸核心城市。打造国际知名会展、赛事、论坛品牌，提升城市影响力。加强城市精细化管理，推进城市老旧社区微改造，促进城市文明传承和人居环境改善。深入推进广佛同城化。

作为广东省经济发展的主动力，珠三角地区要打造国际创新人才高地，通过人口聚集向人才聚集的转变，为珠三角实现优化发展奠定人才基础。具体来说，通过持续推进和优化“珠江人才计划”“广东特支计划”“扬帆计划”等重大人才工程，推进博士和博士后人才创新发展，集聚更多高精尖人才。完善科研人才激励机制，加快推进高校开展科技成果处置权改革和技术入股改革试点，赋予科研机构和领军人才更多自主权。深入推进人才分类评价和职称制度改革。全面实施人才优粤卡制度，优化人才签证服务。加强高技能人才队伍建设，支持有条件的技师学院纳入高等教育，抓好高技能人才培训基地、公共实训基地和技能大师工作室建设，着力培育“南粤工匠”队伍。

(2)支持东西两翼沿海经济带建设，建设北部生态发展区，促进区域人口—经济—资源—环境协调发展。一是要建设汕头、湛江2个省域副中心城市，推动汕头进一步焕发特区活力，形成新的人口聚集点，促进湛江对接海南自由贸易港建设。培育壮大汕潮揭城市群和湛茂阳都市区，与珠三角沿海地区串珠成链，促进区域人口均衡布局。推动粤东、粤西沿海地区发展沿海经济，集中布局一批临港化工、海工装备、海洋生物、海上风电等重大项目，推进南海油气开采。支持汕头市临港经济区、汕尾市高新区、阳江市滨海新区、湛江市东海岛、茂名市石化基地、潮州港经济开发区、揭阳市大南海石化工业区等建设。建设一批现代渔港和远洋渔业基地。发展滨海旅游、海岛旅游。

二是要坚持北部生态发展区生态优先，严控开发强度和产业准入门槛，加强生态保护和修复，筑牢绿色生态屏障。加强自然保护区建设管理，打造韶关市和清远市北部集中连片的生态特别保护区，开展粤北南岭山区生态修复，积极创建国家公园。改造撤并“小而散”的低效园区。因地制宜发展绿色低碳新型工业、现代农林业、健康医养等生态产业，支持云浮市等地建设南药基地。规划南岭生态旅游发展，挖掘特色旅游资源，打造服务粤港澳大湾区旅游休闲区。支持中心城区优化城市功能。完善区域生态补偿机制，加大对生态发展区财政转移支付力度。

(3)扎实推进乡村振兴战略，加快破解城乡二元结构。广东省的粤东、粤西和粤北的部分地市仍有较大的人口空间，这些区域是广东省农产品主产区的主要分布区域，未来应大力发展富民兴村产业。深化农业供给侧结构性改革，做优大米、生猪、水产品等传统产业，做强岭南水果、花卉等特色产业，做大休闲农业、智慧农业、设施农业等新兴产业，培育全产业链企业集群，促进农村一二三产业融合发展。积极建设现代农业产业园，推进“一村一品、一镇一业”，扶持专业镇、专业村发展特色产业，创建“粤字号”农业知名品牌。培育壮大新型农业经营主体，扶持发展产业化联合体，推广“龙头企业 + 合作社 + 农户”等经营模式，全面启动新型乡村助农服务体系建设，推进电子商务进农村综合示范县建设。推动现代种业和精准农业技术协同攻关，高水平建设广州国家现代农业产业科技创新中心。加强动植物疫病防控体系建设，健全农产品及化肥、农药等质量安全追溯体系。加快改善农村人居环境。推进村庄规划编制，深入实施“千村示范、万村整治”行动，在沿交通线、沿省际边界、沿景区、沿城市郊区重点推进，滚动打造示范县、示范镇和示范村。加快韶关、肇庆、河源、梅州、潮州等省际廊道美丽乡村示范带建设，推进省级新农村连片示范建设工程。完善农村水利、垃圾、污水处理设施，全面启动镇级污水处理厂建设。推进山区五市中小河流治理。

2. 山西省进一步加快发展，促进人口合理布局的建议

(1)全面增强中心城市辐射带动作用，促进区域协调发展。山西省整体发展水平在全国仍相对落后，太原、大同、运城等中心城市的人口集聚能力较弱，大同、运城等中心城市发展相对滞后。未来，山西省应按照“一核一圈三群”总体布局，合理规划城镇群生产、生活、生态空间，打造特色鲜明、竞相发展的区域板块。坚持以质取胜，同步推进行政区划调整和区域中心城市建设，以先进理念加强城市设计，做好城市规划，统筹推进基础设施建设、生产力布局和公共服务提升，扎实开展城市修补和生态修复，建设功能完善、绿色智慧、管理科学、宜居宜业的高品质城市，做大区域中心城市(王华梅，2019)。具体来说，要高起点谋划太原市的建设和发展，提升城市品质和开放能级，建设富有特色的国家区域中心城市。加快晋中市与太原市一体化发展进程。支持大同市、长治市优化空间布局，提高产业和人口集聚水平，增强城市综合竞争力，打造各具特色的区域中心城市。推动其他设区市加快解决“一市一区”“城郊矿”等突出问题，拓展城镇空间，提升城市内涵，带动城乡区域一体化发展。强力推进中部盆地城镇群一体化发展战略，突出太原都市区龙头作用，打造具有全国影

响力的城镇群。做强晋北城镇群，壮大晋南城镇群，优化晋东南城镇群，促进“两山”与平川地区协调发展。支持晋陕豫黄河金三角、晋冀蒙长城金三角地区协作发展。

（2）积极推进农业转移人口市民化，提高城镇化质量。山西省经济发展的人才缺口大，人才引进和成长的体制机制亟待完善。当务之急是全面放宽重点群体落户限制，实施城镇建设用地增加规模与吸纳农业转移人口落户挂钩机制，提高户籍人口城镇化率。统筹推进地上地下市政基础设施建设，完善便民服务设施，推动综合交通、信息、能源等基础设施向农村延伸。强化跨区域基本公共服务统筹合作，促进基本公共服务均等化。推动特色小镇有序发展。

（3）着力提升科技创新能力，促进区域经济高质量发展。围绕转型发展需求，大力实施“卡脖子”关键核心技术“攻坚”行动和重大技术“迭代创新”，在能源颠覆性技术和新兴产业前沿技术领域，组织实施“不对称创新”超前布局，谋划布局一批重点科技攻关项目，力争在碳纤维储氢气瓶、氢燃料电池、自主安全计算机、杂交小麦等关键技术领域取得突破，增强产业核心竞争力。鼓励引导企业增加研发投入、开展研发活动、组建研发机构，启动新一轮高新技术企业五年倍增计划。加强与大院大所、强院强所合作，加快建设省部级以上重点实验室，构建特色重点产业学科专业联盟，高质量推动量子光学与光量子器件、煤科学与技术、不锈钢等重点实验室和工程技术研究中心建设。推进产学研深度结合，支持科研院所和高校建立技术转移中心，加强知识产权保护和运用，促进科技成果转化。推进军民融合协同创新，实施“民参军”规模倍增计划，积极创建国家军民融合创新示范区。全面推动国家和省科技创新、人才激励政策落地落实，实施“三晋英才”支持计划，大力引进培育高水平科技人才和创业团队，留住用好本土人才，建立全省人才津贴制度，赋予科研机构和人员更大自主权，优化科研项目评审、科技人才评价、科研机构评估，让更多创新活动获得支持结出硕果，让更多科技成果资本化产业化，让科技人才更加受尊重。

（4）以争做能源革命排头兵为引领，促进区域绿色发展。山西省是我国的能源大省、煤炭大省，煤炭产业发展关乎整体的发展质量。煤炭及其关联产业吸纳了山西省一大批劳动人口和科技人才。发展高效、绿色、安全的煤炭产业，对山西省经济高质量发展至关重要，也是提升人民生活质量的关键。山西省应坚定走“减、优、绿”之路，继续运用市场化、法治化手段退出煤炭过剩产能，稳妥处置已关闭退出煤矿的资产债务问题，不断提高先进产能占比，有序释放在建煤矿产能，提升煤炭产业综合竞争力。深化煤层气体制改革，全面建立煤层气矿业权退出机制，加快煤层气勘查区块出让和“三气”综合开发，提高抽采能力，推进输气管网设施互联互通和储气设施建设，加快煤层气产业发展。深化电力体制改革，健全电力中长期交易机制，加快输配电价改革，完善现货市场交易试点，加快国家级增量配电网试点建设，拓展城乡居民用电市场，大力开拓外送电市场，建设清洁电力外送基地。大力推进风能、太阳能、生物质能、地热能等新能源开发，加大氢能开发和利用力度，加快千万千瓦级光伏风电基地建设，提升新能源可持续发展能力。实施能源消费总量和强度“双控”工程，推进绿色交通绿色建筑计划，加快 22 个城市绿色建筑集中示范区建设。积极参与国际能源合作，开展能源先进技术集中攻关，打造能源交易交流合作平台，加快山西绿色发展和生态文明建设的步伐。

(5)深入实施乡村振兴战略，加快推进农村改革。山西省总体上是农业大省，农业人口占比较大。在鼓励人口向大城镇转型，实现人口市民化的同时，必须注重提升农业现代化水平，改善农村人居环境。

1)大力发展有机旱作农业，提升农业科技创新和机械化水平，扩大有机旱作示范创建范围，为保障山西的粮食安全，维持和提升山西的粮食供给能力。做好杂粮全产业链开发，推进忻州、大同、吕梁等国家优质杂粮产地交易市场建设，做大做强山西小米、山西高粱、山西马铃薯、山西荞麦等区域公共品牌。加强功能食品研发，开展中药材、食用菌、果品等深加工及资源综合利用技术研究。抓好高标准农田建设，做好粮食生产功能区划定工作，实施好优质粮食工程。扎实推进国家级特优区和产业园建设。大力发展循环农业、城郊农业、休闲农业、创意农业等新业态，加快推进“互联网 + 现代农业”发展，开展农林文旅康产业融合试点，促进农牧渔循环、产加销一体、农文旅有机融合。加快培育农产品加工企业和农业高新技术企业，支持家庭农场、农民合作社、龙头企业、农业社会化服务组织做大做强，发展多种形式适度规模经营，促进小农户和现代农业发展有机衔接。

2）加快山西农谷建设，升级建设国家农业高新技术产业示范区，抓好太谷国家现代农业产业科技创新中心和国家现代农业产业园建设，加快建设国家功能杂粮技术创新中心，力争在农业科技创新、成果转化等方面取得突破性进展。加快推进雁门关农牧交错带示范区建设，实施粮改饲项目和国家苜蓿行动计划，推进奶业大省建设。加快运城农产品出口平台建设，推进出口水果及特色农产品质量安全示范区、水果标准园、水果出口检验检疫服务平台建设，培育壮大农产品出口企业。

3）扎实推进省级示范县、示范村建设，开展风貌整治示范。积极开展拆违治乱、垃圾治理、污水治理、厕所革命、卫生乡村，改善农村人居环境。加快农村功率新改建扩建，改善农村群众的饮水安全条件。清理整治“大棚房”，坚决遏制“农地非农化”。健全农村人居环境改善长效机制，压实县级主体责任，发动农民积极参与，加快建设各具特色的美丽宜居村庄。

推进农村改革是实现乡村振兴的根本举措，山西省要完善农村承包地“三权分置”制度。稳慎推动农村宅基地制度改革，开展农村宅基地使用权确权颁证工作。扎实推进农村集体产权制度改革，开展清产核资和集体经济组织成员身份确认，有序推进经营性资产股份合作制改革。有效推动生产要素“上山下乡”，鼓励人才、政策、资金等要素向乡村流动，促进更多工商资本、社会资本投资农业农村。深化林权、水权制度等改革，为山西省绿色发展和生态文件建设奠定坚实的基础。

（二）不足之处及研究展望

区域的人口容量受自然、社会、经济等多方面因素的影响，各因素本身就具有复杂性和不确定性，各因素之间又有着错综复杂的相互关系，这些不确定性和交叉性给区域人口容量的研究带来了很大困难。也正因如此，尽管相关研究已经有数百年的历史，但对这一问题仍未形成统一的认识。

在主体功能区划背景下，本书尝试从土地生态功能的角度对人口容量问题进行探讨，综合运用了比较分析、空间分析、规范分析和实证分析等多种研究方法，在对高收入国家或地区的人口密度及其变化进行分析的基础上，结合一定的理想假设构建了人口容量估算模型，并对广东省的人口容量进行了估算和分析。

尽管本书对人口容量的估算是从一个新的角度出发，运用科学的方法，在比较全面地考虑了影响人口容量的各个因素的基础上进行的，但仍然避免不了会有很多不足之处，需要在后续的研究中不断改进和完善。

1. 对开放环境下粮食生产与流通的关系的探讨有待加强

在分析社会经济因素对人口容量的影响机制时，将粮食假设为区域人口发展的基础因素，通过粮食单产、粮食消费量和粮食自给率3个参数对社会经济因素进行定量化，进而确定不同粮食自给率条件下，区域的适宜人口容量。尽管这种方法在逻辑上具有内在完整性，但在当前世界经济全球化、生产分工专业化的背景下，仍有一定的局限性。

具体来说，随着区域间经济联系的加深，包括粮食在内的人类所需的所有生活资料及生产资料都是在全球范围内不断流动的。这种流动性时刻影响着区域内生产和消费的方式和水平，进而影响到具有不同生产和消费方式的人群。因此，在经济合作和分工不断加深的今天，对区域人口容量的研究应该对包括粮食在内的各种生产资料和生活资料的生产和流通进行更为全面的研究，分析其对人口容量的作用方式，为提高人口容量估算的准确性奠定基础。

2. 对宜居区范围的界定方法还需要进一步完善和细化

对宜居区的提取是在平地的基础上去掉水域、林地、荒漠等面积后得到的。平地在短时间内是很难增加的，扩充的成本也较高；占用或削减水域面积则不利于地区的生态环境的改善，且水域对区域发展来说是必需的；荒漠和冻原不适合人类生存且一般也不会成为宜居区域扩充的选择；唯一值得进一步探讨的是林地，尤其是城市周边位于平地上的林地，可能成为城市发展和扩充的用地选择，如城市在郊区新建的大型交通枢纽，可能带动其周边地区发展，则其周边的林地就可能成为城市发展的牺牲品。从人类城市发展的历史来看，这个过程是一直在发生的。因此，以现有林地为标准来界定宜居区，并在此基础上估计人口容量，必然会面对人口容量上限被城市区域的扩充所冲破的境地。

对这一问题的可能解决办法之一，是将林地中地形起伏较低的部分区域划入宜居区，但仍将其定位为生态调节功能，在规划这一部分的面积时，可考虑将人均绿地面积作为人口容量的估算因子，计算宜居区中生态调节功能区的面积。

参考文献

[1]安强，龙天渝，黄宁秋等．三峡库区人居环境气候适宜性[J]. 湖泊科学，2012(2)：238－243.

[2]白文龙．关中地区植被覆盖变化及其主要驱动因子分析[D]. 西安：陕西师范大学，2013.

[3]毕宝德，柴强等．土地经济学[M]. 北京：中国人民大学出版社，1996：3－9.

[4]毕维铭，付桦．北京山区人口容量与迁移对策研究[J]. 北京规划建设，2000(4)：42－45.

[5]曹洪华，闫晓燕，黄剑．主体功能区人口集聚与布局的研究——以云南省为例[J]. 西北人口，2008(1)：27－29，34.

[6]曹明奎．中国农业生态系统的生产潜力和人口承载力[J]. 生态学报，1993(1)：83－91.

[7]柴剑峰．主体功能区人口再分布动力分析[J]. 经济体制改革，2009(2)：163－166.

[8]柴剑峰，邓玲．主体功能区建设的人口再分布研究[J]. 经济体制改革，2008(5)：98－102.

[9]陈百明．"中国土地资源生产能力及人口承载量研究"开始进行[J]. 自然资源学报，1987(1)：96.

[10]陈红卫，吴大付，王小龙．英国农业发展现状、经验及启示[J]. 河南科技学院学报，2011(5)：17－20.

[11]陈亮，解晓悦．新常态下山西农业发展现状及对策研究[J]. 科技创新与生产力，2016(8)：5－8.

[12]陈玲玲，查良松．基于 GIS 的安徽省人居环境气候适宜性评价

[J]. 蚌埠学院学报，2014(3)：161－164.

[13]陈玲玲，林振山，郭杰等．基于EMD的中国粮食安全保障研究[J]. 中国农业科学，2009(1)：180－188.

[14]陈如勇．中国适度人口研究的回顾与再认识[J]. 中国人口·资源与环境，2000(1)：36－38.

[15]陈卫，孟向京．中国人口容量与适度人口问题研究[J]. 市场与人口分析，2000(1)：21－31.

[16]陈雯，段学军，陈江龙，许刚．空间开发功能区划的方法[J]. 地理学报，2004(S1)：53－58.

[17]陈学兄，常庆瑞，郭碧云等．基于SRTM DEM数据的中国地形起伏度分析研究[J]. 应用基础与工程科学学报，2013(4)：670－678.

[18]陈瑜琦，李秀彬，朱会义等．劳动力务农机会成本对农户耕地利用决策的影响——以河南省睢县为例[J]. 地理科学进展，2010(9)：1067－1074.

[19]陈张丽，吴志峰，魏建兵等．基于遥感和GIS的广州市天河区水域景观演变及其驱动因子分析[J]. 国土与自然资源研究，2012(6)：55－57.

[20]陈正．陕西省人口承载力与适度人口定量研究[J]. 统计与信息论坛，2005(6)：39－43.

[21]程维明，周成虎，柴慧霞等．中国陆地地貌基本形态类型定量提取与分析[J]. 地球信息科学学报，2009(6)：725－736.

[22]程晓亮，饶芬芳．不同地形环境下道路、河流对人口分布影响的分析——以黄山市为例[J]. 资源开发与市场，2008(5)：417－419.

[23]董春，刘纪平，赵荣等．地理因子与空间人口分布的相关性研究[J]. 遥感信息，2002(4)：61－64.

[24]段成荣．要发展地看待城市人口容量问题[J]. 人口研究，2005(5)：55－58.

[25]段学军，陈雯．省域空间开发功能区划方法探讨[J]. 长江流域资源与环境，2005(5)：540－545.

[26]樊杰．我国主体功能区划的科学基础[J]. 地理学报，2007，62(4)：12.

[27]樊杰．主体功能区战略与优化国土空间开发格局[J]. 中国科学院

院刊，2013(2)：193－206.

[28]范业正，郭来喜．中国海滨旅游地气候适宜性评价[J].自然资源学报，1998(4)：17－24.

[29]封志明．中国未来人口发展的粮食安全与耕地保障[J].人口研究，2007(2)：15－29.

[30]封志明，唐焰，杨艳昭等．中国地形起伏度及其与人口分布的相关性[J].地理学报，2007(10)：1073－1082.

[31]封志明，唐焰，杨艳昭等．基于GIS的中国人居环境指数模型的建立与应用[J].地理学报，2008a(12)：1327－1336.

[32]封志明，唐焰，杨艳昭等．中国的地形起伏度及其与人口分布的相关性(英文)[J].Journal of Geographical Sciences，2008b(2)：237－246.

[33]封志明，张丹，杨艳昭．中国分县地形起伏度及其与人口分布和经济发展的相关性[J].吉林大学社会科学学报，2011(1)：146－151，160.

[34]高倩倩，邢秀凤，姚传进．基于逐步回归分析的粮食产量影响因素研究[J].当代经济，2010(9)：145－147.

[35]广东省人民政府办公厅．广东省人民政府办公厅印发广东省主体功能区规划编制工作方案的通知[J].广东省人民政府公报，2007(30)：13－18.

[36]广东省人民政府．广东省人民政府关于印发广东省主体功能区规划的通知[J].广东省人民政府公报，2012(31)：2－28.

[37]国家发展和改革委员会．国家粮食安全中长期规划纲要(2008—2020年)[Z].2008.

[38]国家人口和计划生育委员会．人口发展功能区研究[M].北京：世界知识出版社，2009.

[39]国家统计局．中国农村统计年鉴[M].北京：中国统计出版社，2000－2017.

[40]郭秀锐，毛显强．中国土地承载力计算方法研究综述[J].地球科学进展，2000(6)：705－711.

[41]何慧．基于EOP－MM模型的湖南省适度人口规模研究[D].长沙：湖南师范大学，2011.

[42]何静．基于栅格数据的重庆市人居环境自然适宜性评价[D].重

庆：西南大学，2011.

[43]何静，田永中，高阳华等．重庆山地人居环境气候适宜性评价[J]. 西南大学学报(自然科学版)，2010(9)：100－106.

[44]何莲娜．城市布局要素与空间人口分布的相关性研究[J]. 山西建筑，2009(29)：25－28.

[45]何为，刘昌义，刘杰，陈梦玫．气候变化和适应对中国粮食产量的影响——基于省级面板模型的实证研究[J]. 中国人口·资源与环境，2015，25(S2)：248－253.

[46]胡鞍钢，王毅，牛文元等．未来的选择与对策——中国生态环境状况分析之四[J]. 瞭望周刊，1989(47)：33－34.

[47]胡保生，王浣尘，朱楚珠等．关于我国总人口目标的确定[J]. 人口与经济，1981(5)：15－18，64.

[48]胡希军，朱丽东，马永俊等．金华市旅游社会承载力研究[J]. 经济地理，2005(4)：590－592.

[49]胡霞．关于日本山区半山区农业直接补贴政策的考察与分析[J]. 中国农村经济，2007(6)：71－80.

[50]黄晨熹．人口容量研究：回顾与展望[J]. 地域研究与开发，1996(3)：10－14.

[51]黄鹂，徐春明，李庆．巢湖流域人口承载力及适度人口研究[J]. 合肥学院学报(社会科学版)，2010(6)：34－38.

[52]姜亚莉，张延辉．GIS空间分析的应用领域[J]. 四川测绘，2004(3)：99－102.

[53]蒋智．经济发展对植被覆盖变化的影响分析[D]. 重庆：西南大学，2010.

[54]金贵，王占岐，姚小薇等．国土空间分区的概念与方法探讨[J]. 中国土地科学，2013(5)：48－53.

[55]科恩，陈卫．地球能养活多少人？[J]. 人口研究，1998(5)：69－76.

[56]匡耀求，黄宁生，王德辉．地形起伏度对广东省县域经济发展的影响研究[C]. 中国可持续发展论坛·中国浙江杭州，2008.

[57]匡耀求，姚志远，黄宁生，李国敏．中国珠三角盆地和日本关东

盆地平地人口密度对比研究[J]. 热带地理，2014(2)：217－224.

[58]匡耀求，黄宁生，李国敏. 基于土地功能定位的区域人口容量估算模型研究[J]. 广东社会科学，2014(5)：13－21.

[59]李超，张超. 人口发展因素对植被覆盖变化的影响——基于中国31个省市数据的分析[A]//中国第五次人的发展经济学研讨会论文集[C]. 2013.

[60]李国健，韩立民. 农村土地的社会功能及其补偿依据[J]. 山东社会科学，2007(1)：73－75.

[61]李钜章. 中国地貌基本形态划分的探讨[J]. 地理研究，1987(2)：32－39.

[62]李王鸣，潘蓉，祁巍锋. 基于良好环境理念下的城市人口容量研究——以杭州城市为例[J]. 经济地理，2003(1)：38－41，69.

[63]李雯婷. 基于可持续发展理论四川省人口承载力研究[D]. 成都：四川师范大学，2013.

[64]李小建. 经济地理学[M]. 北京：高等教育出版社，2006.

[65]李秀霞. 基于综合承载力的吉林省适度人口研究[D]. 长春：吉林大学，2009.

[66]李涌平，扬华. 社会动态人口承载力的预测——以云南省澜沧江区域人口为例[J]. 中国人口科学，2002(1)：43－50.

[67]联合国粮食及农业组织渔业及水产养殖部. 世界渔业和水产养殖状况2010[R]. 2010.

[68]廖重斌. 环境与经济协调发展的定量评判及其分类体系——以珠江三角洲城市群为例[J]. 热带地理，1999(2)：76－82.

[69]林野. 澳大利亚的蔗糖产业[J]. 世界热带农业信息，1998(9)：1－2.

[70]刘春涛. 基于GIS技术的大连市人居环境自然适宜性评价研究[D]. 沈阳：辽宁师范大学，2009.

[71]刘红梅，杨殿林. 澳大利亚农业发展概况及对我国农业发展启示[J]. 农业环境与发展，2008(5)：32－35.

[72]刘书楷. 土地经济学[M]. 北京：中国农业出版社，2000：17－19.

[73]刘秀丽，张勃．基于区域经济可持续发展的黄土高原丘陵沟壑区人口分布合理性评价——以晋西北地区为例[J]．开发研究，2011(5)：24－27.

[74]刘学录，曹爱霞．土地生态功能的特点与保护[J]．环境科学与管理，2008(10)：54－57.

[75]刘雅轩，张小雷，雷军．新疆适度人口初步研究[J]．干旱区资源与环境，2007(5)：35－40.

[76]刘焱序，任志远．基于区域地形起伏度模型的陕西农村劳动力时空格局[J]．山地学报，2012(4)：431－438.

[77]刘正广，马忠玉，殷平．省级主体功能区人口分布格局探讨——以宁夏回族自治区为例[J]．中国人口·资源与环境，2010(5)：169－174.

[78]娄峰，侯慧丽．基于国家主体功能区规划的人口空间分布预测和建议[J]．中国人口·资源与环境，2012(11)：68－74.

[79]娄胜霞．基于GIS技术的人居环境自然适宜性评价研究——以遵义市为例[J]．经济地理，2011(8)：1358－1363.

[80]卢小丽，武春友，于海峰．旅游社会承载力的量测及管理研究[J]．南开管理评论，2005(1)：75－77.

[81]鹿立．省会城市适度人口规模研究——以济南市为例[J]．东岳论丛，2000(6)：80－85.

[82]罗锋，黄丽．发达地区种粮补贴政策体系及其效应分析——基于广东省的实证分析[J]．南方农村，2012(6)：58－61，78.

[83]罗洁琼．基于GIS的三峡库区山地人居环境自然适宜性动态评价[D]．重庆：西南大学，2013.

[84]吕海燕，李海旺，李武林．基于逐步回归分析的河南粮食产量因素研究[J]．河南科学，2013(12)：2133－2136.

[85]毛志峰，任世清．论人口容量与资源环境[J]．中国人口·资源与环境，1995(1)：75－79.

[86]闵婕，刘春霞，李月臣．基于GIS技术的万州区人居环境自然适宜性[J]．长江流域资源与环境，2012(8)：1006－1012.

[87]穆光宗．人口密度·人口容量·人口压力[J]．科技导报，1992(2)：57－60.

[88]南仁永，张钊，胡兴超等．云南省地形格局对人口地理分布的影响[J].楚雄师范学院学报，2010(6)：73－76.

[89]宁佳，张树文，蔡红艳等．MODIS 和 GLOBCOVER 全球土地覆盖数据集对比分析——以黑龙江流域为例[J].地球信息科学学报，2012(2)：240－249.

[90]牛文元，毛志峰．可持续发展理论的系统解析[M].武汉：湖北科学技术出版社，1998.

[91]牛雄．主体功能区构建的人口政策研究[J].改革与战略，2009(4)：42－47.

[92]牛振国，单玉秀，张海英．全球土地覆盖 GlobCover2009 数据中的中国区域湿地数据精度评价[J].湿地科学，2012(4)：389－395.

[93]潘纪一．人口生态学[M].上海：复旦大学出版社，1988a.

[94]潘纪一．试论大地人口容量[J].人口与经济，1988b(1)：3－7，59.

[95]潘蔷，范文义，于海群等．北京市植被指数变化与影响因素分析[J].北京林业大学学报，2012(2)：26－33.

[96]彭宇柯．经济适度人口规模研究——以湖南省为例[J].生产力研究，2011(9)：10－13.

[97]曲格平，李金昌．中国人口与环境[M].北京：中国环境科学出版社，1992.

[98]任远．城市生态学视野下的动态适度人口规模——兼论上海人口发展的基本态势[J].市场与人口分析，2005(1)：22－28.

[99]申茂向，何革华，张平．荷兰设施农业的考察与中国工厂化农业建设的思考[J].农业工程学报，2000(5)：1－7.

[100]生态屏障、功能区划与人口发展课题组．科学界定人口发展功能区促进区域人口与资源环境协调发展——生态屏障、功能区划与人口发展研究报告[J].人口研究，2008(3)：1－14.

[101]施里达斯·拉夫尔．我们的家园：地球[M].北京：中国环境科学出版社，1993.

[102]苏美玲．基于生态足迹的塔里木盆地适度人口规模研究[D].塔里木：塔里木大学，2013.

[103]孙红雨，王长耀，牛铮，布和敖斯尔，李兵．中国地表植被覆盖变化及其与气候因子关系——基于NOAA时间序列数据分析[J]. 遥感学报，1998(3)：204－210.

[104]孙玉莲，赵永涛，曹伟超等．山区人口分布与环境要素关系的定量分析[J]. 安徽农业科学，2011(19)：11705－11707，11710.

[105]唐焰，封志明，杨艳昭．基于栅格尺度的中国人居环境气候适宜性评价[J]. 资源科学，2008(5)：648－653.

[106]田成诗，盖美．劳动生产率、劳动参与率对经济增长的影响[J]. 山西财经大学学报，2005(2)：61－65.

[107]田红．研究"中国土地资源生产能力及人口承载量"的五个层次和内容[J]. 中国人口·资源与环境，1991(Z1)：34.

[108]田雪原，陈玉光．经济发展和理想适度人口[J]. 人口与经济，1981(3)：12－18.

[109]童玉芬．可持续发展最优人口初探[C]. 第九届全国中青年人口科学讨论会，1998.

[110]涂汉明，刘振东．中国地势起伏度最佳统计单元的求证[J]. 湖北大学学报(自然科学版)，1990(3)：266－271.

[111]王道龙，吴定光．关于可容人口量研究的几个问题[J]. 财经科学，1988(3).

[112]王德辉，匡耀求，黄宁生等．基于人居环境适宜性的广州市人口承载力研究[C]. 中国可持续发展论坛暨中国可持续发展研究会学术年会，2010.

[113]王德辉，匡耀求，黄宁生等．广东省县域人居环境适宜性初步评价[C]. 中国可持续发展论坛，2008.

[114]王华梅．五大发展理念推进山西生态文明建设[J]. 前进，2019(3)：30－32.

[115]王金亮，王平，蒋莲芳．昆明人居环境气候适宜度分析[J]. 经济地理，2002(S1)：196－200.

[116]王兰辉，吴瑞．我国陆地边疆人口空间分布与地形关系[J]. 地理空间信息，2011(5)：109－111，114，167.

[117]王利，王慧鹏，任启龙等．关于基准地形起伏度的设定和计

算——以大连旅顺口区为例[J]. 山地学报，2014(3)：277-283.

[118]王秋兵. 土地资源学[M]. 北京：中国农业出版社，2003：4-9.

[119]王日强. 广东粮食生产变迁及政策建议[J]. 南方农村，2010(2)：11-16.

[120]王学军. 地理环境人口承载潜力及其区际差异[J]. 地理科学，1992(4).

[121]王亚茹. 改革开放以来湖南省人口分布的变化特征及影响因素研究[D]. 长沙：湖南师范大学，2009.

[122]王艳，李俭富. 成都市适度人口容量研究：基于水资源约束的视角[J]. 城市发展研究，2008(5)：18-23.

[123]王志恒，胡卓玮，赵文吉等. 应用累积和分析算法的地形起伏度最佳统计单元确定[J]. 测绘科学，2014(6)：59-64.

[124]王智. 新疆地区植被覆盖变化与气候、人文因子的相关性探讨[D]. 乌鲁木齐：新疆大学，2011.

[125]魏媛. 基于生态足迹的西南喀斯特山区生态适度人口研究——以贵阳市为例[J]. 中国农学通报，2011(14)：175-180.

[126]翁扬正. 土地管理[M]. 北京：中国农业出版社，2001：4-8.

[127]吴传钧. 论地理科学的研究核心：人地关系地域系统[M]//钱学森. 论地理科学. 杭州：浙江教育出版社，1994.

[128]吴传钧. 人地关系与经济布局[M]. 北京：学苑出版社，1998.

[129]吴峰. 英国农业技术创新路径分析[J]. 全球科技经济瞭望，2009(8)：10-16.

[130]伍理. 重视城市化过程中的人口分布变化——以上海市为例[J]. 人口与经济，2001(5)：39-42，68.

[131]夏廉博. 人类生物气象学[M]. 北京：气象出版社，1986.

[132]肖雁飞，张琼，廖双红等. 基于ARIMA模型的中部地区经济人口承载力研究——兼论承接沿海产业转移能力[J]. 湖南科技大学学报(社会科学版)，2012(6)：81-84.

[133]徐军昶，王永丽，王菁等. 陕西人居环境气候适宜度评价及人口分布[J]. 陕西气象，2009(1)：9-13.

[134]徐吟梅. 挪威渔业概况[J]. 现代渔业信息，2009(5)：25-27.

[135]许连忠，匡耀求，黄宁生等．基于人居环境适宜性的县域经济发展人口功能区划研究——以丰顺县人口功能区划为例[C]. 2008 中国可持续发展论坛，2008.

[136]言迎．长株潭城市群人口分布的变动特征及影响因素[D]．长沙：湖南师范大学，2010.

[137]杨光华，包安明，陈曦等. 1998～2007 年新疆植被覆盖变化及驱动因素分析[J]. 冰川冻土，2009(3)：436－445.

[138]杨海军，邵全琴. GIS 空间分析技术在地理数据处理中的应用研究[J]. 地球信息科学，2007(5)：70－75.

[139]杨红芳．基于合理城市空间模式的杭州适度人口规模研究[D]. 杭州：浙江大学，2007.

[140]杨杰生．现代化语境下的新西兰与中国农业发展对比分析[J]. 经济论坛，2013(12)：164－170.

[141]姚士谋，陆大道，王聪等．中国城镇化需要综合性的科学思维——探索适应中国国情的城镇化方式[J]. 地理研究，2011(11)：1947－1955.

[142]姚志远．基于主体功能定位的适宜人口容量研究——以广东省优化发展区为例[Z]．中国科学院广州地球化学研究所，2014.

[143]尹朝静，李谷成，高雪．气候变化对中国粮食产量的影响——基于省级面板数据的实证[J]. 干旱区资源与环境，2016，30(6)：89－94.

[144]尹科，王如松等．基于复合生态功能的城市土地共轭生态管理[J]. 生态学报，2014(1)：210－215.

[145]尹晓科．基于 GIS 的湖南省人居环境适宜性研究[D]．长沙：湖南师范大学，2010.

[146]于慧，邓伟，刘邵权．地势起伏度对三峡库区人口及经济发展水平的影响[J]. 长江流域资源与环境，2013(6)：686－690.

[147]袁九毅，张茂林，张志良．城市人口容量问题[J]. 城市环境与城市生态，1997(1)：45－46.

[148]翟辉琴．基于数学形态学的遥感影像水域提取方法[J]. 测绘科学，2006(1)：22－24.

[149]张得志．人口容量研究新动态[J]. 西北人口，1994(3)：61－64.

[150]张锦洪，蒲实．农业规模经营和农民收入：来自美国农场的经

验和启示[J]. 农村经济，2009(3)：127－129.

[151]张森. 广州市人居环境自然适宜性评价[J]. 广东土地科学，2014(1)：33－38.

[152]张伟，李爱农. 基于DEM的中国地形起伏度适宜计算尺度研究[J]. 地理与地理信息科学，2012(4)：8－12.

[153]张晓青. 人口年龄结构对区域经济增长的影响研究[J]. 中国人口·资源与环境，2009(5)：100－103.

[154]张晓青，来守军，韩光彦. 空间经济计量模型在区域科学研究中的应用述评[J]. 云南地理环境研究，2008(6)：1－6.

[155]张耀军，陈伟，张颖. 区域人口均衡：主体功能区规划的关键[J]. 人口研究，2010(4)：8－19.

[156]张玉，赵玉，祁春节. 荷兰高效农业研究及启示[J]. 农场经济管理，2007(3)：57－59.

[157]张志良. 人口承载力与人口迁移[M]. 兰州：甘肃科学出版社，1993.

[158]赵锋，向佐谊. 现代农业发展中市场机制与政府作用分析——澳大利亚农业发展的经验和启示[J]. 长春理工大学学报(社会科学版)，2013(4)：81－84.

[159]赵沙，张福平，徐改花等. 基于GIS的关中地区人口分布时空演变特征研究[J]. 资源开发与市场，2011(8)：701－704.

[160]钟霞，刘毅华. 广东省旅游—经济—生态环境耦合协调发展分析[J]. 热带地理，2012，32(5)：568－574.

[161]周自翔，李晶，任志远. 基于GIS的关中—天水经济区地形起伏度与人口分布研究[J]. 地理科学，2012(8)：951－957.

[162]朱宝树. 人口生态学[M]. 南京：江苏科学技术出版社，1990a.

[163]朱宝树. 我国人口的高负荷与环境承载力问题[J]. 西北人口，1990b(1)：34－38.

[164]朱德举. 土地科学导论[M]. 北京：中国农业出版社，1995：7－12.

[165]朱国宏. 关于中国土地资源人口承载力问题的思考[J]. 中国人口·资源与环境，1996(1)：22－26.

[166]宗义湘，魏园园，沈金虎等．日本农业现代化历程及对中国现代农业建设的启示[J]．农业经济，2011(4)：13－15.

[167]Barnes J A. Studies in African land usage in Northern Rhodesia [J]. Africa，1950，20(2)：164.

[168]Campbell D E. Emergy analysis of human carrying capacity and regional sustainability：An example using the state of Maine [J]. Environmental Monitoring and Assessment，1998，51(1－2)：531－569.

[169]Cao S X，Chen L，Liu Z D. Disharmony between society and environmental carrying capacity：A historical review，with an emphasis on China [J]. Ambio，2007，36(5)：409－415.

[170]Cohen J E. How many people can the earth support? [J]. The Sciences，1995，35(6)：18－23.

[171]Daily G C，Ehrlich P R. Population，sustainability，and earths carrying－capacity [J]. Bioscience，1992，42(10)：761－771.

[172]Dang X，Liu G. Emergy measures of carrying capacity and sustainability of a target region for an ecological restoration programme：A case study in Loess Hilly Region，China [J]. Journal of Environmental Management，2012 (102)：55－64.

[173]Graymore M L M，Sipe N G，Rickson R E. Sustaining human carrying capacity：A tool for regional sustainability assessment [J]. Ecological Economics，2010，69(3)：459－468.

[174]Harris J M，Kennedy S. Carrying capacity in agriculture：Global and regional issues [J]. Ecological Economics，1999，29(3)：443－461.

[175]Heckel D G. Insecticide resistance after silent spring [J]. Science，2012，337(6102)：1613－1614.

[176]Hendriks A J，Maas－Diepeveen J L M，Heugens E H W，et al. Meta－analysis of intrinsic rates of increase and carrying capacity of populations affected by toxic and other stressors [J]. Environ Toxicol Chem，2005，24(9)：2267－2277.

[177]Ichikawa K，Okubo N，Okubo S，et al. Transition of the satoyama landscape in the urban fringe of the Tokyo metropolitan area from 1880 to 2001

[J]. Landscape and Urban Planning, 2006, 78(4): 398 -410.

[178] Kalvemark A S. Malthus and neo - Malthusianism in Sweden [J]. Statistisk tidskrift. Statistical review. Sweden. Statistiska centralbyran, 1980, 18 (6): 481 -486.

[179] Koehler J E. The Limits to Growth: A report for the club of Rome's project on the predicament of mankind [M]//Donella H Meadows, Dennis L Meadows, Jørgen Randers, William W. Behrens Ⅲ. (New York: Universe Books, 1972) [J]. The Journal of Politics, 1973, 35(2): 513 -514.

[180] Lei K, Zhou S. Per capita resource consumption and resource carrying capacity: A comparison of the sustainability of 17 mainstream countries [J]. Energy Policy, 2012(42): 603 -612.

[181] Li C, Kuang Y, Huang N, et al. the Long - term relationship between population growth and vegetation cover: An empirical analysis based on the panel data of 21 cities in guangdong province, China [J]. International Journal of Environmental Research and Public Health, 2013, 10(2): 660 -677.

[182] Li Y F, Li Y, Zhou Y, et al. Investigation of a coupling model of coordination between urbanization and the environment [J]. Journal of Environmental Management, 2012(98): 127 - 133.

[183] Liu J, Sun J. Synthetic evaluation of Chinese urbanization basing on principal component analysis: Proceedings of the 2005 International Conference on Management Science and Engineering[C]. 2005.

[184] Maccracken J G, Lemons P R, Iii, Garlich - Miller J L, et al. An index of optimum sustainable population for the Pacific Walrus [J]. Ecological Indicators, 2014(43): 36 -43.

[185] Mauerhofer V. Social capital, social capacity and social carrying capacity: Perspectives for the social basics within environmental sustainability [J]. Futures, 2013(53): 63 -73.

[186] Mehta V M, Knutson C L, Rosenberg N J, et al. Decadal climate information needs of stakeholders for decision support in water and agriculture production sectors: A case study in the missouri river basin [J]. Weather Climate and Society, 2013, 5(1): 27 -42.

[187] Meybeck M, Green P, Vorosmarty C. A new typology for mountains and other relief classes: An application to global continental water resources and population distribution [J]. Mountain Research and Development, 2001, 21 (1): 34 - 45.

[188] Oswald A J, Wu S. Well - being across America [J]. Review of Economics and Statistics, 2011, 93(4): 1118 - 1134.

[189] Poilly C, Wesselbaum D. Evaluating labor market reforms: A normative analysis [J]. Journal of Macroeconomics, 2014(39): 156 - 170.

[190] Ramanathan R. Data envelopment analysis for weight derivation and aggregation in the analytic hierarchy process [J]. Computers & Operations Research, 2006, 33(5): 1289 - 1307.

[191] Ravenstein E G. Lands of the globe still available for European settlement [M]//The Royal Geographical Society and Monthly Record of Geography. London: The Royal Geographical Society, 1891.

[192] Robert E, Park E W B. Introduction to the science of sociology [M]. Illinois: The University of Chicago Press, 1921.

[193] Sarkar S. The inevitability of normative analysis [J]. Behavioral and Brain Sciences, 2014, 37(4): 436.

[194] Sexton J O, Song X - P, Huang C, et al. Urban growth of the Washington, DC - Baltimore, MD metropolitan region from 1984 to 2010 by annual, Landsat - based estimates of impervious cover [J]. Remote Sensing of Environment, 2013(129): 42 - 53.

[195] Shi Y, Wang H, Yin C. Evaluation method of urban land population carrying capacity based on GIS - A case of Shanghai, China [J]. Computers Environment and Urban Systems, 2013(39): 27 - 38.

[196] Short R. An essay on the principle of population [J]. Nature, 1998, 395(6701): 456.

[197] Spiertz J H J, Kropff M J. Adaptation of knowledge systems to changes in agriculture and society: The case of the Netherlands [J]. Njas - Wageningen Journal of Life Sciences, 2011, 58(1 - 2): 1 - 10.

[198] Wang S, Xu L, Yang F, et al. Assessment of water ecological carry-

ing capacity under the two policies in Tieling City on the basis of the integrated system dynamics model [J]. Science of the Total Environment, 2014 (472): 1070 - 1081.

[199] Wang Y, Wang L. Evaluation of ji'nan urbanization index system: The Proceedings of 2010 International Conference on Regional Management Science and Engineering[C]. 2010.

[200] Wilson S, Pearson L J, Kashima Y, et al. Separating adaptive maintenance (resilience) and transformative capacity of social - ecological systems [J]. Ecology and Society, 2013, 18(1).

[201] Zhang X L, Zhang S W, Li Y, et al. Evaluation of regional urbanization level from remote sensing data a case study in liaoning province, northeast China; proceedings of the 2009 Joint Urban Remote Sensing Event[C]. 2009.